# 社会工作理论 与实务研究

SHEHUI GONGZUO LILUN
YU SHIWU YANJIU

主　编 ◎ 刘小敏
副主编 ◎ 左晓斯　黎明泽

中国出版集团
世界图书出版公司
广州·上海·西安·北京

**图书在版编目（CIP）数据**

社会工作理论与实务研究 / 刘小敏主编；左晓斯，黎明泽编 . -- 广州：世界图书出版广东有限公司，2012.10

ISBN 978-7-5100-5363-4

Ⅰ . ①社… Ⅱ . ①刘… ②左… ③黎… Ⅲ . ①社会工作－文集 Ⅳ . ① C916-53

中国版本图书馆 CIP 数据核字 (2012) 第 238444 号

**社会工作理论与实务研究**

| | | |
|---|---|---|
| 主　　编 | 刘小敏 | |
| 副 主 编 | 左晓斯　黎明泽 | |
| 责任编辑 | 杨力军 | |
| 封面设计 | 陈　璐 | |
| 投稿邮箱 | stxscb@163.com | |
| 出版发行 | 世界图书出版广东有限公司 | |
| 地　　址 | 广州市新港西路大江冲 25 号 | |
| 电　　话 | 020-84459702 | |
| 印　　刷 | 虎彩印艺股份有限公司 | |
| 规　　格 | 880mm×1230mm　1/32 | |
| 印　　张 | 10 | |
| 字　　数 | 260 千 | |
| 版　　次 | 2013年5月第2版　2013年12月第3次印刷 | |
| ISBN | 978-7-5100-5363-4/C·0019 | |
| 定　　价 | 36.00 元 | |

# 目　录

## 【社会工作教育研究】

## 【企业社会工作研究】

## 【社会工作环境研究】

## 【社会工作范式研究】

## 【社会工作服务研究】

【社会工作教育研究】

# 广东省社会工作高等教育发展与社会工作职业化

蔡 禾

随着党关于社会建设战略目标的提出，社会工作作为社会建设的重要组成部分得到各级政府的高度重视，而建设一支庞大的社会工作人才队伍成为实现这一目标的基础。在社会工作人才培养上，高校无疑承担着重要的职责。

## 一、广东省社会工作高等教育发展相对滞后

改革开放以来，中国高等学校的社会工作教育发展迅速，截至2008年底，经教育部批准或备案设立的社会工作本科专业的学校全国多达224所，其中广东有9所（中山大学、华南农业大学、广东商学院、广州大学、广东工业大学、深圳大学、湛江师范学院、广东外语外贸大学、北京师范大学珠海分校）。2009年国务院学位办正式批准开办社会工作硕士专业学位，并首批授权33家高校为试点单位，广东中山大学获得授权。

尽管广东的社会工作高等教育从无到有取得了很大的进步，但是相对于全国的发展而言，其发展规模和速度仍然是有限的。在全国各省市，拥有社会工作专业的高校数量超过广东的有8个省市，其中北京16所、上海10所、江苏21所、山东16所、黑龙江12所、湖北13所、河南13所、四川10所；在20个拥有社会工作硕士专业学位授予权的省市中，有2个以上社会工作硕士专业学位授予权高校的省市有6个，其中北京6所、湖北4所、上海3所、吉林2所、福建2所、江苏2所。社会工作教育发展规模的滞后不仅使该学科的发展缺乏坚

实的基础，影响广东在社会工作教育上的学科地位，也难以满足正在迅速发展的社会工作事业，难以实现中央关于建设一支宏大社会工作者队伍的人才建设要求。因此加快广东高校的社会工作学科建设，对于广东社会工作事业发展是十分紧迫的。

## 二、职业化进程缓慢制约社会工作高等教育发展

教育的发展是与人才市场的需求相关的，如果高校培养的社会工作专业学生在职业市场上找不到工作，培养越多，失业越多，高教资源浪费就越多。因此社会工作教育的发展还有赖于社会工作职业化的发展。尽管社会工作在国际上是一个非常普遍、成熟和专业化的职业领域，但在中国还处于成长过程中。这并不是说长期以来没有人从事与社会工作相关的工作，而是说真正作为一个专门化的职业领域才刚刚开始。所谓职业化是指拥有专门的知识和技能，有进入的专业门槛，有系统的职业发展激励和晋升的体系，有独立的社会地位和社会认知。正因为这点，社会工作专业毕业生面临一个艰难的职业困境。

一方面，那些大量存在的社会福利、社会服务机构尽管有不少社会工作职业岗位，但是它们对这些岗位的社会工作专业化意识存在局限性，对其职业岗位准入没有严格的社会工作专业门槛，从而使社会工作专业学生在社会工作职业领域里面临众多非专业学生的竞争。而在国际上，社会工作专业证书一般是获得该职业岗位的重要门槛。

另一方面，大量社会工作民间组织正在成为吸纳社会工作专业毕业生的重要领域，这是非常有意义的，也是一个趋势。不过，这些民间组织缺乏一套与社会工作专业相适应的职业发展的激励和晋升体系，加上大多数民间组织都是靠短期项目生存，没有长远发展的根基，因此学生毕业后即使进入这些部门，往往长期维持在不稳定的低收入低保障水平上，社会工作人才难以在这些部门长久工作，导致流动性极大，无法培养出一支有经验、高素质、

专业化的社会工作队伍。而职业领域的现状也直接影响着高校社会工作教育的发展。

## 三、加快社会工作职业化进程的若干建议

（一）首先在国有社会福利机构、社会服务部门、社区管理机构中，明确社会工作岗位的比例要求并逐步提高比例，同时加强这些部门老员工的社会工作专业化培训和教育；其次逐步在学校、医院等部门设立社会工作岗位，使社会工作成为企事业组织发展的必要岗位。

（二）明确设立进入社会工作职业的专业门槛，应与国际上一样，以获得社会工作高等教育或者获得社会工作师专业证书作为进入的必要门槛。

（三）政府通过各种政策鼓励企业和社会资助社会工作机构的发展，同时提高社会工作民间机构注册的社会工作专业化水平要求；要出台优惠政策，鼓励社会工作专业的学生创办社会工作机构。比如对申请创办社会工作民间组织的学生应给予免费或降低、延后缴纳注册费。

（四）加大政府购买服务，提高政府购买服务中对购买机构的社会工作专业化水平要求。

（五）加快建立一套具有指导性的社会工作专业人员的职业发展体系和相应的薪酬体系，使他们在这个领域里看得到发展前途。

（作者系广东省社会工作学会顾问、中山大学社会学与人类学学院院长、教授；本文提交 2009 年 12 月 11 日广东省社会工作学会主办的"广东社会工作人才队伍建设模式探索研讨会"）

# 三赢社会工作实习模式建构[1]

卓彩琴 张兴杰 钟 莹 苏巧平 吴洁珍

本研究首先对中国大陆关于社会工作实习的有关研究进行了梳理，主要从研究的主要内容、研究方法及局限性进行了总结和分析；然后采用行动研究和扎根理论建构了一个新的实习模式：教师、学生与机构三赢社会工作实习模式，对该模式的建构过程及实现机制进行了深入探讨；最后选择了两个成功案例进行了分析。

## 一、相关研究综述

通过文献检索，中国知网上收录的从 1999 至 2009 年各大期刊发表的有关社会工作实习的文章超过 60 篇，硕士论文库中收录了两篇社会工作硕士论文。通过对这些相关研究进行归纳、总结、比较、评价，对中国目前社会工作实习研究进行如下总结。

### (一) 研究的主要内容

一是社会工作实习的重要性分析。很多文章都对此进行了讨论，主要观点有：

（1）社会工作实习是社会工作教育实践性本质的必然要求。从社会工作的历史来看，实践性始终贯穿于它的发展过程。今天，当社会工作在世界范围内进入制度化领域，成为社会政策和福利项目的实施者，甚至是社会福利的组成部分时，它更强调自身的

[1] 本研究报告为"2008年民政部社会工作人才队伍建设试点总结评估研究课题"研究报告，课题名称全称为：教师科研、学生实习与机构需要三结合的三赢社会工作实践模式建构（自选课题）。

实践性取向，强调通过社会工作者的实践活动对社会问题和人类需求作出回应，帮助人们解决问题和改善生活[1]。（2）社会工作实习是社会工作专业人才培养的重要途径，是达到教育目标的一种必要手段。在实习中，学生既可以运用社会工作的知识和方法，还可以在服务过程中发展新的知识和方法，促进专业意识和自觉，提高专业能力，获得专业成长[2]。（3）社会工作专业本土化的本质要求。中国社会工作专业为解决中国转型时期出现的社会问题应运而生，其专业人才教育目标必然要求定位在本土化层面。即要求专业人才不仅能够在本土解决社会自身的实际问题，而且更重要的是要具备回应社会问题的实践能力。现实中，中国高校社会工作专业教育对人才实践能力本土化的培养，更多的是通过专业实习教学这一环节实施的[3]。

二是中国当前社会工作实习教育中的主要问题。主要包括：（1）缺乏专业的实习机构。中国目前具有社会工作专业理念的社会工作机构缺乏，非赢利组织发展还比较迟缓，要寻找理想的专业社会工作机构非常困难[4]。（2）缺少有经验的实习督导。中国的社会工作专业就其理论来源和发展历程来看是"舶来品"，学科老师大多半路出家，还停留在对社会工作专业课程教学的引进、消化和吸收阶段，即使满腹经纶，也因缺乏实务经验而导致纸上谈兵，难以胜任督导一职。（3）实习学生综合素质欠佳。部分学生缺少学习动力，不思进取，得过且过，学习、研究、组织活动等方面的能力都不能满足实习机构的要求和期望，对实习教育产生一定影响；

---

[1]　游洁.对社会工作实习教育的反思[J].湖北财经高等专科学校学报，2007(2).

[2]　李爱芹.社会工作专业实习教学面临的困境与出路[J].天津职业大学学报，2009(1).

[3]　樊金娥、朝明晨、李欧.社会工作专业人才实践能力培养缺失研究[J].吉林广播电视大学学报，2006(1).

[4]　肖萍.社会工作实习教育模式的本土化探讨[J].南京社会科学，2006(3).

他们年轻的外表也难以较快赢得服务对象的信任。这些都对社会工作实习造成很大的困难[1]。（4）案主资源稀缺。案主资源的稀缺以及案主资源的隐形化，造成了中国内地社会工作实习服务对象的缺失，成为社会工作实习教育中的一种障碍[2]。（5）多重需要的矛盾。这些需要主要包括政府、实践单位、服务对象、专业教师自身、学生的需要。在实践过程中，不同的需要之间常常会发生冲突，如果督导老师的角色单一，处理冲突的能力有限，不能及时回应不同群体的需要，就会影响他们的参与热情，减少资源投入，从而限制实习的发展和学生能力提升[3]。（6）社会资源不足。中国目前的社会环境对社会工作的发展很不利，社会工作的职业化发展仍不完善；人们把目前的社会环境与社会工作对象等同起来，轻视从事社会工作的专业人员，加之新闻媒介与社会舆论很少谈及社会工作，导致社会工作专业地位低下[4]。其次，社会工作实习教育经费不足。经费困难明显影响了实习教育的实施，教师与机构的联系、到机构探访学生、学生在机构的膳食、交通及活动经费、聘请督导的费用等都无从落实[5]。

三是完善社会工作实习教育的对策探讨。主要有以下观点：（1）加强实习基地建设。朱静君、阎安、刘勇提出：学校与社区、机构和团体挂钩，利用社会资源和高校理论教学的各自优势，建立操作性强的长期稳定的社会工作专业教学与实践相结合的基地，并通过实习基地建设研究提高师资队伍的整体素质和教学水

[1] 朱眉华.在理想与现实间的徘徊[J].华东理工大学学报，2000(1).

[2] 肖萍.社会工作实习教育模式的本土化探讨[J].南京社会科学，2006(3).

[3] 陈怡.多重需要：社会工作实践教育的现实处境[J].社会工作，2008(12，下).

[4] 万江红、逯晓瑞.从参与角色看中国社会工作实习教育的现状[J].社会工作，2008(9，下).

[5] 吕青.社会工作专业实习的意义、困境与出路[J].无锡教育学院学报，2004(2).

平[1]；严蓓蓓提出：明确校外实习基地建设的目标；坚持互利原则，签订合作协议；聘请实践顾问，加强沟通联系[2]；向荣提出：建立政府、学校和国内外非政府组织及教学团体的三方面"伙伴关系"，通过三方面的努力将现有的准社会服务机构建成合格的社会服务机构[3]。（2）完善实习督导制度，提高实习督导质量。余瑞萍提出优势视角下的社会工作实习督导方法，设计了不同辅导阶段的督导策略[4]；鲁艳桦、刘建明从实习的不同阶段归纳了督导的工作内容[5]；林霞提出了"本土化三阶段"的督导方法[6]。（3）完善各项制度。游洁提出：改进现行的教师评价体系；完善实习管理制度；建立系统的评估制度[7]；卢时秀提出应制定切实可行的专业实习大纲、学生实习管理手册、专业实习考核手册，建立全过程组织管理和督导保证制度，以及报告答辩、综合评估的实习评估制度[8]。（4）资源整合。肖萍提出资源整合是中国当前社会工作实习教育的有效途径[9]；李飞虎提出整合资源，开拓社会工作专业实习教育新途径：整合学生专业社团，通过学生社团开展专业实

[1] 朱静君、阎安、刘勇.工科大学社会工作专业实习基地建设探索[J].社会工作(学术版)，2007(1，下).

[2] 严蓓蓓.社会工作专业校外实习基地建设的思考[J].社会工作，2007(11，下).

[3] 向荣.中国社会工作实习教育模式再探索[J].云南高教研究，2000(2).

[4] 余瑞萍.优势视角下的社会工作实习督导方法探索[J].长江大学学报(社会科学版)，2009(2).

[5] 鲁艳桦、刘建明.从社会工作实习的阶段性特点谈实习督导的工作内容[J].社会工作，2008(3，下).

[6] 林霞.行动研究在社工实习领域的本土化实践[J].北京城市学院学报》，2008(2).

[7] 游洁.对社会工作实习教育的反思[J].湖北财经高等专科学校学报，2007(2)；李飞虎."对社会工作专业实习教育的几点思考"[J].社会工作，2009(2).

[8] 卢时秀.浅析高校社会工作专业实习的问题与对策[J].湖北经济学院学报(人文社会科学版)，2008(5).

[9] 肖萍.社会工作实习教育模式的本土化探讨[J].南京社会科学，2006(3).

习；开展义工实践；以项目或课题的方式存进专业实习；鼓励学生参与青年实习生项目[1]。（5）引入项目管理。郑立羽提出引入项目管理模式，克服传统实习模式的不足，将实习中的项目管理分为四个阶段，根据不同阶段设计不同工作内容[2]。（6）实习模式或体系建构。孙鸿平提出：建构以自我增权为总体设计理念，以优势视角为必要条件，以渐进式分段实践为实施框架，强调SMART指导策略和体验式教育的专业实习模式[3]；刘玉兰提出：以课程实习为主，社区实习为辅，从本专业开始，逐步辐射全校，再向校外推广的外卷化实习模式[4]。糜薇、幸宇提出了社会工作实习教育的社区模式[5]。史铁尔、刘静林、朱洁提出了由课程实践、隐形课程实践、认知实习、综合实习和农村社会工作实习构成的社会工作专业实践教学模式[6]。

### （二）研究的主要方法及局限性分析

目前社会工作实习的相关研究大多采用了质的研究方法，尤其是基于本校本人的实践经验研究，很多都过于简单，仅仅是简单的经验总结，缺乏归纳推理和理论建构，但其中有几篇文章是不错的。如肖萍的"社会工作实习教育模式的本土化探讨"，引入资源的概念，分析了由于资源稀缺而导致当前中国社会工作实习教育的现实困难，探讨了资源整合的可能性和途径[7]。林霞的"行动研究在社工实习领域的本土化实践"，通过行动研究发展了一个"理性选择"图式，借以说明社会工作教

[1] 李飞虎.对社会工作专业实习教育的几点思考[J].社会工作，2009(2).

[2] 郑立羽.我社会工作实习引入项目管理的探索[J].福建医科大学学报(社会科学版)，2008(2).

[3] 孙鸿平.高职社会工作专业实习教育初探[J].社会工作，2008(5，下).

[4] 刘玉兰.社会工作专业实习模式的探讨[J].社会工作，2008(4，下).

[5] 糜薇、幸宇.社会工作实习教学的社区模式探索[J].重庆工学院学报(社会科学版)，2008(4).

[6] 史铁尔、刘静林、朱洁.探索社会工作专业实践教学模式培养中国本土社会工作人才[J].长沙民政职业技术学院学报，2004(4).

[7] 肖萍.社会工作实习教育模式的本土化探讨[J].南京社会科学，2006(3).

育者可以尝试按照能力建设优先、专业素质优先、社会需求优先的理性原则，处理教育者与受教育对象、专业社会工作机构和准社会工作机构、社会工作专业与中国社会这三对关系[1]。肖小霞的"社会工作实习教育的困境与出路"，以角色理论视角分析了社会工作实习教育中的角色模糊和角色冲突，以及角色协调的可能途径[2]。陈怡的"多重需要：社会工作实践教育的现实处境"，从多重需要视角切入讨论社会工作实践的困境，并通过实践探索了协调多重需要的方法[3]。孙鸿平的"高职社会工作专业实习教育初探"，将增权理论应用于社会工作实习教育，分析社会工作专业实习强调自我增权的意义，探讨了自我增权的机制和过程，提出了自我增权取向社工实习模式的实施原则[4]。

## 二、研究目标及研究方法

### （一）研究目标

通过行动研究和扎根理论，归纳、验证和建构一种新的、操纵性强的、具有推广价值的社会工作实习模式。

### （二）研究方法

一是行动研究方式。行动研究实际上并不是一种研究方法，而是研究的一种方式、途径或看待研究的一种视角。行动研究的步骤是一个螺旋式上升的发展过程，每个螺旋发展圈包括四个相互联系、相互依赖的环节：计划—行动—观察—反思。本项目行动研究基本过程包括三个阶段：第一阶段（2007 年 12 月—2008

[1]　林霞.行动研究在社工实习领域的本土化实践[J].北京城市学院学报，2008(2).

[2]　肖小霞.社会工作实习教育的困境与出路[J].重庆城市管理职业学院学报，2007(2).

[3]　陈怡.多重需要：社会工作实践教育的现实处境[J].社会工作，2008(12，下).

[4]　孙鸿平.高职社会工作专业实习教育初探[J].社会工作，2008(5，下).

年3月）：成立行动研究小组，总结经验，发现问题，分析原因，提出理论假设："教师科研、学生实习、机构需要三结合的三赢社会工作实习模式"是一种有效的实习模式。第二阶段（2008年4月—2009年2月）：通过实习行动，对理论假设进行验证及修正，将原模式修正为："教师、学生、机构三赢社会工作实习模式"。第三阶段（2009年3月—2009年8月）：理论建构：教师、学生与机构三赢社会工作实习模式的实现机制及局限性分析。二是资料收集方法。本项目的资料收集方法包括个别访谈、焦点集体访谈、参与式观察、实物收集等等。三是扎根理论的理论建构方法。扎根理论是一种建构理论的方法，其主要宗旨是从经验资料的基础上建立理论。本项目研究过程中，将扎根理论贯穿于行动研究之中，并作为行动研究的理论指导，上面介绍的操作程序为本研究中扎根理论的应用提供了很好的思路，但在实际操作过程中很难直接照搬，下面是本研究中扎根理论的简单应用程序：

理论假设：提出实习新模式——"教师科研、学生实习、机构需要三结合的三赢社会工作实习模式"

理论假设的验证及修正：在实习中推广该模式，在推广过程中进行研究，反思该模式的可行性与有效性。将原模式修正为："教师、学生、机构三赢社会工作实习模式"

完整理论建构：进一步检验和推广实习新模式，探讨该模式的实现机制及局限性分析

## 三、教师、学生与机构三赢社会工作实习模式建构

**（一）理论假设：提出实习新模式——"教师科研、学生实习、机构需要三结合的三赢社会工作实习模式"**

通过对华南农业大学社会工作系 2004—2007 年编印的四册优秀实习报告辑进行研读，以及对部分师生就这些问题进行深度访谈，做出这样的假设：教师的督导能力、学生的综合素质和机构的支持力度共同决定了实习目标的达成。带着这样的假设，进一步追问：教师的督导能力包括哪些方面？什么因素会促进教师提高自己的督导能力？学生的综合素质体现在哪些方面？如何才能使学生更愿意提高自己的实践能力？机构的支持包括哪些方面？如何才能使机构愿意提供更多支持？带着这些疑问，进一步对学生、教师、机构负责人进行深度访谈。通过对访谈资料的分析，又做出这样的理论假设："教师科研、学生实习、机构需要三结合的三赢社会工作实习模式"是一个有效的实习模式。

**（二）理论假设的验证及修正：经验证，将原模式修正为："教师、学生、机构三赢社会工作实习模式"**

行动研究的小组成员由 5 位扩大到全系 12 位老师，教师以实习督导的角色参与实习行动及研究，在 2008 年 5—7 月份为期 10 周的集中式专业实习中推行"教师科研、学生实习、机构需要三结合的三赢社会工作实习模式"。在执行过程中，重点考察以下方面：教师是否可以将科研与实习结合？在实习督导的过程中是否可以积累研究素材、提高研究能力？该模式是否为教师更积极地投入督导工作提供动力？学生的实习成长包括哪些方面？该模式是否可以实现学生的核心目标？机构需要是否可以通过教师科研和学生实习得以实现？为此，通过观察、深度访谈、实务收集等方式收集资料。通过对资料进行整理、编码和分析，发现该实习模式是可行的，并在实习中产生了良好的效果。但是，该实习模式在有些实习项目中取得了很好的效果，但

在有些实习项目中效果却不明显。此外，还发现教师、学生、机构的需要是多元的，也是有差异的。于是经过这一阶段的行动研究，将实习模式名称由原来的"教师科研、学生实习、机构需要三结合的三赢社会工作实习模式"改为"教师、学生与机构三赢社会工作实习模式"，并进一步提出研究的理论假设：该模式要取得良好效果，需要具有一定的条件和机制，并存在一定的局限性。

**（三）理论建构：教师、学生与机构三赢社会工作实习模式的实现机制及局限性分析**

社工系继续推行完善后的实习模式——"教师、学生与机构三赢社会工作实习模式"，即教师根据自己目前的需要选择实习机构，并与机构进行深入沟通、交流，学校督导与实习机构共同拟定初步实习计划，再将所有实习机构、实习督导以及实习计划发布给学生，由学生自主选择，并给出一个时间段，让学生与督导协商、交流。实习准备阶段完成后，执行实习计划，修改完善实习计划，评估整个实习计划和效果。在这个过程中，重点选择了两个效果特别好的实习项目进行深度个案研究，探索该模式的实现机制。对效果不太明显的实习项目进行观察、访谈，了解该模式的局限性。

**四、教师、学生与机构三赢社会工作实习模式的成功案例分析："麻风康复社区长者综合服务"实习项目**

该项目是广东省汉达康福协会从 2007 年开展执行的一个新的服务项目（国际基金项目），为期 5 年，分为 5 个周期，旨在实现麻风康复者个体意识充能和自我的肯定，协助长者建立互助关系及培育包容精神，寻求志愿者资源协助长者中的弱老获得照顾，安享晚年。经协商，决定由华南农业大学的实习生作为机构的前线社工担任项目执行员，学校和机构各派专业督导，机构提供执行项目的全部费用，包括实习生的食宿、车费、活动费、培训费，并连续 5 年在 3 个麻风康复社区执行项目服务，目前已经执行了 3 年。实习生（前线社工）通过对所驻康复村的了解，根据目标和实际情况来制定贯穿整个项目的逻辑框架和每一期的工作计划，通过服务活动去实现项目所设定的目标。该项目具有较为完善的评估系统，对活动的评估是从多方面考虑的，活动工作者评估表、参与活动长者评估表，每期的工作者自身评估表等一系列的评估表。通过完成评估表，评估工作的达到效果以及社工的素质。该项目由卓彩琴老师担任实习督导。

从三方受益情况来看，教师对整个项目管理、社区综合服务有了一定的理解和把握，对社会工作实习督导也有了一套方法和策略，对社会工作本土化有了很多生动的例子和思考。在实习督导的过程中，激发了很多研究课题和研究视角，成功申请到了一项广东省的社会科学基金项目——麻风康复社区增能社会工作模式探索。学生在服务计划、执行、评估，以及个案工作、小组工作、社区工作、大型活动策划等方面的能力得到了全面提高，实现了社会工作价值观的内化，坚定了从事社会工作的信念，培养了吃苦耐劳的精神，提高了团队合作能力。机构大大节约了项目执行成本，提高了项目执行的效率和效果，增强了服务的专业性；通过学校专业督导的总结与研究，提高了项目管理的质量，完善了项目管理体系；机构的社会影响力大大增强。

（作者卓彩琴系广东省社会工作学会副秘书长、华南农业大学公共管理学院社会工作系主任，副教授；张兴杰系广东省社会工作学会常务副会长、华南农业大学公共管理学院院长、教授；钟莹系广东省社会工作学会理事、华南农业大学公共管理学院社会工作系副主任、副教授；苏巧平、吴洁珍系广东省社会工作学会理事、华南农业大学公共管理学院社会工作系副教授。本文提交2009年12月11日广东省社会工作学会在广东商学院主办的"广东社会工作人才队伍建设模式探索研讨会"）

# "反思性实践教学"与新型社会工作专业人才锻造

谢泽宪

针对如何培养有实践能力的社会工作专业人才的议题，在运用建构主义学习理论并反思持续数年的教学改革经验基础上，本文提出"反思性实践教学模式"的观点，并分析该模式的运用方式、探索内容、探索成效以及"服务学习"在其中的核心地位。论证了知识与实践、教育与实践、学习与实践的本质联系，阐释了把学生引入实践、把实践和反思引入教育所带来的人性解放和教育解放的强大功能。

## 一、社会工作专业教育的困境及其对人才培养模式改革的需求

### （一）社会工作专业教育的困境

在 2006 年颁布的《中共中央关于构建社会主义和谐社会若干重大问题的决定》中，党中央首次强调建设宏大的社会工作人才队伍是和谐社会建设的迫切需要。这表明了国家决策层对社会工作职业功能的认可，对社会工作专业人才以及培养人才的社会工作教育机构在和谐社会建设中发挥独特功能的深切期望。然而，中国当代社会工作教育的发展只有不到 20 年的历史，加上中国的社会工作不是实践先起步，而是教育先行，因而目前教育现状不容乐观。从社会环境看，专业教育缺少职业和社会政策配合，特别是金钱本位和官本位功利价值观的流行，导致社会工作的服务和人

文关怀价值观缺少社会认同[1]；从教育环境看，应试教育的观念根深蒂固，教育与实践相脱节，仍然是高等教育面临的根本问题[2]。这种状况使得社会工作专业教育一起步就陷入边缘化境地，面临诸多困难。广东商学院 2001 年第一次招收社会工作专业本科生，受前述因素影响，学生自愿选择该专业的不到 10%；被学校调配到该专业的占 76%；听从他人意见选择该专业的占 7%；别无选择勉强入读这个专业的占 7%。而入学后，学生则长期困扰于自卑和厌学情绪中不能自拔。

### （二）应对措施：三位一体的教育创新

为了摆脱上述困境，广东商学院社会工作系自 2002 年以来，用教育目标、教育理念、教学方法三位一体的方式，持续探索社会工作的教育创新之路，取得了很好的成绩。首先辨析和确立教育目标。社会工作教育目标一是要与社会工作本质相吻合，应该被定义为为中国社会工作实践、和谐社会建设输送认同社会工作价值观、有社会工作实践能力和创新能力的专业人才；二是与教育目标相吻合，社会工作教育理念应该表述为"以学生为本"，即以学生的需要作为教育的起点和归宿。而"反思性实践教学模式"则是几年来不断探索并认为能够确切表达上述教育目标和教育理念的基本教育模式。该模式的特点在于打破各种割裂和封闭的教育方式，尝试恢复求知与实践、学生与社会的连接，并把这个过程作为学生求知的源泉、学习的蓝本、成长的摇篮以及完成教育目标的环境与平台。

## 二、　"反思性实践教学模式"的创设及其内涵

### （一）"反思性实践教学模式"概述及思想渊源

作为一种整体性学习和过程学习模式，反思性实践教学模式指

---

[1]　张书琛.体制转轨时期珠江三角洲人的价值观 [M].北京：人民出版社，2002：258-273.

[2]　陶红.教育价值观研究——关于教育的哲学思想[D].长春：吉林大学，2005：2.

的是，在教师和其他行动主体的具体协助下，以学生为主体，以学习目标和需要学生自己解决的难题为导向，以个体和集体学习为方式，在不断学习解决问题的方法、并实际完成学习任务的过程中自我反思、自我成长和集体反思、集体成长的过程。该模式的探索主要受到以美国现代杰出的教育理论家杜威（John Dewey，1859—1952）为代表的思维与实践、知识与实践、教育与实践不可分离的哲学思想以及以儿童为本教育观的影响。早在20世纪初期，杜威就强调学校教育大纲和课程设置要根据学生的自然能力和经历具体制定和调整，而不是某个学术权威事先制定。杜威的理论有两个前提：一个是"相互作用原则"，即学生的经验来源于学生和环境的相互作用，学生对周围事物的观点和反应会受到他们的态度、信念、知识和情感的影响；另一个是"连续原则"，即每种经验都受到先前经验、习惯的影响和制约。经验教育的价值在于经验对于学生的发展将产生影响；同时对学生和周围环境的关系产生影响[1]。20世纪80年代以来，杜威的影响重回教育界。国际社会出现"在做中学习"（learning by doing），在做与反思中学习（learning by doing with reflective thinking）的教学改革运动。而建构主义学习理论强调个体或群体通过对自己经验的反思构建其对自身居住的世界的理解，强调个体在学习过程中，在情境中，在合作中构建知识的思想[2]也有很大启发。

**（二）"反思性实践教学模式"的五个教学环节及教师和学生的角色**

一是学习项目策划。"反思性实践教学模式"作为一项帮助学生通过自己参与探索知识而获得知识并形成创新知识能力的学习方

---

[1] 赵希斌、邹宏.美国服务学习实践及研究综述[J].比较教育研究，2001(8).

[2] [加]罗尼·魏努力、李小云、徐秀丽、卢敏、齐顾波.参与式学习——在行动中改革中国高等农业教育体系[M].北京：社会科学文献出版社，2008：197.

法，可以表述为有组织、有系统的集体（学生和教师以及其他参与主体）跳入未知的逻辑循环过程。这个过程的起点在教师。这表现在，学生是藉由教师的教育改革思想和教育改革方案的具体实施，才获得进入特定的反思性实践学习机会之中的。

二是实践。实践是"反思性实践教学模式"的核心，指的是在教师的协助下，学生自己动手做一件或者多件没有做过却十分有意义的事情。其目的是用有组织、有系统的集体（学生和教师以及其他参与主体）跳入未知、挑战未知的经历帮助学生获得新知或者建构新知。参照国际社会认知科学成果[1]、建构主义学习思想和教育改革经验，"实践"环节设计要体现以下特点和原则：（1）创设安全的情绪氛围，协助学生进入一个安全、平等、接纳、沟通、信任的支持性学习环境，帮助学生克服习以为常的防卫机制，促进学生进入学习状态。（2）按照特定的学习目标选择特定的学习空间，比如教室、实验室、村庄、城市社区、社会服务机构、工厂、野外等，以求把学习者带入一个真实、开放，连接自己、他人、社会，连接自然、人类和宇宙的无限广阔世界，促进学习者心境的开放与学习情绪的投入。（3）激活所有感官参与学习，目的是使学习成为轻松有趣、丰富多彩，又是快速而令人激动的过程。其中用游戏、幽默小品和戏剧表演、音乐、绘画等方式能够有效激活学生的思维、记忆力及对材料的掌握能力。（4）创设合作共赢的挑战机会。这种经历挑战参加者个人的限度、弱点、恐惧、盲点，赋予参加者改变自己的勇气和信心，体验达成目标被赞同的行为方式，体验学习共同体的巨大能量、形成过程和作为共同体成员的强烈感受，并将其立刻转化为震撼性成长经历。值得指出

---

[1] [美]珍妮特·沃斯、[新西兰]戈登·德莱顿的《学习的革命——通向21世纪的个人护照》一书（顾瑞荣、陈标、许静译，上海三联书店1997年版）中，用大量篇幅强调提高学习效能必须关注影响学习者学习能力的多种物质的、心理的、智力的、社会的和历史的因素，其中包括人脑的多个智力中心，人的不同的学习类型，影响学习的物质环境，学习者的情感因素、学习者的合作，学习与实践的关系，如何利用多感官学习等。

的是，上述设计建基于向学生授权和学生参与项目决策的基本教学原则之上。由此，学生和教师的传统角色关系产生本质性改变。学生由被动的知识接受者，成为主动的知识探索者和知识建构者；教师由知识掌控者和传授者，成为学生学习平台建构者、学习资源提供者、学习过程的引导者和陪伴者。

三是反思。从学习的角度看，反思作为一种在特定行动情境中出现的思维活动，首先出现在实践过程之中。正是由于借助了这种不断展开的思维活动，学习者行为的盲目性才能减少，解决问题的智慧才得以表现。这种反思被称为在行动中的反思，是个人和集体共同参与、相互激励的思维活动。此外，为了更深刻地理解结果与实践之间的关系，提升思维能力，在教学计划上"反思性实践教学模式"明确要求学生在实践结束后对整个事件和过程作出个体和集体思考，以求深入反思并在整体上理解实践参与者行为和结果之间特定的关系。作为在实践环节后出现的教学环节，这里的反思称为对行动的反思。反思的方法有很多，包括小组讨论、个人的口头和书面总结、公开演讲、项目汇报会、项目图片展览、项目文字和光盘档案、项目通讯等。在这里，教师主要扮演催化者、咨询者、对话者的角色。

四是利用模式与理论引出结论。反思是能动的思维过程，而利用模式与理论引出结论则是将思维的结果抽象化。这个教学环节旨在帮助学生建构反思性思维能力，学习用人造符号表达思维结果。这种能力能帮助实践者预先想到结果以及为达到或避免某种结果而采取种种方式，也帮助学生理解有形的事物和物体具有不同的状态和价值。正如美国建构主义代表人物凯塞琳·福斯纳特（Catherine Fosnot）在《成为反思型教师》（沈文钦译，中国轻工业出版社 2005年版）第五章中所说，反思抽象是学习的驱动力。人类作为意义建构者，总是寻求一种表征的形式，去组织和概括经验。而学生反思思维能力的养成，说明已经具备获取知识和创新知识的能力。当然，这个环节的实施，也和实践和反思环节一样，是在已经形成的学习共同体中，在实践者思想的相互激励中完成的，教师在其中扮演的主要是催化者、支持者、咨询者和学习效果评价者角色。

五是策划新的学习应用于将来。这个环节既体现了学以致用的教育目的，也符合学习者需要不断发展新的学习以便增长实践能力以及在其过程中，增长反思能力的本质需求。经过上述阶段后，学习者开始尝试将新知创造性运用于将来。这就是学习迁移，是反思性实践学习和创新循环的新开始。与前一个循环不同的是，新循环的起点不是教师，而是学生自己。学生经由"反思性实践教学模式"的循环训练，自己变成了新的学习项目策划者和实践者。

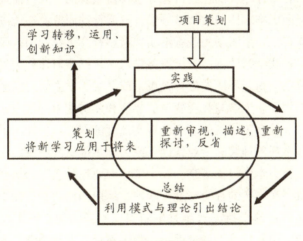

**反思性实践教学模式图**

三、"反思性实践教学模式"探索的两个阶段及其运用

**（一）"反思性实践教学模式"模式探索的两个阶段**

"反思性实践教学模式"是在教师、学生及其他参与主体持续参与"把学生引入实践，以及把实践和反思引入教育"的教育方式

并不断反思教改成效的过程中逐渐形成的。[1] 这个过程历时 6 年，分为两个阶段。

第一阶段是多元、横向探索期。时间从 2002 年 9 月到 2005 年 6 月社会工作系第一届学生毕业为止，范围涉及专业教学计划改革、专业教学计划内与计划外探索三大类七小类。其中，教学计划改革的目标是建构反思性实践教学的制度平台，方法是减少课程总量，减轻学生负担，同时增加实践教学课程和学分。专业课程教学内改革的目的是激发学生求知欲，采取的主要方法是为学生打开社会之窗，用提供实际观察社会现象的机会和学习要求，激发学生求知欲望。教学计划外的探索旨在寻求实践教育的多元可能性。探索方式包括四大类。比如教师带领学生开展行动研究；在香港社会工作团体支持下，组织学生赴香港实地考察社会工作；引入模拟历奇为本的体验式学习课程；尝试服务学习（包括实习课）项目等。这些探索分别取得了不同的教育效果。或激发了学生研究社会现象的兴趣，增加了学生参与社会变革的热情和参与能力；或在让学生实际感悟专业社会工作可能达到的现实高度的同时，也加深了学生对社会工作本质的理解和专业认同；或为学生提供高质量的生命教育的同时，也为学生提供了享受社会工作专业精髓滋养的机会；或为学生提供了在真实的社会环境中学习、运用和创新专业知识的机会等。总之，在这个持续数年且不断深化和深入的"把实践引入教育，把学生引入社会"的过程中，学生不断获得新的学习激励和学习资源，不断加深着自我认知、他人认知、社会认知和专业认知能力，并经历了脱胎换骨的改变和成长。[2]

第二阶段是集中、纵向探索期。时间从 2005 年 6 月到 2008

---

[1] 这个模式中蕴含了教师、其他参与主体以及历届学生共同珍藏的一份不断丰富的、珍贵的人生履历。在此，笔者对所有的同事、学生和朋友表示衷心的感谢。

[2] 参见谢泽宪. 用社会工作的精神，突破社会工作教育的困境[J]. 香港社会工作学报，2006(1-2).

年 6 月本系第四届学生毕业为止，范围主要集中在"服务学习"的探索上。在评估各类反思性实践教学方式的效用时发现，比较社会调查、观察性学习或者在仿真环境中开展的体验式学习，学生在真实社会环境中亲自完成的社会服务是一种更强烈、更有效、更能改变学生价值观、更能提升学生专业实践能力和创新能力，也更受学生欢迎的学习形式。如果把"实践"聚焦在"服务"上，学生不但能够获得反思性实践学习模式全过程的训练，并能把所学立即运用到真实的社会服务之中。[1] 由此，学习和服务、学习和创新变成一个共时态完成的丰富过程。其最大的优点是，学习目标直接指向真实的社区需求，学习动力和学习过程都服务于提升学生真实的社会服务能力，而学习效果则以学生提供真实的服务的结果和学习经历带来的成长为标准检验。这样一来，"服务与学习"既变成了学生求知的历程，也变成学生提供服务乃至创新服务的过程。服务对象和队友给与学生发自内心深处的强烈反馈，会立刻引起学生共鸣。这种共鸣会激发学生平常被遮蔽、深藏于心灵深处的人文关怀精神和强烈的学习共同体、生命共同体和社会共同体意识，以及由此萌生的强烈的公民责任意识。基于服务学习的这些独特教育品质，2005 年以来一直把探索的重点集中到"服务学习"上来。

---

[1] 2006年9月，笔者请2002级毕业生对大学本科所有学过的24门专业课和专业选修课进行11项指标的测评。内容是各门课程对自我的认知，对他人认知，对社会认知，对学问的认知，专业价值观，专业方法，专业技巧专业自信，理论思维能力，实践能力和创新能力等方面的影响。评估以由低到高的数值表示，0为最低值，10 为最高值。调查结果发现，学生满意程度都是有实践、体验元素的课程。其中获得学生最高评价的课程有两门，一门是"香港考察"，总分7.85分，一门是"珠江三角洲大学生社区教育和外展服务项目"，总分8.41分。而相对观察学习项目"香港考察"，学生评价更高的是在老师指导下以学生自己为主体、创新为特征的"珠江三角洲大学生社区教育和外展服务项目"。这个项目不但总评分最高，而且在"提高学生实践能力和创新能力"两个分项指标中，均获得9分的高分。这是在264个测评指标中学生给予的两个最高分值！

## （二）"服务学习"简介

服务学习（service-learning）是一种建立在经验学习理论基础之上，将课程学习与社区服务相结合的教育方法，目的是促进学生知识、技能的获得及能力的提高，并使学生成长为富有社会责任感并有能力服务于社会的人[1]。目前，国内对服务学习的研究和实践还很少。而国际社会从 20 世纪 80 年代就在探索服务学习。20 世纪 90 年代以来，美国在大中小学中全面推展服务学习。有学者认为，服务学习已经成为美国公民教育领域的焦点话题，被认为是新世纪公民教育的主要方法，甚至是唯一的好方法[2]。服务学习与社区服务和志愿者行动不同，后者的核心是提供服务，而前者将课程、服务和反思结合起来。1990 年美国颁布《国家与社区服务法案》，从四个方面指出服务学习的特点。其一，学生学习与发展要借助于服务活动的参与，这些活动是一种有组织的服务经验，由学校与社区一起合作组织，并能够符合社区真正的需要。其二，服务学习融入学校课程，或提供学生固定时间，让学生针对服务活动中所见到所为，进行思考、讨论和写作。其三，服务学习提供机会，让学生在自己真实生活的社区情境，应用所学的新知识和新技能。其四，服务学习将学生学习的课堂扩展到社区，而且有助于学生发展对他人的关心的情感。

## （三）"服务学习"案例——珠江三角洲大学生社区教育项目"（2005–2008）

该项目的创意来自 "珠江三角洲工伤研究"。在目睹农民工遭遇大量职业病、工伤伤害和其他工作权利受损的严峻现实后，笔者开始思索如何动员社区参与，协助农民工预防职业伤害问题。项目启动后，学生报名十分踊跃，但是项目实际进展缓慢。究其原因主

---

[1] 赵希斌、邹宏.美国服务学习实践及研究综述[J].比较教育研究，2001(8).

[2] 单玉."服务学习"与负责任公民培养—美国学校公民教育中"服务学习"方法的运用及其启示[J].外国教育研究，2004(11).

要是学生来自不同年级、不同专业，绝大多数成员对农民工的生存状态和遭受职业伤害的状态十分陌生，且大多数学生既没有经历过实习，也从来没有当过培训者，缺少自信。然而，在老师指点、专家咨询、特别是学生团队学习的过程中，项目组成员对项目目标产生了巨大的向心力。在经历了大大小小的挫败考验后，学生最终把社会工作专业方法融入了培训教案，催生出了参与式学习、小组学习、游戏中学习、对话中学习等一套原创的朋辈教育方法。培训的过程不再是单个培训者单方面的宣讲和告知，而是两个朋辈群体就共同关心的话题真诚的对话和心灵互动。这种互动模式带来了项目的巨大成功，不仅为 300 多位平江县职业技术学校学生有效传递了朋辈支持、劳动权益、职业病预防、工伤预防、生殖健康和城市生活适应等六个专题信息，而且传达了项目小组成员对比他们年龄小的农村青年的深切关爱之情，促进了培训者和受训者以及受训者之间的互信、互爱与互动。

**（四）教育创新整体评估**

1. 在校生提供志愿服务和专业服务形成风尚，展示了学生的人文精神、专业素质和创新潜力。2005 年开始，本系学生每年为本校新生提供《大学生新生特训营》项目，以协助大学新生缓解对大学生活环境的困惑，愉快地融入新的环境之中。项目已经连续举办 4 年并获得大学新生和媒体好评。2007 年度本系"服务学习"硕果累累。其中，仅小组工作项目就有 64 个，学生参与 240 多人次，教师参与 11 人次，受益人数 2210 人次。学生参与志愿服务热情也越来越高。以 2005 级为例，2005 年全班总共提供志愿服务 482 小时，2007 年全班提供志愿服务 736 小时，而 2008 年 1 至 9 月，这个数字已经改写为 3352 小时，人均志愿服务时间达到 99 小时。

2. 毕业生专业就业率不断攀升，毕业生的实践和创新能力获得用人单位和媒体肯定。在社会工作鲜为人知的逆境下，本系第一、二届毕业学生中已经出现有较大社会反响的社会工作创造者。比如，2006届毕业生梁健玲，不但成为江门市第一位社会工作者，并在工作中打出"把社会工作的理念植入江门，开创本土社会工作模式"的口号。上岗仅两个月，其创造性工作表现引起《南方日报》、《江门日报》等主流媒体的关注。本校社工毕业生专业就业率2007年为50%，2008年达到64.4%，比上一年增加了近15%。

四、结论："反思性实践教学模式"对新型社工人才培养的贡献

### (一)解放了学生

"反思性实践教学模式"把实践引入教育，把学生引入实践，为学生建构了一个民主、平等、全过程深度参与教育活动的平台。在这个平台上，学生的学习活动得以从认识和重新认识自我开始，快速发展到认识和重新认识他人、认识并重新认识社会，促使学生个体和集体、人和社会、人类和自然的连接。这种连接深刻地满足了学生心灵深处最本质的、最美好的需要，使得学习的过程具有人性解放性力量。这种解放的力量让学习者产生了一种对生命的顿悟和对社会工作本质价值的顿悟，激活了学生的自信、求知热情和求知能力，使学生从厌学者快速转变成为真正的求知者、有社会责任担当感和行动能力的实践者以及中国社会工作本土模式的探索者。

### (二)解放了教师

"反思性实践教学模式"融教与学于一体，具有教师和学生以及其他主体相互学习、互为主体、共同成长的特点。从教师学习的角度看，这个模式要求教师改变教育思维和教育行为，把教育过程与学生求知的自然过程连接起来，要求教师以学生为本，向学生授权，有勇气确认学生平等参与建构中国社会工作面貌的主体资格，增强学生获得他们自己的对社会工作作决定和采取行动的机会和权力。而向学生授权，也意味着授权给其他所有正在参与推动社会工作进展并勾勒中国社会工作面貌的群体和力量，并主动与他们广泛

合作。由此转变，教师将获得与学生和其他主体一道共同探索社会工作本质、发现和享受教育工作价值的权利。而学校外部力量的加盟以及学生的成长和成功，将激活教师对知识与实践本质关系深入的认识和探索。这个过程有助于受传统教育模式禁锢的教师身心的解放。教师的解放，意味着教师摆脱"技术型教师"的禁锢向"反思型教师"转变。[1]而教师的解放，是教育改革得以广泛开展的关键。

### （三）解放了社会工作教育

"反思性实践教学模式"认为，学生求知的过程绝对不是孤立的"我思故我在"的过程，而是学生与他人以及在与社会、自然环境连结成特定的社会关系的过程，是在特定环境之中，经由个体和其他主体参与，在群体共同求知过程中，相互影响、身心成长的过程。故此，帮助学生求知和求真的过程，不仅是一个帮助学生寻找和发现未知事物真相的过程，也应该同时是一个寻找和发现个人与他人，社会与自然之间的隐秘连接和相互影响的真相的过程。如果前一种探索是关于事物的最本质的知识，那么后一种探索就是有关社会、自然与人的关系的最本质的知识。而学生如果能够证明，这两类知识本质上是相通的，是可以同时通过自己的探索领悟的，这种教育就是成功的教育，也是以学生为本的教育。倘若如此，那么这个学习和探索的经历就会是具有震撼性的！学生反复体验这种学习方式，其探索结果就能深植于心，转化为学习者对科学和人文精神的双重信仰，将为其终生的实践能力和求知创新能力奠定根基。

---

[1]　技术型教师在教学实践中，往往根据手段——理性的标准和脱离课堂实践的"外行人"所规定的教学任务，考虑选择与运用哪种方法更有效，以完成被人设计好的课程和达到被人设计好的教育目标。"反思型教师与技术型教师的不同之处在于，反思型教师将注意力转向了教育的目的，教育行为的社会与个人后果，教育的伦理背景以及教育方法和课程的原理基础等更宽广的教育问题上；转向了所有这一切与其课堂实践的最直接现实之间的密切关系上"。[饶从满、王春光.反思型教师与教师教育运动初探[J].东北师范大学学报(社会科学版)，2000(5).]

社会工作是一种崇尚人文精神并以职业践行人文精神的人文学科和专业。如果教育能够激发学生全身心参与这样的求知过程，这个过程一定也是一个求真、求善、求美和真善美融为一体的探索过程，是学生专业成长和将职业社会工作价值观内化的自然过程。为了践行社会工作教育在和谐社会构建中的历史使命，回应党中央《中共中央关于构建社会主义和谐社会若干重大问题的决定》对社会工作教育的深切期望，反思性实践教学模式提醒教育改革者，要把教育的过程与学生求知的自然过程连接起来，打破各种教育方式无情的割裂和封闭，恢复学生与社会、求知与实践的连接，并不断创造最佳连接方式，而这正是教育改革或者解放教育的首要任务。

（作者系广东省社会工作学会副会长、广东商学院副教授；本文提交 2009 年 12 月 11 日广东省社会工作学会主办的"广东社会工作人才队伍建设模式探索研讨会"）

# 教学与服务互为促进社会工作人才队伍培养模式探索

## ——以广东工业大学社会工作专业培养方案为例

朱静君

伴随着中国社会工作从教育走向职业化的进程，特别是党的十六届六中全会以来，广东社会工作专业化、职业化建设在制度、实践和理论层面不断创新和拓展，社会工作人才队伍建设和发展成为构建和谐社会的迫切需要。2008 年汶川地震时，广州社工深入救灾重建第一线发挥专业作用。2009 年金融危机导致社会矛盾和社会冲突的激化，给社会工作发展带来新的机遇和挑战。建立怎样的社会工作人才培养模式以满足社会发展和专业发展的需求？广东工业大学进行了教学与服务互为促进的社会工作人才队伍培养模式的探索。

### 一、课程建设尝试将教学与实习实训、志愿者服务结合

社会工作作为新兴专业，广东工业大学课程设置的特点是将国际化与本土化、广东社会建设需求与未来发展结合起来，注重通过体验式、实践性、项目式、开放性教学培养学生的专业素养和工作技能，将理论教学与社会实践结合、实验室与实习实训就业基地结合，促进学生实务技巧、综合素质和服务社群意识的全面发展。

社会工作专业课程设置碰到的基本难题是如何通过有限的课堂教学和各种实习实训将社会工作理论与实践有效地结合起来。惯常的做法是保证专业实习的课时，加强实习督导，开设实务性强的整合课程，将大学生课余科技立项和三下乡、成长小组等课外实习实

践纳入培养过程,增加教学环节的案例分析、场景模拟等。在专业教师的强势介入下,老生对新生的"新生适应性"专业项目"成长小组"成为第一个品牌,学生通过经验传递的方式在本专业开始了助人自助的尝试,伴随着志愿者形式专业服务的进一步扩展,2008 年该校社会工作系的"爱心恤孤"项目、"豪贤中学心理辅导"项目和"成长小组"项目 3 个项目获得广东省财政厅扶持大学生课余科技项目立项(全校 4 个),一大批学生被授予广州市志愿者雷锋号先进个人称号。广东工业大学社会工作协会连续几年被评为百个学生社团中的红旗社团。课堂教学与实习实务结合、志愿者服务与社会服务结合,该校作出了有益的尝试,在一定程度上消解了社会工作教学中理论与实践的矛盾。

在长期指导学生专业实习实训、全程跟进大学生三下乡进行具体指导、带领学生从事各类社会调查中,笔者发现无论是教师还是学生,往往都把社会工作理论与实践分成两个不同的领域。专业实习就是把在课堂上学习过的理论、知识、方法、技巧运用到实际工作场所进行演练,老师要求学生的专业思考和反思也局限于运用所学知识分析专业实习碰到的问题和困难,根据分析作出需求评估,制定服务计划。于是专业实习实践就成为掌握的社会工作理论的运用。这当然是必要的,但也是初级层面的。从社会工作人才队伍培养的角度看,这应该说是对社会工作实习实践的狭隘理解。

课程设置的惯常做法是:基础理论课程、专业理论课程、实务理论课程,加上选修课程形成一个体系。按照培养方案课程设置的要求,课程设置要能够支撑毕业生体现的知识、能力、素质三个体系。知识包括社会工作基本理论和价值理念、社会工作领域的政策法规、社会问题理论分析、实证研究、社会调查方法与运用、社会工作在国际社会的发展状况、本土化问题和理论前沿、发展动态;能力包括社会工作实务理论运用能力、社会工作实务技能与方法的掌握、社会工作实务操作能力;素质包括社会工作者应有的价值观和职业伦理、公关素质等等。

　　这种划分存在的问题是，本来应该具有内在联系、相互作用、相互支撑的课程体系，却成为了可观测的量化指标，实习实践过程的复杂性、可变性被忽视，结构化和明确化取代个别、个性化原则，增加了实习实践中的迷惘和困惑。实际上，每个具体的实习实践工作场所，碰到的问题都是独特的，都是在书本无法找到现成答案的，需要实习实践的师生根据实际情况寻找解决问题和介入的方案与途径。哪怕是同样的问题，介入的方法也是多种多样的，各种方法和看法有时相互冲突，选取介入的方法往往面临很大压力。社会工作实务是创新的过程，探索的过程，如果把一切都事先设定和量化，只能损害社会工作服务的实际效果。

　　因此在课程设置中，该系采取了各个板块相互支撑和几门弹性调整与组合式的课程（占总体课程8%），根据社会发展和社会工作发展以及人才培养的状况进行调整。将专业实习基地（12个）、实训培训就业基地（9个）与实验室（3个）结合，为培养学生实务能力和技巧发挥作用。学生就业采取与实习实训结合的"打包推介"方式，依托实训就业基地一体化推荐毕业生就业。

## 二、通过课程设置体现毕业生必须具有的知识与能力素质

　　这是高校社会工作人才培养的又一个难点。该系在课程设置的过程中尽量把各项指标明晰化，使每个目标的达成都有课程支撑为基础，实习实训为平台。

　　高校培养的本土化应用型社会工作人才必须具备的以下知识：一是社会工作与社会学、心理学、管理学基本理论，设计的课程支撑体系是社会学概论、社会工作概论、人格心理学、人类成长与社会环境、公共管理学、社会学理论等；二是把握社会政策和社会工作政策法规，设计的课程支撑有社会工作法规、社会工作行政与管理、社会政策概论、社会保障概论、社会福利、社会救助与社工实务等；三是掌握社会问题理论分析、实证研究、社会调查方法与运

用，设计的课程支撑是社会心理学、高等数学、计算机文化基础、社会调查研究方法、社会统计学、SPSS[1] 应用、社会问题研究等；四是社会工作在国际社会的发展状况、本土化问题和理论前沿、发展动态等知识，设计的课程支撑包括当代世界经济与政治、NGO[2] 管理与发展、专业英语、社会工作研究、社会性别研究等课程。

通过课程与实习实训的结合，社会工作学生应该具备社会工作理论的运用能力，设计的课程支撑有小组工作、个案工作、社区工作、心理咨询与临床社会实务、社会工作实习导论；社会工作实务操作能力设计的课程支撑有社会工作实务（康复、矫正、医疗社会工作）、社会工作实务（学校、儿童、妇女社会工作）、认识实习（5 周）、社会调查（7 周）、毕业实习（12 周）、12 门带实验课时的课程等等。社会服务项目策划、评估、管理、实施能力设计的课程支撑有家庭社会工作、老年社会工作、青少年社会工作、企业社会工作、农村社会工作、企业社会责任与企业形象、志愿者管理与培训、社区工作实务、NGO 管理与发展、人力资源管理、公共管理学等等。

开展探究式教学和实践活动对于社会工作人才培养非常重要。社会工作强调“以生命影响生命”，社会工作者的生命就应该是高质量的、健康积极的。只有内心充满阳光的人，才能为别人输送光明。因此，社会工作者是积极向上的人生观的宣传者，积极健康生活方式的倡导者，心理健康人格健全者，用专业精神和利他主义价值观服务大众的奉献者。要把学生培养成精神高贵的人，心灵阳光刚健却不失对弱势群体和有需要的社会成员的同情心，处事冷静而又对生命充满热情，外表朴素内心却深怀微妙的情趣。课程设置要让社会工作价值

---

[1] SPSS 最初全称为 Solutions Statistical Package for the Social Sciences，意为“社会科学统计软件包”。美国软件提供商 SPSS 公司 2000 年将英文全称更改为 Statistical Product and Service Solutions，意为“统计产品与服务解决方案”。

[2] NGO 是英文“non-government organization”一词的缩写，是指在特定法律系统下，不被视为政府部门的协会、社团、基金会、慈善信托、非营利公司或其他法人，不以营利为目的的非政府组织。

理念渗透其中，潜移默化，让社会工作教学从枯燥无味的讲解变成与生活息息相关的内容，让社会工作理论和方法、技能的学习从课堂教学单一模式变成学生亲身参与感受魅力的内容，让学生对社会工作理论与实践的学习有浓厚兴趣。广泛开展探究式教学，在教学中渗透理论联系实际的课程理念，学习灵活性增强了，学生的兴趣也随之增强了。在推行体验式、实践式、项目式、开放式教学培养学生的专业素养和工作技能过程中，学生创新意识大大增强，学习态度明显改善，科学精神得到培养，学习方法和效果自然会发生显著变化。

学生在大学生课余科技立项、挑战杯、志愿服务项目等方面成果卓著。在教师的引导下，学生对社会热点问题主动探讨，通过实践探索、小组合作、协同攻关、志愿服务的方式介入各种类型的社会服务，主动学习、自主探究、独立思考、分工协作的良好习惯基本养成。在课程改革的不断创新中，教师的教学观念和学生的学习方式都发生了根本性的转变：课堂教学生动活泼，构建互动课堂；实习实训实践有声有色，取得突破进展；教育科研氛围浓郁扎实有序，师生或合作或教师指导学生发表教学科研论文数篇；课程改革老师和学生进行了大量的调查研究。该系推行体验式、实践式、项目式、开放式探究，对于改革学生的学习方式和教师的教学模式具有重要意义。教师将传统的课堂教学模式改变为学生动手、动脑的主动参与过程，教学中广泛地应用探究教学、问题解决、情景教学、开放教学、合作教学、项目教学、实践教学等行之有效的教学模式，有利于启迪学生思维提升专业素质，取得较好的效果。

### 三、教师介入社会服务和政府决策咨询，为教学与服务结合铺设实际平台

教改的问题是教师的问题。教师介入社会服务和政府决策咨询，为产学结合铺设实际平台是广东工业大学社会工作系社会实践的特色之一。主要表现在：

教师用专业精神和实际行动支援汶川抗震救灾和灾后重建。在2008 年汶川大地震中，社工系师生捐款捐物，四位教师和两位学生用实际行动在汶川第一线冒着余震不断的危险开展持续服务，从6 月到 8 月，延续了几十天，并作为抗震救灾第一线志愿者受到广州市市委书记、市长在汶川县城的接见和亲切慰问。广州社工的援川行动得到了广州市民政局的大力支持，后发展为直接由民政系统亲自主持的广州社工行动。该校社会工作教师亲身参与第一线抗震救灾直接服务和调研是广东高校社会工作专业中人数最多的，受到了民政系统的表彰："你们是我们时代的英雄群体"。利用灾区重建第一线的亲身感受和专业服务经验与反思，老师们连续开设各层面各类型的《灾难救助与社会工作》讲座，推动了校内外对灾区重建的关注和对社会工作的认识与了解。

教师积极介入社会政策的影响，参与对政府公务员社会工作专项培训和行业人员专业培训，提高了学校和社会工作专业以及教师本身的社会知名度。2008 年作为民政局全国社工师考证的承训单位培训民政系统干部接近 800 人，取得了良好的社会声望。广州市民政局、越秀区民政局和各街道纷纷邀请该系教师为他们开设讲座。2009 年，该系教师连续两期参与了广州市局级、处级干部社会工作专项培训班《社会工作基本理论概述》授课工作；深圳社联社工中心、深圳龙岗民政局、东莞社工机构的社工岗前培训，都邀请该系教师讲课。这是社会对该校专业教师的认同，也是专业教师参与推动行业发展的行动，是教育界和实务界共融共发展理念的践行过程。特别是在建立实习实训基地过程，也是他们推展社会工作理念和方法的过程。该系教师长期扎根社区，做大量的社会调查社区探访，为街道开设社会工作各类型讲座几十场，为推动社区工作专业化做出了重要贡献。

多位教师参与广州市政府社会工作人才队伍建设文件起草和论证、东莞市政府社会工作人才队伍建设文件论证，担任行业协会常务理事和项目评估专家、东莞市政府购买社会服务评审专家。系主任被市民政局推荐为广州市政府决策咨询专家。同时社会工作系教师出资举办的两个民办非企业社工机构为教师参与实务和科研、学生实习和就业提供了支持。该校社会工作专业教师在广州市民政局和学校支持下，率先创办两家民办非企业专业性社会工作服务机构，并实现政府购买服务，被称为社会管理体制改革中先行先试的特殊族群。两个机构给教师和学生提供了专业实践平台，给学生创造就业机会，并承接政府购买社会服务，在社会管理体制改革中先行先试，产生了积极的社会影响。

社会工作专业是应用型文科专业，为了推进理论联系实际的过程，该系建成系列社工实验室和外校实训基地网络。校内实训室的主要作用是仿真模拟，校外实习实训基地主要是社区和社会服务机构。该系还建立了高质量的校外实习基地，其中广州 14 个，深圳 4 个，东莞 2 个，中山 2 个，为学生提供了真实的、多元化的、高质量的实习场地，满足学生专业训练的需要，也为社工专业发展提供了重要社会支持。

教师介入社会服务和政府决策，第一时间了解社会发展对社会工作教育培养人才的要求，为教学和服务结合铺就了实际平台，也为学生实习实训、实践就业创新了渠道和模式。使集中实习、分散实习、就业实训等做得名副其实有声有色，极大鼓舞了社会工作专业学生的专业认同和专业热情，为教学与服务互为促进社会工作人才队伍培养模式注入了新的现代元素。该系正努力探索在教学和实践过程突出"产学结合、符合区域经济社会发展需求的应用型本科人才"的示范专业，以培养该校特色的应用型本科专业人才为目标。

（作者系广东省社会工作学会副会长、广东工业大学社会工作系主任、教授；本文提交 2009 年 12 月 11 日广东省社会工作学会主办的"广东社会工作人才队伍建设模式探索研讨会"）

# 扩散论：大陆社会工作教育研究的新范式[1]

周利敏

以往研究大陆与西方社会工作教育关系时，主要有"全盘西化"、"西为中用"、"本土化"和"全球化"等视角，但事实上这几种视角都有其局限性，而"扩散论"能提供另一种新的范式选择，这种范式对于第三世界社会工作专业教育的研究具有特别重要的意义。大陆社会工作教育不仅具备"初级扩散"的特征，而且也具备"次级扩散"和"混合扩散"特征。大陆社会工作教育在经历"典范转移"过程之后，应逐步迈向"去中心化"、"多元性"、"主体性"、"在地性"和"本土性"，尤其要关注"自主性"和"扎根化"这两个基本议题。

## 一、关于社会工作教育的研究：范式与主题

扩散论范式对于第三世界社会工作专业教育的研究具有特别重要的意义[2]，大陆社会工作教育是西方社会的舶来品，呈现出显著的"扩散性"特点。在西方有关"扩散论"(Diffusion Theory)的研究中，学者平良（Taira）、基尔比（Kilby）[3]、保罗（Paul）[4]

---

[1] 本文是作者主持的国家社科基金"十一五"规划教育学2007年度国家重点课题《趋同与趋异：社会工作专业教育模式比较研究》(CIA07020)阶段性成果。

[2] 王卓圣.香港社会工作专业发展的研究：1950-1997[D].嘉义：国立中正大学社会福利研究所，2003：15.

[3] Taira.K.,&Kilby.P.Differences in Social Security Development in Selected Countries[J].International Social Security Review ,1969 (2).

[4] Paul.H.N. The Diffusion of American SocialWork Education[J]. International Social Work, 1972XV(1).

较早运用扩散观念来讨论美国社会工作专业对第三世界国家的影响，科利尔（Collier）、梅斯克（Messick）[1] 等人也以"扩散论"范式探讨社会工作和社会福利的发展历程。在台湾，黄彦宜认为台湾社会工作专业教育的发展是美国强势扩散的结果[2]，林万亿也将扩散理论应用于台湾社会工作专业教育发展脉络的研究中[3]，许展耀甚至认为台湾社会工作教科书中就连专有名词和术语都是中规中矩照搬过来的[4]。王卓圣通过对香港社会工作发展历程的研究指出：香港社会工作专业教育基本上是受英、美、加拿大等国家的影响，是"扩散模型"最传神的写照[5]。郑怡世也认为，西方社会工作专业教育方法先通过日本，然后再扩散到台湾[6]。这些研究虽然探讨了第三世界社会工作专业教育被西方世界强势扩散的历程，但并没有深入探讨"被扩散的国家"的扩散类型有哪些，又是什么因素促进"被扩散国家"社会工作专业教育的存在和发展等问题。

　　检阅大陆文献，还未见专文从"扩散论"视角来探讨大陆与西方社会工作教育的关系，大陆学界讨论二者关系主要有这样几种视角：第一是"全盘西化"视角，强调"拿来主义"，但很多学者对"全盘西化"的提法比较反感。第二是"西为中用"的观点，强调

---

　　[1]　Collier.D.&Messick.R.E. Prerequisites versus Diffusion: Testing Alternative Explanations of Security Adoption [J].The American Political Science Review, 1975.69.

　　[2]　黄彦宜.台湾社会工作发展：1683-1988[J].(台湾)思与言，1991(3).

　　[3]　林万亿.福利国家：历史比较的分析[M].台北：台湾巨流图书公司，1994：214—219.

　　[4]　许展耀.台湾社会工作专业教育发展：以1990-2003年硕博士论文分析为例[D].南投：国立暨南国际大学社会政策与社会工作学系，2005(1).

　　[5]　王卓圣.香港社会工作专业发展的研究：1950-1997[D].嘉义：国立中正大学社会福利研究所，2003：106.

　　[6]　郑怡世.台湾战后社会工作发展的历史分析—1949-1982[D].南投：国立暨南国际大学社会政策与社会工作学系，2006：26.

建立符合国情与国际标准的训练标准[1]，但"西为中用"更多的只是一种观点，而非分析范式。第三是"本土化"范式，这种范式目前是学界的主流，指通过学习西方社会工作教育经验，在大陆社会文化脉络中，建构适合本国国情的社会工作教育模式，但这种范式对于西方如何影响大陆社会工作教育及二者的互动关系如何等问题存在着明显不足。最后一种是"全球化"范式，这种范式认为大陆社会工作教育之所以呈现"西方"的特点，是由于"全球化"的后果，是大陆与西方互动的结果。这种范式对于解释近年来大陆社会工作教育发展的最新趋势具有比较好的解释力，但对于大陆恢复早期社会工作教育发展的内在逻辑的解释同样存在不足，那时的"全球化"现象并不明显。

在参考国内外同行研究的基础上，本研究以"扩散论"范式为切入点来检视大陆社会工作教育发展的特征，并尝试性提出"初级扩散"与"次级扩散"两个新概念，期待将"扩散论"研究推向深入。本文主要研究的问题是：西方思潮如何影响大陆社会工作专业教育的发展，其途径或模式有哪些，如何批判性反思大陆社会工作专业教育过程中的"扩散性"现象。

## 二、"初级扩散"与"次级扩散"：扩散概念及类型

"扩散论"主要是指来自外部因素的示范效果会对该国社会政策造成形塑作用，研究的焦点从以往注重社会内部分析，转移到分析不同的社会与国家之间的互相模仿与学习。这种范式最早应用于不同国家的社会福利、社会安全制度或体系的趋同现象[2]，后被用来讨论社会工作专业发展相对较早、较高的美英等西方核心国家，对社会工作专业发展相对较迟、较慢、较"落后"的国家和地区的

---

[1] 熊跃根.转型时期中国社会工作专业教育发展的路径与策略[J].华东理工大学学报(社会科学版)，2005(1).

[2] Midgley.J.Professional imperialism: Social work in the Third World[M]. Heinemann,1981,p1299-1315.

影响（例如日本、台湾、香港及第三世界国家等）。换言之，"扩散论"就是指欧美等西方国家主导发展中国家社会工作教育发展的模式，发展中国家在模仿或移植这些"先进"国家的模式后，会获得快速的发展[1]。

扩散又可以分为两种模式，第一种是"初级扩散模式"，指的是英美等西方国家的社会工作思潮直接扩散到邻近国家或第三世界国家，最典型的例子是德国于1883年建立的社会保险制度，欧洲邻国的社会政策制定者纷纷仿效。在当代，随着英美等国对民主国家影响力日益扩大，其社会工作专业也通过教育、外交、经济等管道直接向第三世界扩散。在全球化脉络中，直接学习与模仿西方国家知识、文化与制度也成为位于边缘地区的第三世界的共同趋向[2]，他们往往直接取材于英美等国最新、最实用和最容易学习的知识与技术[3]。米基利列出直接扩散的主要途径有进修培训、国际性的专业组织、国际性会议、学术交流以及各种形式的个人接触等[4]。

另一种是"次级扩散模式"，指社会工作专业教育从西方国家中心地带依次向落后边缘国家或第三世界扩散。具体是先由最核心的国家传到某一国或地区之后，再由此国或此地区传到第三世界，也可以称为"扩散的扩散"。如果说"初级扩散"是一种直接扩散，那么"次级扩散"就是间接扩散。例如：欧洲殖民母国曾大量将其社会安全制度或社会工作专业教育介绍给拉丁美洲、亚洲及非洲的殖民地[5]。米基利认为，虽然殖民政府的政治力量早已在第二次世

[1]　郑怡世.台湾战后社会工作发展的历史分析—1949-1982[D].南投：国立暨南国际大学社会政策与社会工作学系,2006：25-147.

[2]　郑怡世.台湾战后社会工作发展的历史分析—1949-1982[D].南投：国立暨南国际大学社会政策与社会工作学系，2006：242.

[3]　王卓圣.香港社会工作专业发展的研究：1950-1997[D].嘉义：国立中正大学社会福利研究所,2003：106.

[4]　Midgley.J.Professional imperialism: Social work in the Third World[M]. Heinemann,1981,p1-150.

[5]　王卓圣.香港社会工作专业发展的研究：1950-1997[D].嘉义：国立中正大学社会福利研究所2003：15.

界大战后逐渐消退，但这些国家挟带在殖民时代所获得的丰沛利益以及过往的权力与威信，依然树立牢固模范供非西方社会参考与仿效[1]。换言之，"次级扩散"观点虽然也认为亚、非、拉丁许多国家的社会工作专业是西方舶来品，但都是经历某一国家或地区中介转移而来。

## 三、大陆社会工作教育实践中的"扩散性"表现

就大陆社会工作专业教育而言，其明显超前于本土化专业实践，具有"后生快发"、"教育先行"、"师资滞后"、"拿来即用"等特点[2]，更是清晰地呈现出被西方"扩散"的结果，但与其他第三世界国家不同的是，大陆社会工作教育不仅具备"初级扩散"特征，也具备"次级扩散"特征，是一种典型的"混合扩散"模式，具体表现如下：

首先，大陆社会工作专业教育发展具有明显的"初级扩散"特征。在发展早期，由于社会工作是新生事物，内地学者大都抱着学习的态度并认同西方社会工作教育的专业性与先进性，强调西方社会工作知识与大陆传统文化的相融性，宣称社会工作中西方理念与价值具有一般性[3]。一些学校派专业教师到社会工作发达国家和地区学习或培训，或者一些人士积极寻找各种渠道留学海外，回国后任职于大学。由于其位居知识生产权力中心，通过大学这个知识生产基地以专家角色直接将美英等国所建制的主流社会工作知识体系、教育制度与工作方法直接引进过来，期待大陆以"美式社会工作"专业建制为模板而加以学习。例如，在课程设计中，直接引进"社会工作方法"与"社会工作实习"等被西方国家社会工作教育

[1] Midgley.J.Professional imperialism: Social work in the Third World[M]. Heinemann,1981,p1-150.

[2] 史柏年.新世纪——中国社会工作教育面对的选择[J].北京科技大学学报(社会科学版)，2004(3).

[3] 郑怡世.台湾战后社会工作发展的历史分析——1949-1982[D].南投：国立暨南国际大学社会政策与社会工作学系，2006：119-120.

部门订为基础课程的科目。

同时，这些学者与政府部门关系密切，经常以"社会行政"或"社会工作"专家角色积极参与政府部门的咨询与决策，极力将西方社会工作专业教育模式推荐给权力部门，再加上他们所推介的社会工作并未挑战威权体制的统治权威[1]，而且还宣称社会工作具有稳定社会秩序的正面功能，是社会秩序的安全网和稳定器，这样容易获得政府的信任与支持。因此，这些学者得以专家权威的身份主导了大陆社会工作专业教育的论述权，西方社会工作专业教育的理念与方法也通过这些学者而被直接扩散。此外，一些地方政府或高校也会邀请甚至聘请国外社会工作专家为顾问，为社会工作专业教育发展直接提供咨询和建议，尽力使大陆社会工作专业教育课程规划、系统、架构体现西方国家的特点，如民政部社会福利与社会进步研究所与英国发展研究所于1996年9月在北京联合举办的"中国社会福利体制改革国际研讨会"，直接邀请国外专家为大陆社会工作专业教育提供建议。通过这种"初级扩散"模式，西方社会工作专业教育的示范效果被直接扩散到大陆，对大陆社会工作专业教育发展产生了深远影响。

其次，虽然大陆社会工作专业教育的发展离不开美英等国的"初级扩散"，但也不能忽视港台地区的"次级扩散"的影响，大陆高校社会工作教育课程与专业实习较多地借鉴了港台经验，所用的重要教学参考书大都来自港台，而港台地区的社会工作专业教育理念的基本框架又来自西方。换句话说，英美等国的社会工作思潮扩散到港台地区之后，又由这两地区辗转传入大陆，使得大陆社会工作专业教育明显呈现出"次级扩散"特点：

其一，港台社会工作界派遣专家和学者赴内地交流经验。如1986年至1989年间，香港大学社会工作及社会行政系协助中山大学发展社会工作课程，并派出老师到中山大学授课，1988年香港

[1] 郑怡世.台湾战后社会工作发展的历史分析—1949-1982[D].南投：国立暨南国际大学社会政策与社会工作学系,2006：235.

理工大学与北京大学合办"亚太区社会工作教育的现况与前瞻研讨会",为即将筹办社会工作课程提供咨询及意见,1990年又派出三位老师至北大为其第一届社会工作系师生讲授《社会工作导论》。香港社会服务联会与中国社会工作者协会1990、1993年曾联合举办了两次"研讨会",1994年,香港方面又与内地共同召开了"华人社区社会工作教育发展国际研讨会"。1991年至1996年间,香港理工大学、北京大学及英国的诺丁汉大学展开《三方交流合作计划》,并逐渐将合作计划扩展至中华女子学院、中国青年政治学院及民政管理干部学院,合作的内容包括师资培训、编撰社会工作教材及建立社会工作图书馆等。其二,香港社会工作学界也邀请内地社会工作专业教师和学生到香港访问或进修,香港中文大学和香港大学社会工作系则是直接招收中国内地学生来港攻读硕博士学位[1]。华南农业大学社会工作系从2002年以来,每年都派20至60位学生和老师去香港和台湾进行参观、交流与实习。最后,部分香港基金对内地高校社会工作教育发展直接提供经济上的支持,如香港林护基金会就曾资助过中山大学社会工作系。

综前所述,20世纪80年代以来,无论是美英等国对大陆的"初级扩散",还是港台地区的"次级扩散",都对大陆社会工作专业教育发展起到了独特作用。

## 四、小结:"扩散性"后果及超越

面对"初级扩散"和"次级扩散"的现实,大陆社会工作教育界是被动回应,还是主动迎接挑战,是全面模仿还是尽力抗拒,或者批判性反思后再加以学习?林万亿认为不应全盘拒绝来自工业国家的扩散,事实上也是没有办法完全拒绝的[2]。史柏年也指出

[1] 王卓圣.香港社会工作专业发展的研究:1950-1997[D].嘉义:国立中正大学社会福利研究所,2003:73.
[2] 林万亿.福利国家:历史比较的分析[M].台北:台湾巨流图书公司,1994:214-219.

鉴于大陆社会工作"后发外生"的特点，使得大陆社会工作教育学习"欧美传统、港台经验"具有十分重要的意义[1]。因此，必须要从"拿来主义"开始，经历一个"典范转移"过程，但要减少对核心国家的依赖，因为"过度扩散"会造成大陆社会工作专业教育的迷失。

学者保罗认为，西方国家与被扩散国家都曾天真地以为，西方社会所建制出来的主流社会工作知识与方法具有"普遍性"意义，可以超越不同的社会文化背景，解决各个国家的社会问题[2]。拉格（Ragab）指出，这其实具有浓厚的种族中心主义色彩[3]，哈默德（Hammoud）则把这种现象归结为发展中国家受职业殖民主义以及文化殖民主义对殖民意识持久化所产生的影响[4]，米基利更是形象地以"专业帝国主义"（professional imperialism）来指称源于北美及欧陆文化传统与意识型态的社会工作专业没有经过任何反省而被扩散至第三世界国家的现象[5]。"专业帝国主义"忽略了第三世界国家独特的社会环境及历史文化脉络，没有和第三世界进行"在地化"联结，没有意识到第三世界国家自己才是社会工作专业教育发展的真正"主体"，从而导致西方宰制第三世界社会工作专业教育发展的现实。

在此背景下，学者苏保罗（Sewpaul）和琼斯（Jones）强调社会工作教育要特别注重文化多样性，要考虑当地独特的经济、社会

---

[1]　史柏年.新世纪—中国社会工作教育面对的选择[J].北京科技大学学报（社会科学版），2004(3).

[2]　Paul.H.N. The Diffusion of American Social Work Education[J].International Social Work, 1972XV(1).

[3]　Ragab.I.How social work can take root in developing countries[J].Social Development Issues. 1990 (3).

[4]　Hammoud.H.R.Social work education in developing countries: Issues and problems in undergraduate curricula[J]. International Social Work ,1988 (3).

[5]　Midgley.J.Professional imperialism: Social work in the Third World[M]. Heinemann,1981,p1-150.

和文化环境的影响[1]。沃尔顿（Walton）和奥布（Abo）等学者也指出，本地社会工作教育者和实务者应该创造性地发展自己的策略来解决自己的问题，满足自己的需要[2]。米基利也主张社会工作教育应在本国独特的环境和制度中找到真正的根基，使其能够走向成熟并具有独创性。也就是说，社会工作固然以共同的社会需求为基础，但是不同国家或地区的历史、经济及文化的差异性，也使得社会工作专业教育方法与内涵具有异质性。从这个层面而言，中国大陆的社会工作教育应更加注重本国的独特属性，西方社会工作是在助人实践中逐渐发展起来的，专业实践先于专业教育，而大陆的社会工作教育是在没有职业化的土壤中发展起来的，专业教育早于专业实践。同时，王思斌指出大陆的社会工作是行政性的，具有"半专业化"及发展的非均衡的区域化等特征[3]，这些都决定了大陆社会工作专业教育不能被"过度扩散化"。

事实上，由于西方"专业帝国主义"对大陆社会工作专业教育的"过度扩散"，已经造成了一些消极的影响。首先，大陆的社会工作教育使用的教材主要以美国和港台地区为主，科恩指出这种"中美混合式"、"中西混合式"或"全面覆盖式"并没有经过深刻反省与转化，有生吞活剥之嫌[4]。大陆学生学习与西方学生相同的教科书，被训练应用相同的理论与方法，试图来解决自己社会中的问题，往往会力不从心。其次，一些社会工作学者过分注重对西方理论移植，而没有重视大陆文化及处境对社会工作实务的深刻影响，对本土实务工作方案的发展与评估也往往关注不够，难以编撰

[1] Sewpaul.V.&Jones.D.Global standards for the education and training of the social work profession[J]. International Journal of Social Welfare, 2005 (3).

[2] Walton.R.&Abo EI Nasr.M.Indigenization and authentization in terms of social work in Egypt[J]. International Social Work, 1988(31).

[3] 王思斌.非协调转型背景下中国社会工作教育的发展[J].北京科技大学学报(社会科学报)，2004(1).

[4] Cohen, N.E.Social Work Education in Hong Kong — A Look Ahead[J]. Hong Kong Journal of Social Work ,1966 (2).

本土化教材，卡利尼（Nimmagadda）认为这使得第三世界国家的教师在教授时比较吃力，学生在学的时候也觉得无味，可形象称之为"隔靴抓痒"现象[1]。最后，由于片面仿效，大陆社会工作专业教育目标仍然较为模糊，课程规划也不明确，这也造成了社会工作专业教育在大陆虽然发展了 20 来年，然而并没有得到与西方社会相似的专业认同与专业地位。

如何摆脱"过度扩散化"现象？一方面，米基利认为发达国家在社会工作上要学习非发达国家的经验，尤其要重视东亚经验，西方学者首先要放弃、摆脱"中心主义"或者西方经验的"普适性"习惯性思维[2]。另一方面非西方国家对于重构社会工作的知识框架也应承担更大的责任。尤其在"后现代主义"脉络下，大陆学者和专家应以批判性思维对社会工作专业教育发展重新定位，使之逐步迈向"多元性"、"在地性"、"主体性"、"歧异性"和"去中心化"，约翰逊（Johnson）强调尤其要关注社会工作教育的"自主性"和"扎根化"（authentication）问题[3]，这已经成为大陆发展社会工作教育的两个重要概念和议题。

（作者系广东省社会工作学会理事、广州大学公共管理学院副教授；本文提交 2009 年 12 月 11 日广东省社会工作学会主办的"广东社会工作人才队伍建设模式探索研讨会"）

[1]　Nimmagadda.J., & Cowger.C. Cross cultural practice: Social worker ingenuity in the indigenization of practice knowledge[J]. International Social Work, 1999(3).

[2]　Midgley.J.Professional imperialism: Social work in the Third World[M]. Heinemann,1981,p1-150.

[3]　Johnson.L.C. &Yanca.S.J.Social Work Practice: A Generalist Approach[J]. Boston: Allyn and Bacon. 2001.p17-18.

# 浅谈社会工作教育与人才培养的范式创新

梁露尹

众所周知，专业社会工作是西方社会的产物，而中国在社会工作领域的发展较英美等西方发达国家要晚，现在仍处于初级发展阶段。回顾社会工作在中国的发展历史，真正进入专业化道路的探索是从 20 世纪 80 年代中期以后开始的。

## 一、社会工作教育存在的主要问题

过去短短的二三十年发展过程中，这个专业逐渐走向规范化，也存在一些问题。如在社会工作的理论教育方面，国内社工知识理论的发展主要还是采取"舶来主义"，片面吸收西方国家的理论和知识而缺乏结合本土经验进行总结提炼的科学研究精神，结果导致一方面"舶来"的先进理论精髓无法被真正吸收，另一方面理论放在过于理想化的高度，无法真正有效指导具有中国特色的社会工作实践。

## 二、社会工作教育与人才培养的主要对策

解决社会工作教育和人才培养中存在的困境，可以从两个方面着手：

### （一）在社会工作理论教育方面

第一，国内的社会工作从业人员要进一步加强与国外同行的学术交流，增加相互专业观摩与学习的机会，使从业人员对国外先进理论的认识不再局限于书本里缺乏生命力的理论，而是真正领会这

些先进理论在西方国家同行实践应用中是如何发挥效用的。第二，社会工作行业在高校教育中的人才培养应采取更科学的模式。社会工作在国内逐步成为独立专业的同时，也应该在高校教育中与社会学逐步相区别、分离。第三，社会工作是一门以应用为主的学科，它对"理论与实践相结合"提出了较高的要求。因此，高校须引进更多同时具备社会工作研究与实践经验的教师为行业培养专业人才，让他们在教学过程中不仅帮助学生吸收理论知识，更能把实践经验和技能分享或传授给学生。

## （二）在社会工作实习教育方面

社会工作人才队伍的培养除了需要依靠理论教育模式，还需要建立成熟的"师徒式"实习督导模式。现在有许多"科班出身"的社工毕业生面临着就业难的困境，同时他们在参加工作的过程中也遇到无法将所学知识应用于实践的困惑。为解决这些矛盾，高校和机构应建立合作网络关系，共同培养业内人才队伍。高校除了为学生提供实习的机构资源，还要认真对学生在实习期间的表现进行跟踪与监管，并帮助学生鉴别所实习的机构是否具备足够资格提供实习督导。同时，机构也要肩负起行业责任，为学生在机构实习期间创造更多的机会学习所需的专业实操技能，让有经验的社工以类似传统"师徒式"的方式督导学生实习，而不是把学生当成机构里的免费"打杂"劳动力，耽误学生锻炼实操技能的需求。社会工作行业内也应尽快设立督导模式的相关标准，例如设定机构督导资格标准等，以确保社工人才队伍的培养逐步走向规范化。

（作者系广东省社会工作学会常务理事、广东省残疾人康复中心社会工作部负责人；本文提交 2011 年 6 月 21 日广东省社会工作学会主办的"社会工作范式创新研讨会"）

【企业社会工作研究】

# 企业社会责任：情、理、法的和合

范 英

在中国，市场经济正在逐步展开，各种经济成份的企业要生存、要发展、要取得相应的经济效益和社会效益，无不面临着一个共同的问题——如何进一步认识企业社会责任以及如何强化企业社会责任的问题。对这个问题，国内外一批有识之士已作了不少研究，其主要特点是较多地从专业的角度、技术的角度来探讨，这是很有必要的。在这里，笔者则想从综合的角度、普适的角度来作点新的考察，也许于企业社会责任研究的拓展有所参考。

## 一、企业社会责任是种和合

所谓企业社会责任，在笔者看来，就是情、理、法的和合，就是企业在合情、合理、合法三大方面的协调与和谐。其中：

### （一）情是社会责任的基础

合情是企业社会责任的基础部分。问世间情为何物？情有血缘情、地缘情和业缘情。血缘情主要是指骨肉情：或是祖辈情、父辈情、子辈情、孙辈情；或是父子情、夫妻情、儿女情、手足情、姊妹情、娘家情、长幼情等这些骨肉亲情。地缘情主要是指故乡情、邻里情、山水情等等。而业缘情主要包括学友情、工友情、战友情、师生情、师徒情这些方面。在血缘情、地缘情和业缘情基础上生长出来的民族情、爱国情，应该说是更为高尚的情。通常讲：人情好，饮水甜；千里送鹅毛，物轻情意重；感情深，一口闷；知恩情、报恩情；情意绵绵无尽期，来世还作有情人；情投意合心相许，海枯石烂不动摇；加之日久生情、脉脉含情、似水柔情、似海深情、澎湃热情、洋溢激情；还有亲不亲，故乡情；有情不怕路途远，隔山隔水心连心；千里姻缘一线牵，情人眼里出西施；两情若是久长时，又岂在朝朝暮暮；东边日出西边雨，道是无情却有情；曾记否，在许多文艺作品中，如"风萧萧兮易水寒，壮士一去兮不复还"，活唱了荆轲刺秦王之前友人送别的悲歌；又如"桃花潭水深千尺，不及汪伦送我情"以及"送君送到大路旁，革命情谊永不忘"等等，无不突现出性情中人的悲壮之情、故友之间的相知之情。可见情遍大地，情满天下。更可见无情未必真君子这句话是很有根据的。说到底，情是社会环境的产物，谁也离不开，剪不断、理还乱。作为社会中的企业既有这些个情的社会基础，就有这些个情的社会责任。合情是企业社会责任的基础部分。

**（二）理是社会责任的主导**

合理是企业社会责任的主导部分。在中国历史上，"天问"的记述是很令人难忘的。而天问的主语却可以归结为四个字，叫做天理何在。故理有道理，大道理、小道理；理有情理，情在理中、理在情中，情与理往往是贯通的；理又有文理、哲理，即既有道理也有情理；理还有真理，是指对客观世界的正确认知。人们都说，灯不拨不亮，理不辩不明；真理是相对的，绝对的真理并不存在；列宁有句话经常被人引用，讲的是真理只要向前跨进一步，那怕是小小的一步，都可能变成谬误；大家经常讲，要坚持真理、追求真理，只要主义真，砍头不要紧；在坚持真理方面，要理直气壮；当然，处理日常事，有理不在言高，得理要让人，输人不输理，怪人不知理，通情达理，以理服人是理所当然的。一句话，有理走遍天下，无理处处碰壁。因此，一个社会，有正义，有公理。维护正义、维护公理就有社会责任。企业社会责任的构成，当然不只是有情，还要有理，才合乎情理。企业社会责任是以情为基础、以理为主导的。这样的企业社会责任是合理的。在中国，世称礼仪之邦，很重视礼。礼与理在很大程度上讲是互通互成的。中国企业社会责任中的理，也包含着这个礼。礼通则理通，理顺礼也顺。所以说，企业社会责任构成部分的合理即是容天理，而不是天理难容。也不是弃礼唯理、无礼求理。否则，问天也白搭。

### （三）法是社会责任的根本

合法是企业社会责任的根本部分。法有旧时的家法，包括家规、家教；有旧时的族法，包括族规、族教；有奴隶社会、封建社会和资本主义社会各自相对适应的国法，包括各种具体的法规、法制等等；在当代中国则有宪法以及以宪法为母法形成的子法、部门法、民法、刑法以及各种党政规章制度等。在中国文学名著中，与法字有关的要数《封神演义》为最，其次是《西游记》。但这个法是法术的法，是故弄玄机的变戏法，不是这里所讲的法，例如孙悟空有 72 变，变来变去还是孙猴子，不能代替这里所讲的法，与这里所讲的法完全是两码事。随着改革开放和市场经济的逐步推进，中国不仅要以德治国，更要依法治国、治省、治县、治区、治党、治政、治军、治农、治学，更要以法治商。如国外一批发达国家或地区，法律越全面、系统、具体和无孔不入，整个国家或地区所养成的法治水平以及人们的法制观念对当今中国无疑有着许多借鉴之处。作为公民或企业，守法遵纪有一定的权利和义务。以法律为准绳，拿起法律武器来捍卫应有的权利，履行应有的义务，法网恢恢、疏而不漏的时代将会到来。在社会中生存、发展的个人与企业，不仅要讲合情、合理，更要讲合法。也只有合法才是最根本的。所以合法是企业社会责任的根本所在，是企业社会责任构成的根本部分。离开这一根本部分，企业社会责任的合情与合理便会失去法律的标尺，变得无法无天，无法驾驶，一切都会乱套。

## 二、企业社会责任必须强化

企业社会责任的合情、合理与合法，虽然分别为企业社会责任的基础、主导和根本，但只有这三者的和合即协调和谐，才能使企业社会责任的构成达到有机的整合与同一。因此需要强化三者，同时又要强化三者的和合。

### （一）在强化合情二字上下功夫

这里所讲的合情，必须以合理为主导、以合法为根本。人情大过天；为情所困、为情所害、为情而亡的现象，在人世间、在企业中是常有的事。那是把情看成高于理、高于法，甚至以情代理、以情代法的恶果。前几年报刊上曾经报道过一件事：某企业有位靓女会计，为了讨好男友，情愿把企业的巨额款项挪来给他花费，结果是可想而知了。这些年来，一批贪污的官员或企业家里头，往往与亲戚、朋友、同学、同事等结党营私、串通犯罪的事实，多是与合情二字南辕北辙造成的。这些教训实在深刻。所以在企业社会责任中，首先要在知情、动情、真情、深情和长情的基础上强化合情二字，没有这个强化，便有可能是泛情、乱情、疯情、狂情、恶情或灾情。这是与企业社会责任的要求完全背道而驰的，必须避免，也完全可以避免。

### （二）在强化合理二字上下功夫

这里所讲的合理，必须以合情为基础、以合法为根本。或以理代法，或强辞夺理，或无理取闹，或歪理假理，或伤天害理，都不是合理的要求，不是企业社会责任的要求。赵树理先生曾经刻画过一个很好笑的小人物，外号叫做"常有理"。不过，在现实生活中，哪有什么无时无处都代表真理化身的"常有理"呢？只是脸皮太厚，本性难改，自诩为"常有理"罢了。人们通常对那些不合理的东西是持否定态度的，但身处江湖的旋涡之中，晕头转向，利令智昏，往往又难免产生出公说公有理、婆说婆有理的片面现象。这些年，房地产开发商野蛮迫迁的事例，克扣农民工工资或卷款潜逃的老板的事例，工厂造成污染的极为严重的事例，以及不少骇人听闻的伤天害理的事例，无不说明企业中的许多牙齿印，企业与企业之间的许多烂疤痕，企业与社会各方发生的许多矛盾与纠纷，若不以合理为主导，以合法为根本，强化合理这二个字，企业的社会形象肯定会大打折扣，企业的生存肯定会大成问题，更谈何企业的社会责任呢？

### （三）在强化合法二字上下功夫

这里所讲的合法是既合情又合理的东西。法不容之情与法不容之理也许是不合法的情与理，但合情又合理的东西肯定是合法的东西。特别是在企业社会责任中，以合情作为基础、合理作为主导，合法才能突现出根本的作用，因此，知法、守法、护法是企业社会责任的根本所在。当前社会上伪劣商品泛滥成灾，成为一大社会公害，但屡禁不止、屡打不绝，大有野火烧不尽、春风吹又生之势，究其主要原因，就在于那些企业人为财死、鸟为食亡，唯利是图，无法无天，守法、护法的社会责任早就抛到九霄云外。但机关算尽太聪明，反误了卿卿性命。对这种恶劣的现象必须花大力气加以消除，必须从根本上强化知法、守法和护法的意识与行为，强化合法的意识与行为，特别在打开国门、与世界市场接轨的过程中，不仅要强化国法意识与行为，还要强化国际法律意识与行为，使在法律面前人人平等的信条真正成为普天同求的理想境界。在中国，在当今，这就是强化企业社会责任的重中之重、紧中之紧。

### （四）在强化和合二字上下功夫

前述企业社会责任的三大构成——合情为基础部分，合理为主导部分，合法为根本部分，是相互联系、相互促进的。只强化企业社会责任其中一个部分而无视其他两大部分，或断着臂吃饭，或跛着脚走路，或瞎着眼摸象，断难有企业社会责任的完整构成和企业社会责任的正面效应。因此，坚持企业社会责任三大构成部分的有机和合、协调与和谐，企业才能成为完全的健康的正常"人"，企业才能在社会责任的合情、合理和合法的系统链条上把握自如，事半功倍。当然，企业社会责任中的基础部分、主导部分和根本部分本身也各有其相互对应的小系统，同样要有个和合的理念方能成效，方能提升企业社会责任三大构成部分各自的内在实力与外在张力，方能演奏出企业社会责任的优美乐章，为企业自身和社会众生造福无穷。

（作者系广东省社会工作学会名誉会长、广东省社会科学界联合会顾问、研究员；本文系作者 2007 年 9 月 29 日在"广东省社会工作学会成立大会暨企业社会责任与社会工作论坛"上的发言）

# 浅论企业信用文化培育

黎明泽

近几年来，企业信用问题不断浮现，企业信用已成为当前全社会高度关注和讨论的问题。以食品行业为例，尽管质量标准不断提升、质量检测技术不断提高，质量安全的重要性不断强调，但食品安全事件还是层出不穷。为什么？质量检测和监控、法律制约和制裁，对于企业信用来说固然不可或缺，但这些外部性的制约无法从根本上制止或消除企业信用问题的发生。如果没有内在的力量主导企业主体的信用行为，不法企业始终会寻求一切办法钻法律或技术的漏洞，导致企业信用问题的发生。而这种"内在的力量"，就是企业信用文化。企业信用文化，包括两层含义：一是宏观层面，指在全社会形成的全体企业自觉遵守信用理念、实施信用行为的人文理念和文化氛围；二是微观层面，指企业在长期的生产、经营、交易、合作过程中形成的以信用为原则的行为规范、思维方式和价值观念。企业信用问题的治本之策，关键是信用文化的形成及其熏陶、濡染、感化和社会舆论功能的有效发挥。

## 一、企业信用文化培育的重大意义

企业失信行为导致的信用危机，对中国和谐社会建设、市场经济完善和企业健康发展都造成巨大的冲击和影响。在当前的情况下，企业信用文化培育至少在以下方面有着重大的意义。

### （一）和谐社会建设的题中之义

企业信用和社会和谐有着紧密的关系。在社会主义市场经济条件下，商品经济发达，商品活动频繁，企业已成为社会的重要主体之一。它们的信用状况，时刻关乎社会主义和谐社会建设的进程和成败。构建社会主义和谐社会，必然要求作为社会重要主体之一的企业自觉遵守社会道德和社会契约、遵守法律和法规要求，坚守信用进行生产和经营，自觉维护有序的生产环境和流通秩序。和谐社会的实现，要求企业信用的倡导和普遍存在，要求企业信用文化的形成和弘扬。而文化是以精神和意识层面反映的社会存在，是一种气质、风格。信用文化的力量是巨大的，它对企业信用行为的无形约束力和引导力，有时可能甚于法律，或是法律之外促进企业信用的另一只有力"抓手"。企业信用文化一旦形成并盛行，企业就会感觉到"守信光荣，失信可耻"的文化约束而不愿"冒天下之大不韪"做出失信行为，进而自觉地守信生产、守信经营。这样，政府对企业信用行为的管理和约束就事半功倍了。从这个意义上说，企业信用文化的培育对于和谐社会建设来说显得尤为必要。

### （二）市场经济完善的必然要求

中国著名经济学家、社会主义市场经济的坚定推行者吴敬链曾指出，信用是现代市场经济的生命。在市场经济中，虽然有一套法律法则规范企业的运作，但同时也离不开一套道德伦理体系的约束。法律法则和道德伦理对于企业来说，犹如车之两轮，鸟之双翼。信用就是这套道德伦理体系中的重要因素之一。大部分企业行为，特别是交易都是基于信用、契约而进行的，没有信用，市场经济就难以正常运行。当前食品安全事故、欺诈、欠账等企业失信行为接二连三地发生，反映出中国社会主义市场经济信用基础和企业主体信用观念的薄弱。这是与社会主义市场经济的发展要求不相适应的。社会主义市场经济的完善，不仅要注重通过有关法规、机制的健全来规范企业信用，更应培育一种企业信用文化，按照市场经济的发展要求以信用文化约束和规范企业行为。这两者犹如药物之外用和内服，双管齐下，标本兼治，达致最快、最好之功效。

### （三）企业健康发展的重要保障

民无信不立。对于一个企业来说，若想在激烈的市场竞争中立稳足、谋发展，信用也不可或缺。企业之于信用，就如人之于生命。如果一个企业失去了信用，就如同一个人失去生命。许多事实证明，企业讲信用，就会具有竞争力，拥有市场；反之，就会丧失竞争力，失去市场，最终被淘汰。一些老字号、老品牌纵横数十、甚至数百年，但最终因信用问题而晚节不保，名誉扫地，确实值得深思。当今，大多企业都意识到企业文化对于企业发展的重要性，企业文化建设成为商品生产、经营以外的一个重要领域。在这一契机下，应当把信用文化作为企业文化的重要内涵，着力培育信用文化，使信用内化于企业之"心"、外化于企业之"行"，融化于企业的的生产、经营行动当中。唯有培育信用文化，以信用文化引导信用行为，才能保障企业健康发展。

## 二、中国企业信用危机现状剖析

经过 30 年改革开放的艰辛探索，中国已实现了由计划经济向市场经济的转型，社会主义市场经济体制基本建立。在这过程中，大多数企业探索出适应社会主义市场经济体制下的生存方式，如现代企业制度的建立、现代契约经济的完善、有序竞争模式的形成等等。应该说，中国已初步建立起以契约为基础的现代信用经济，企业信用成为主导中国社会主义市场经济发展的重要生命线。但也无可否认，企业信用发展良莠不齐，企业对政府、企业对消费者、企业之间的失信行为时有发生，企业信用危机已逐步凸显并产生巨大的负面效应。归纳来说，企业信用危机的出现，主要源于以下三方面的原因：

### （一）市场主体不成熟条件下的道德失范

市场经济的建立和发展过程，伴随着市场主体从出现到发育成熟的全过程。所谓市场主体，是指在市场经济活动中从事交易活动的组织或个人。这里仅论企业这一市场主体。在由计划经济向市场经济转轨之后，虽然企业的角色已实现了转换，特别是国有企业，由保护走向了开放，由被动发展走向了主动竞争，但总体上说还处于不成熟的发展阶段，仍不能善于处理合作与竞争、眼前利益和长远利益、经济利益和社会责任等之间的关系。个中原因，一方面是由于企业产权制度尚不明晰。多年以来，各界极力呼吁和探索明晰国有企业的产权，党的十六届三中全会也强调要建立归属清晰、权责明确、保护严格、流转顺畅的现代产权制度，但至今效果仍不明显。在产权模糊的情况下，企业决策者的利益和企业的长远发展没有直接的联系，在对收益不具有分享权的同时，对风险也无需承担太多的责任。对于企业决策者来说，最佳选择是注重短期利益，信用问题自然也不在考虑之列，企业失信行为频频发生就不足为奇了。另一方面是由于转型期中国传统文化解构和道德缺失。目前中国正处于急剧转型时期，传统的文化和道德体系受到经济社会发生深刻变革的巨大冲击，而适应社会主义市场经济发展的文化、道德体系尚未建立起来，出现文化、道德约束的真空。在市场经济条件下，企业首要价值观是追逐利益的最大化。在失去文化和道德约束的情况下，一些企业在唯利是图、金钱至上经营理念的支配下，利令智昏，丧失行业道德，进而导致企业失信行为的发生。

**（二）法制体系不健全情境下的约束失衡**

社会主义市场经济不仅是道德经济、信用经济，也是一种法律经济。法律作为市场经济规则的最有力的维护者，是市场经济健康运行的必要保证。和发达的市场经济相比，中国的社会主义市场经济还处于初级的发展阶段，市场经济法律体系还不够健全。一方面，法律的不完善，对契约关系、债权人的保护都不够，此外，重审判轻执行的执法方式，更使债权人的法律维权只停留在一纸判决书上；另一方面，失信受惩制度尚不够完善，法律对企业失信行为未能构成有效的震慑力、约束力和制裁力，失信者没有受到相应的法律制裁。在这种情况下，企业失信成本和失信收益、失信成本和守信收益之间出现严重失衡。失信成本过低，远低于失信收益，不仅可能导致企业失信行为的发生，甚至违法行为都可能出现。

**（三）信息不对称条件下的市场失灵**

随着市场经济条件下社会分工的不断细化和专业化，绝大多数在市场上交易的双方的信息不对称情况日益明显。现代经济学把市场交易双方的信息拥有量的不对称视为市场经济的重要缺陷之一。交易双方的信息不对称，是造成企业信用危机的重要原因。在信息不对称的情况下市场交易，"具有信息优势的一方就可能欺骗另一方，而导致另一方决策失误；损害另一方的经济利益。在企业层面上，信息不对称造成的信用缺失将对中国的资本市场、商品市场和就业市场运行造成极大的伤害，甚至可能成为制约整个经济稳定增长的最大隐忧。"[1] 这样，市场就无法有效发挥其资源优化配置的作用并保证有序运行。特别是在一次性博弈的情况下，互不信任是交易双方的理性选择，更将引发企业失信行为的泛滥发生。

## 三、企业信用文化培育的主要方略

虽然信用文化的形成对于企业信用行为具有重要的引导和约束作用，但由于文化是一种人文历史积淀，企业信用文化的培育是一个庞大的系统工程，是一个长期、复杂、曲折、渐进的过程，需要通过正确的教育导向、舆论导向、制度导向、利益导向的推动，全社会共同努力多管齐下。当前社会企业信用危机的日益凸显，诚信文化培育的当务之急，从宏观方面来说是完善公开的企业信用信息系统、建立企业信用的利益导向和褒惩机制；从微观方面来说是加强企业内部信用文化建设，增强企业公民意识，主动承担社会责任。

### （一）完善公开的企业信用信息系统

公开的企业信用信息系统是依托现有的电子信息网络，采集、更新和为社会大众提供企业信用信息的统一信息查询平台。企业信用信息系统的完善，对于弥补市场经济信息不对称的不足、降低企业交易风险和成本有着积极的意义。目前，中国已开始企业信用数据库信息系统的试点工作，但全面铺开和完善尚待时日。企业信用信息系统属于社会公共服务的范畴，应当向社会公开，

[1] 宋惠昌.诚信.商道之本[M].北京:民主与建设出版社,2002:296.

实现企业信用信息查询、交流的社会化，形成信息共享机制。公开的企业信用信息系统的功能，一是通过各市场主体在信息较为对称的情况下，在交易过程中多次重复博弈，达致均衡，从而建立企业信用；二是通过这一信息系统，建立一个全社会共用的信用档案体系，让企业的信用状况公布在"阳光"之下，增强企业信用的自觉性和主动性。

### （二）建立企业信用的利益导向和奖惩机制

培育企业信用文化，应当建立起企业信用的利益导向和奖惩机制。对于信用企业，可以采取多种形式给予表彰和激励，如在新闻舆论宣传、税收、免年检、给予信贷额度、享受通关便利等方面予以优惠，让信用企业得到实实在在的便利和实惠。同时，广泛开展星级信用企业等评比活动，以点带面，典型引路，激发企业的信用热情。当然，要衡量一个企业的信用程度，以及给予什么样的利益回报，还需要一个科学、可行的指标体系。这就需要发挥政府在企业信用管理体系中的主导作用，并且充分发挥民间信用评估机构的作用，建立权威、统一的信用评价标准体系。对于企业失信行为，要在完善相关法律法规体系的基础上，加大惩罚力度，使失信的成本远大于失信的收益，使失信的收益远低于守信经营的收益。在这方面，要注意道德惩戒和法律惩戒相结合，使失信企业不仅利益受损，而且道德受损，从而发挥社会舆论道德对企业失信的制约作用。

### （三）加强企业内部信用文化建设

企业内部的信用文化建设是整个社会企业信用文化建设的基础和前提。没有众多作为个体的企业的信用文化，就不可能存在社会意义上的企业信用文化。因而，在企业内部加强信用文化建设，对于全社会形成企业信用的文化氛围，具有十分重要的意义。同时，企业信用文化是企业的无形资产，是企业行为的基本理念和规范，良好的信誉可以为企业带来实际的经济收益。企业内部信用文化的培育，可以采用如下方式：一是建立奖惩分明的科学化、合理化、标准化的信用奖惩制度，以明确的制度保证守信者得到奖励，失信者受到惩罚，在企业内部形成一种良性的竞争环境和信用氛围。二是提高企业管理层和决策者的信用文化水平，培育企业内部信用文化。三是把信用文化建设列为企业文化建设的重要内容。企业文化建设在当前受到极大的推崇，应当把握这一契机，把培育企业信用文化和企业文化建设有机结合起来，让信用融入企业精神、企业行为和企业制度，成为企业文化的核心和特质。

### （四）培育企业公民意识，主动承担社会责任

企业公民（Coporate Citizenship）是一个和企业社会责任密切联系的概念，是伴随着人们对企业社会责任的争论与关注而走进人们的视野的。企业公民，一般可以理解为拟人化的企业，是企业遵循符合法律规范和道德伦理对人类、环境、社会表达尊重和承担责任的一种存在形式。它蕴含着社会对企业的要求，意味着企业是社会的公民，应承担起对社会各方的责任和义务，包括遵纪守法、诚实守信等。可以说，企业信用是企业公民的固有内涵，企业公民是企业信用的深刻体现。企业信用文化的培育，需要通过培育企业公民意识来实现，要求企业处理好经济利益和社会责任的关系，在追求经济利润的同时，对相关方承担起责任，如为社会发展进步多做贡献，为消费者提供安全可靠的产品，和合作伙伴建立良好的关系，关注环境和社会公益事业等。

（作者系广东省社会工作学会理事、中共广州市委党校党史党建教研部讲师、法学硕士；本文提交 2008 年 12 月 26 日由广东省社会工作学会、中华长城和平教育促进会联合主办的"2008 广东社会工作学会年会暨企业社会责任、诚信高峰论坛"）

# 企业社会工作在现代企业管理中的应用研究

井 凤

企业社会工作是社会工作在实务上的延伸，是指社会工作者运用专业理念、技能、方法，从事企业管理中涉及人与社会发展的相关工作的一种专业活动，旨在提高员工解决问题的能力，促进良好的工作适应环境，提升合理而有效率的生产环境。企业社会工作的功能和目标恰好与现代企业管理的基本理念不谋而合。因此，如何有效地将企业社会工作的技巧与方法运用于现代企业管理中就具有一定的价值意义和现实意义。

## 一、现代企业管理引入企业社会工作的必要性

随着改革开放的不断深化和市场经济的不断发展，中国企业在经济成分、组织形式、利益关系和分配方式等方面都发生了深刻的变化，企业内外部的各种关系与问题日趋复杂化，企业职工临着许多从未遭遇过的问题。主要表现为：

### （一）职工的基本权益遭受侵害

出于利益机制的驱动，一些企业往往把职工简单地看作是"劳动力"，很少用"自家人"的意识来保障他们的基本权益，甚至以种种借口和手段侵害职工的实际利益。具体表现在：把减员、裁员作为甩包袱；在企业兼并、破产过程中损害员工的养老、医疗、住房等福利；绩效考核时不以贡献、能力为标准，而代之以管理者好恶、按资排辈；只讲生产效益，不讲员工工作条件。尤为严重的是，在一些个体、私营以及外资企业里，克扣与拖欠员工工资、随

意辞退员工、恶意延长加班时间、不关心员工健康状况等问题还比较严重。职工处于明显的弱势地位，从而影响其工作积极性和身体健康，也影响了企业本身的工作效率和可持续发展，影响了企业的社会形象。

### （二）职工的心理压力难以疏导

随着科学技术的发展和社会变迁的加剧，职工生活面临着越来越多的不确定因素，承受着来自工作、家庭或社会等方面的多重压力，心理健康亮起了红灯。无论是高级经理、主管，还是一般职员都会不同程度地面临着心理适应不良问题。据调查，在 1576 位接受调查的高级经理中，有 70% 感觉自己的压力较大甚至极大，但仅有 21% 的高级经理曾经考虑通过心理指导来解决压力问题[1]。当前中国大多数的企业在职工管理问题上多注重企业利润的提升，较少关注职工的心理健康问题，忽视了职工存在的诸多心理适应不良问题，更少采取针对性措施加以适当引导。

### （三）职工的个性受到忽视

一些企业在推行企业管理模式时，往往把"人"看作是"群体"，关心人、重视人被笼统地理解为关心、重视作为整体的"员工"的利益。在表彰会上经常会听到这样一句话："我们公司能取得今天的成就，是全体同仁共同努力的结果"。表面看起来冠冕堂皇，管理者承认企业的成绩离不开全体员工的努力，肯定员工在企业中的决定性作用。但实际上，不少管理者内心仅是把员工看作是实现企业管理目标的工具，并没有包含对每个员工个人努力的认同，没有体现出重视个体的人性化管理的实质。毋庸讳言，在竞争激烈的市场经济机制下，一些企业关注的重点在于企业的工作效率和经济效益，没有很好地意识到以人为本对企业运营的重要性，没有看到重视员工个性发展、肯定员工个人努力与企业联系的重要性。

---

[1] 张西超、杨希昊.中国高级经理人压力状况调查[J].财富(中文版),2004(2).

## 二、企业社会工作在现代企业管理中发挥的作用

针对上述情况，企业社会工作介入现代企业管理具有必要性。加之企业社会工作在西方国家已有上百年的发展历史，形成了一套比较成熟的理论和实务方法，在众多企业中得到了广泛应用，为企业的成长和社会稳定发挥了重要作用。企业社会工作介入现代企业管理也具有可行性。企业社会工作在现代企业管理中发挥的作用表现在以下几个方面：

### （一）维护企业职工合法权益，协调企业内部关系

由于企业中的资源和利益分布存在着事实上的不对称，常常出现企业为了自身利益而侵害职工利益的现象。轻则导致职工积极性受到打击，重则引发冲突。这对双方都是极为不利的。企业社会工作可以从两方面来开展：一方面，开展职工咨询服务，维护职工正当权益。企业社会工作可以《工会法》、《劳动法》等相关法律文献为依据，积极开展职工劳动法律法规咨询服务，提高职工的维权意识、增强职工的法律意识和拓展职工的维权渠道。另一方面，建立职工与企业的有效沟通网络。企业社会工作可以从保护职工权益和维护企业利益出发，运用多种方法和技巧帮助双方建立相互和谐的关系。

### （二）解决企业职工心理适应性问题，为其提供心理疏导

在竞争日益激烈的现代社会中，职工承受着诸多压力，往往会产生一些心理问题。一旦过多的生活压力和长期的不良心理得不到有效的重视与疏导，就会对职工的情绪造成不良影响，进而会影响他们的工作积极性与工作效率。社会工作者可针对员工出现的各种心理健康问题，结合心理学的相关理论，提供各种"预防性"、"发展性"和"补救性"的专业服务帮助职工解决心理方面已存在的各种问题，协助职工进行自我心理调适，从而改善职

工的心理状态和行为[1]。此外，社会工作者可帮助职工协调人际关系，化解职工与职工之间的矛盾、消除职工与管理人员及企业之间可能出现的对立。

### （三）组织开展各种公益活动，增强企业社会责任

随着世界经济的一体化，现在的企业开始关注自己内外的关系，关注内部与员工的关系，关注外部与消费者的关系、与自己所处社区的关系、与全社会的关系，基本意识到只有得到所在社区和社会的支持才有可能持续发展，都明白只有通过积极的对外拓展活动与社会大众建立一种亲善关系，才能拥有良好的企业形象[2]。而这需要通过社会工作来组织和开展，社会工作对从策划、制定方案到宣传、组织及评估等一整套程序都了然于胸，才可以顺利地完成。企业社会工作开展公益活动的主要形式包括关注困难群体，帮助社区改善公共环境，支援社区教育，支持城市公共基础设施建设，等等。

## 三、企业社会工作的介入方法

企业社会工作是社会工作在企业范围内的具体实施和展开，其主旨和方法与社会工作是一致的。鉴于此，社会工作的方法和技巧也适用于企业社会工作领域。

### （一）个案工作方法

企业社会工作者可以帮助员工个人和家庭减轻压力、解决问题，达到个人与社会的良好福利状态。具体来说，社会工作者可以运用社会工作的专业知识和技巧、在保密和不批判等基本原则的基础上，针对员工的个人问题和家庭问题开展个别化的工作，包括直接面对职工或其家属的心理咨询与辅导、家庭治疗、经济援助与救济、亲子关系

---

[1] 蒋月梅、孟祥斐、张云.社会工作方法在企业员工管理中的应用研究[J].社会工作，2008(5，下).

[2] 刘静林.论社会工作在企业履行社会责任中的作用[J].长沙铁道学院学报(社会科学版)，2007(4).

服务，为个人和家庭提供物质或情感方面的支持和服务。

## （二）小组工作方法

企业职工同在一个单位或行业工作，他们工作的外部环境一样，所面对的问题往往具有一定的共性。因此，小组工作的介入便具有必要性。小组工作方法能够培养企业职工的归属感，增强企业的凝聚力，也能够纠正从业人员的行为偏差，帮助职工获得友谊，从而创建出一种和谐有序的工作氛围[1]。一般来说，社会工作者可以运用小组工作的方法，将具有共同问题的职工组织起来成立各种小组，如成长小组、自助小组。职工通过小组互动去思考问题、分享感受与经验，相互帮助相互协调，共同解决问题。较为成功的案例是，东莞市一些外资企业于2002年4月成立了上江城活动中心，该中心开办了文学社团、书法社团、英语沙龙等，各社团都由专业社工当成长小组组长，用小组工作方法为企业职工开展专业训练。

## （三）社区工作方法

任何企业都是坐落在特定的空间区域即社区内，企业的运行和职工的工作和生活都离不开社区的建设和发展。在企业社会工作中，对职工的服务不能脱离社区而孤立地实行，必须调动和运用社区的资源和力量，来解决职工存在的现实问题。社区工作方法的主要特点是，通过发动和组织社区居民参与集体行动，确定社区的问题与需求，动员社区资源，争取外力协助，有计划、有步骤地解决和预防社会问题[2]。当然，介入社区不是单单依靠企业社会工作的力量就可以完成的，还需要企业工会组织、政府部门和其它社会团体的共同支持。因此，必须与这些部门进行有效的沟通和协作，以达到提升职工的社区意识、改善社会关系、加强社区凝聚力、提高社区的社会福利水平的目的。

---

[1]　王瑞华.新背景下中国企业社会工作方法的合理选择[J].厦门理工学院学报,2006(2).

[2]　周沛.一项急需而有价值的社会工作介入手法——论企业社会工作[J].社会科学研究，2005(4).

### （四）其他工作方法

以上三种是企业社会工作的主要方法。但是，企业社会工作要想增强有效性和影响力，仅仅使用直接工作方法是不够的，还需借助间接工作方法，以促进企业组织外部关系平衡协调。一是政策推动。社会工作人员应运用其专业身份和专业知识积极参与或影响一切关系职工生活质量的政策和措施的制定，推动政府加快健全和完善有关劳动的法律法规，建议尽快制定颁布《就业促进法》、《企业工资条例》、《欠薪保障条例》等法律法规。二是社会行政。社会行政的中心含义是执行、实施社会政策。社会工作行政可以协助企业及职工了解国家的劳工政策，并监督相关部门切实执行这些政策，将企业的职工福利政策转变为实际的服务[1]。三是专业研究。它是介于理论研究和社会实践之间的一种方法。社会工作研究可以在实践中验证已有的结论，为新的方法与技术做出合理解释，同时还可以了解企业劳动关系的实况、劳资之间的问题以及应采取的行动，推动实践进一步发展。

## 四、探索本土化的企业社会工作模式

企业社会工作在现代企业管理中的应用具有可行性和优势性，是企业和社会工作共荣发展的合理选择，但如何构建适合中国国情的企业社会工作模式是一个尚待回答的问题。

### （一）借鉴国外的企业社会工作模式

当前，企业社会工作在西方社会已经形成了多种各具特色的模式，如企业服务外包模式、工会提供服务模式、企业内设部门模式、员工个别服务模式、雇主组织模式、企业社会责任模式、影响公共政策模式，等等。结合中国实际国情和中国企业的具体运作，主要对企业服务外包模式、工会提供服务模式、企业内设部门模式这三个模式加以简要分析。一是企业服务外包模式。其特点是企业

[1]　李林凤.论工业社会工作方法在中国企业工会工作中的运用[J].沿海企业与科技，2007(1).

通过执行管理层与企业外部的民间专业社会工作机构订立合同来享用和接受专业服务。二是工会提供服务模式，主要是由工会聘用专职的社会工作者为工会服务，并以工会为载体为企业员工提供人文关怀和社会支持。三是企业内设部门模式。这种模式是在企业内部设置专门的社会工作，并聘请专职的社会工作到社会工作部门就职，开展社会工作服务[1]。

### （二）构建多元化的企业社会工作模式

企业类型是多样化的，从性质上可分为国有企业、集体企业、私营企业、外资企业等，从规模上又可分为大型企业和中小型企业。因此，建立单一的、普遍适用的企业社会工作模式是不现实的、也是不科学的。必须针对不同的企业构建多元化的企业社会工作模式。首先，针对中小型私营企业，适宜建立企业服务外包模式。具体做法是在中小型企业较为集中的社区建立专门的社会工作服务机构。企业向社工机构交付一定的费用，为员工购买服务。当企业的员工需要服务时，可直接到机构内寻求支持，也可通过电话、电邮或其他通讯方式联络社会工作者。其次，针对国有大中型企业，适宜建立工会模式。工会组织在中国的国有大中型企业较为发达，社会工作者可以依靠工会的力量开展专业服务。最后，针对较为大型或知名的企业，可建立企业内模式。由于具有较高知名度的企业，比较关注员工的福利，重视员工与企业的关系，设立社会工作部门是他们的现实需要。社会工作者作为员工与企业的协调者和沟通者，可以协调双方关系，达到劳资双方的持久与和谐良好的合作状态。当然，笔者的这种划分较为粗略，不免有些交叉和重叠，但期望对中国构建多元化的企业社会工作模式提供一些思考。

### （三）构建企业社会工作模式需要考虑的问题

上述企业社会工作模式是在西方企业社会工作上百年的摸索和发展中总结出来的，具有一定的科学性。但是在中国企业的实

---

[1] 王瑞华.国外的企业社会工作模式[J].中国社会导刊，2008(18).

际运用中，会遭遇到一些难题。拿企业内模式来说，由于企业社会工作者与其他职员都是企业的招聘员工，当企业主管部门要求企业社会工作者提供服务对象的材料，并且提供与否影响到企业社会工作者的职位时，企业社工就面临着伦理问题。因此，企业社工不免被员工认为是监视他们的"眼线"。再以企业服务外包模式为例，社工机构的依存主要靠企业，但由于中小型企业具有职员不稳定、企业管理者社会责任意识不强等特点，企业服务外包模式需要法律的约束和政策的维系。就工会模式来说，目前中国企业工会的工作方法和思维习惯仍旧停留在计划经济时代，习惯于上级布置，缺乏创新与活力，习惯于搞活动，忽视员工的个体需求。企业社工作为工会的成员，是突破这种传统的思维习惯和落后的工作方式，开创工会工作的新局面，还是被这强大的力量所同化，值得深一步探讨。

随着"以人为本"管理理念的出现以及企业职工问题的不断"社会化"，企业社会工作作为现代企业管理的有机组成部分，其特殊作用和特定价值得到了肯定。但也必须清醒地认识到，企业社会工作在中国的推行和开展绝不是一帆风顺的，在前进过程中需要解决一些难题，如制度保障问题、政策实施问题、社会认同问题、企业接纳问题等。面对诸多困难，必须在借鉴国外企业社会工作经验的基础上，脚踏实地，开拓进取，努力探索适合中国国情的、具有企业特色的、行之有效的工作方法，更好地为国家、社会、企业、员工服务。

（作者系广东省社会工作学会理事、广东省社会科学院法学硕士；本文提交 2008 年 11 月 22 日广东省社会工作学会主办的"广东省企业社会责任研究会 2008 年会暨南方社会责任论坛"）

# 企业信用体系建设的理论价值与实践意义

薛永贤

企业信用体系，是指基于契约社会的内在要求，整个社会和企业内部针对企业在市场经济的一切活动所建构的以遵纪守法、重诺守信为核心价值的理性文化、制度安排、管理架构和运行范式系统。企业信用体系既是道德规范体系，又是价值度量体系，它具有一定的理论价值。总的来说，企业信用体系建设的理论价值包括政治价值、经济价值、社会价值和文化价值等。不同类型的理论价值对企业的实践具有不同的意义。下面将分别从政治、经济、社会、文化等四个方面阐述企业信用体系建设的理论价值与实践意义。

## 一、政治价值与实践意义

政治价值，主要是围绕权力或权威问题提出来的。企业信用体系建设的政治价值，从宏观层面讲，是指企业的信用度，对政府在国内和国际的公信力和形象有重要的影响；从微观层面讲，是指企业的诚信对维护人的基本权利有直接的影响。下面从三个方面分析企业信用体系建设的政治价值。

### （一）有利于增加政府的公信力和权威度

目前，中国正处于社会主义市场经济的初级阶段，政府在市场经济体系的推动中扮演着重要的角色。在社会主义市场经济下，政府在经济管理中起着引导甚至是主导（主要体现在国营经济体系中）的作用。中国特殊的国情，使人们很容易将企业的经营与政府的管理密切联系起来。因此，政府的权威和公信力与企业的诚信度息息相关。企业的虚假行为，如虚报财务、生产掺假，轻则影响政府的声誉，重则影响政府的权威。在经济史上，很容易发现，一个政府失去民心甚至倒台，很大一部分原因是经济体系管理的失败。而经济体系的失败，与企业信用体系的丧失密切相关。因此，对现代市场经济来讲，如果没有诚信，不仅会妨碍经济的正常健康运行，严重时还可能导致金融、经济危机，造成整体经济的混乱、衰退。[1] 所以，企业的信用对增加政府的公信力和权威有极其重要的作用。只有企业承诺并坚守自己的基本信用，社会主义市场经济秩序才能建立，人们才会增加对政府的信心，使政府的能力获得人们的认可。当政府拥有高度的权威和公信力，人们才会信任政府，国家的宏观调控政策才能政令通行。因此，政府的公信力和权威，与企业的信用体系建设紧密联系。只有企业的信用体系建设好了，政府的信用体系建设才能更好的进行。

### （二）有利于维护国家的国际形象

企业的信用，不但影响政府在国内的权威和公信力，还直接影响到一个国家的国际形象。随着市场国际化程度的进一步发展，国家与国家之间的经济联系越来越密切。而作为国家之间经济联系的载体——企业（包括进出口企业和跨国企业），在国际化市场中扮演着重要的角色。政府是企业"走出去"战略的桥梁，企业的信用，直接影响政府在国际上的形象。中国正处于社会主义市场经济的初级阶段，企业的信用体系还有待完善。一些企业信用的缺失，严重影响了中国的出口信誉，特别是食品出口的信誉。而且，企业信用的缺失，更是对中国的国际形象产生严重的负面影响。一些别有用心的"反华"分子，通过个别的企业信用缺失事件来攻击中国政府，甚至把企业的信用事件上升到国家和民族的层面来污蔑中国。

---

[1]　赵志华,赵晓兰.再谈企业诚信的必要性[J].集团经济研究,2006(5).

因此，企业的信用度，不仅仅是国家出口创汇的需要，更直接影响到国家的外交层面。只有企业信用度高了，国家才能在国际经济市场上有更多的话语权，显示强大的软实力。

**（三）有利于维护人的基本权利**

人的基本权利是一个特定的历史概念，其基本内容是人的生存权和发展权。人的基本权利，还可以衍生出特定范畴的知情权和人格尊严权等。中国非常重视发展人的基本权利，把保护人的基本权利的内容列入宪法条例，使人的基本权利上升到神圣的法律层面。企业的信用有利于维护人的基本权利。企业的对象是消费者，企业的产品，其直接对象是广大的消费者。产品（尤其是食品）是否符合健康要求，直接关系到消费者的健康问题，甚至是生存权问题。一些企业为了谋取暴利，非法在食品中添加各种有害成分，严重侵犯了消费者的生存权。只有讲信用守诺言的企业，才能更好的维护人的基本权利。同时，企业的信用，也有利于维护人（消费者）的知情权。守信用的企业，不会向消费者隐瞒或发布虚假产品信息，消费者可以通过各种便利渠道了解产品的信息。这在某种程度上维护了人的产品知情权。另外，企业的信用，也是关系到消费者的人格尊严问题。当消费者受到企业虚假信息欺骗时，其人格尊严也会受到侮辱。因此，强化企业的信用体系建设，也是维护人格尊严的一个重要因素。

## 二、经济价值与实践意义

企业的经济价值，主要是围绕企业的经济利益来讨论的。企业信用体系建设的经济价值，是指企业的信用，能够为企业的发展提供长远的经济价值。基于契约社会确立的市场经济必然是信用经济、法制经济。根据市场经济法则，企业信用正是契约社会对企业在伦理、法律方面的内在规定性。下面从三个方面分析企业信用体系建设的经济价值和实践意义。

### （一）企业创造利润的灵魂

企业谋求经济利益，核心是追求利润最大化。而企业的利润能否最大化，关键在于消费者的认可度。而消费者认可的理由，除了企业的产品有市场，产品质量过硬等硬性条件外，还有一个重要的软实力，那就是企业的信用。信用是企业创造利润的灵魂。企业生产出来的产品，并不仅仅是物品。人一旦把自己的劳动作用于产品，产品就有了人的主观因素。也就是说，产品的属性，很大程度上代表了企业的责任能力和劳动者的道德属性。信用作为企业和员工的灵魂，无疑也是产品的灵魂。人无信不立，商无信不盛。企业若要长久发展，就必须树立正确的价值观——重诺守信。信用的树立，是企业家与员工经过长期共同努力的结果。由于信用的作用并不是立竿见影，因此很多企业都忽视信用体系的建设。而信用一旦树立，便会给企业带来更多的利润。美国大型跨国公司通用电气公司的市值在短短 20 年里猛增 30 多倍，与其信用度密切相关。通用电气前 CEO[1] 杰克·韦尔奇在其自传中就坦言："我们没有警察，没有监狱。我们依靠我们员工的诚信，这是我们的第一道防线。"[2] 因此，信用是企业创造利润长远发展的灵魂。

### （二）企业降低交易成本的前提

随着市场化的扩大，企业的交易，越来越倾向于以信用经济的方式来完成。据有关资料表明，目前市场经济发达的国家，商业贸易的 90% 都是采用信用方式进行，只有 10% 左右的贸易采用现汇结算，信用结算方式已经成为商品贸易中绝对的主流。[3] 时间

---

[1]　CEO，英文Chief Executive Officer的简称，意为"首席执行官"，是在一个企业中负责日常经营管理的最高级管理人员，又称作行政总裁（香港和东南亚的称呼）或最高执行长(日本的称呼)或大班(香港称呼)。同时CEO也可以指Chief Experience Officer，意为"首席体验官"。

[2]　王红.诚信：企业文化的核心价值观[J].安徽技术学院学报,2004(6).

[3]　陈方方.企业诚信缺失的表现及构建企业诚信制度的意义[J].商业研究,2004(11).

就是效率。企业在交易过程中，如果缺乏信用，没有信用体系的保证，就会增加企业的交易成本，延长企业的交易时间，不利于企业之间的资金流动。正如某学者所指出的，经济组织的建立也取决于该社会原有的社会道德意识和作为社会成员相互信任的基础的不成文的道德规范。这种相互信任能大大减少经济学家称之为交易成本的谈判、执行合同的费用等等。[1] 因此，企业若要进行有效率的交易，降低交易成本，提高交易效率，则需要信用经济的支持。而企业的信用，便是信用体系形成的前提条件。当然，不能否认其他因素对企业信用体系的重要性。企业要维持庞大的信用体系，一方面是靠法律的制约，另一方面是要靠自己的道德规范来约束。但企业的自我道德约束，尤其是自我信用意识的约束，更能降低市场交易的成本。毕竟，法律的监督也是需要成本的。中国正处于社会主义初级阶段，企业的信用体系仍有待完善。如果企业交易双方都注重信用，无疑对提高整个国民经济的运行效率具有重要的战略意义。

### （三）企业公平竞争的基础

竞争是经济发展的动力，但竞争的前提是公平。社会主义市场经济的优势是保护企业的正当利益，为企业的发展创造公平的竞争环境。信用是企业公平竞争的基础。企业的信用作为企业在市场道德的规范系统，要求企业在市场竞争中要做到合法经营、公平竞争、有序发展。信用在企业的公平竞争中，重点表现在三个关系。一是企业与政府部门之间的关系。企业与政府部门之间形成良好的互动，企业要遵守法律法规，配合政府的相关政策和制度建设，并及时向有关部门反馈信息。二是企业与企业之间的关系。企业与企业之间是相互依存、相互竞争的关系，企业要相互尊重各自的知识产权，禁止用恶毒手段打击报复。同时，企业之间也要形成相互的监督体系，防止恶性竞争。三是企业与消

---

[1]　王红.诚信：企业文化的核心价值观[J].安徽技术学院学报,2004(6).

费者之间的关系。消费者的认可是企业生存的前提价值，欺骗消费者，就是否定自己生存的前提价值。而且，企业生产一旦涉及市场，其身份就代表整个行业甚至整个产业。这就意味着其一举一动影响着整个行业甚至是整个产业的声誉。某企业声誉一旦受损，将危害到整个行业或产业的信誉，甚至对一个产业的生存环境造成毁灭性的打击。只有以信用为基础的公平竞争环境，才能促进企业竞争的良性循环，才能为企业整体的发展创造可持续的价值。

### 三、社会价值与实践意义

企业信用体系建设的社会价值，是指企业讲信用能够把社会发展与科学发展观的要求结合起来，使社会和谐有序地发展。下面将从三个方面阐述企业信用体系建设的社会价值与实践意义。

#### （一）有利于维持社会秩序的稳定

企业是社会发展的载体，社会稳定的前提是企业系统的稳定。企业系统的重要核心是信用体系，而信用体系的灵魂便是企业的信用。因此，企业的信用对维持社会的稳定具有密切的联系。企业对社会发展的影响，一是物质生产的影响（即第一、第二产业），二是服务生产的影响（即第三产业）。物质生产的影响主要是实体货物的交易程序，服务生产的影响主要是服务系统的有序运作。无论是物质生产和服务生产，都离不开信用体系。信用是信用体系建设的核心价值。企业信用有利于维持社会秩序的稳定，主要表现在以下方面：首先，从商品安全来看，每一次商品（特别是食品）生产和交换中不重信用而引起的安全事件，都引起群众对商品不同程度的恐慌，甚至对社会的食品恐慌造成不同程度的危害，严重影响了民众的生产生活秩序。其次，从金融信用体系（特别是证券市场）来看，信用体系与社会秩序密切联系，信用体系一旦出现问题，将直接影响社会秩序。如上市公司的虚假信息，会使股民产生对金融体系的不信任，造成股票价格的非正常波动。而金融危机，则是更为复杂的信用体系危机，是"过分消费信用"的后果。这种危机对社会秩序的影响更是恐慌性和破坏性的。因此，企业的信用程度，小则影响到证券市场，大则影响到社会的秩序稳定。

### （二）有利于规范社会组织

企业是现代社会的生产单位，是社会经济发展的支柱。企业又是社会组织的联结要素，任何社会组织都需要直接或间接与企业打交道。可以说，企业在众多社会组织的关系网中，是一条中心链，它维系着各种社会组织，并对社会组织有重要的影响。企业信用，是企业在从事生产经营管理活动时，处理各种关系的法律准则和道德准则。因此，企业的信用对其他社会组织的影响，也是非常重要的。信用作为企业的道德规范，每时每刻都在影响着企业交易活动中的各种社会组织。这突出表现在：企业是契约关系中连接点，履行着与利益相关者所约定的行为及表现，主要包含企业对消费者、关系厂商、银行、政府、社区的诚信以及企业内部的管理诚信。[1]企业诚信不断通过潜移默化的方式影响着社会组织的信用观。企业在社会中的关键地位，使其在社会活动中形成一条信用中心链，让社会组织在与信用企业的联系中感受到信用文化的积极影响，并形成一种以信用为核心的道德规范。

### （三）有利于和谐社会的建设

胡锦涛总书记认为，"我们所要建设的社会主义和谐社会，应该是民主法治、公平正义、诚信友爱、充满活力、安定有序、人与自然和谐相处的社会。"[2]诚信作为建设和谐社会的重要因

---

[1] 黄曦.可持续发展视角下的企业诚信建设[J].中国工商管理研究,2007(2).

[2] 人民日报记者.胡锦涛强调:深刻认识构建和谐社会的重大意义[N].人民日报,2005—2—20(1).

素，突出了以信用为基础的道德规范对建设和谐社会的重要性。当然，"诚信友爱"里的诚信，是一个广义的概念，意指全社会的诚信。企业信用作为"社会诚信"的重要组成部分，对"社会诚信"的建设有重要作用。首先，企业信用首先是经济活动的信用，只有企业诚信工作做好了，经济活动才能顺利进行。信用在经济活动中，是经济和谐的道德因素。经济和谐是社会和谐的关键要素，只有经济和谐了，才能促进社会和谐。其次，企业信用也是人诚信的体现，企业活动也是人的活动载体，企业的信用工作做好了，有利于做好社会人的诚信工作。总之，企业信用体系建设对"诚信友爱"的和谐社会建设具有重要的意义。

## 四、文化价值与实践意义

企业信用体系建设的文化价值，可以从企业的文化建设和社会主义精神文明建设这两个方面加以分析。

### （一）有利于培养良好的企业文化

企业文化对企业的管理非常重要。管理从最初的他律到自律，其中起主导作用的就是一种文化的认同，从"人家要我这样做"到"我自己要求这样做"，这种观念的转变，文化力量的潜移默化是至关重要的。[1]有什么样的企业文化，就会有什么样的企业精神，也就会有什么样的企业员工。诚然，企业文化对塑造企业员工有重要的作用。信用作为一种道德规范，对培养企业的良好文化具有十分重要的作用。企业文化是一种价值取向，有什么样的价值取向，就会产生什么样的企业文化。信用又是一种道德精神，它是企业道德观的体现。只有把信用的内涵与企业的文化建设融合起来，才能使企业文化成为一种规范企业行为的内在道德。同时，企业培养良好的信用文化，不仅仅是企业内部管理的要求，更是企业外在形象

---

[1]　王红.诚信：企业文化的核心价值观[J].安徽技术学院学报,2004(6).

的重要体现。这种良好的外在形象，是一种不可估量的价值资产，是企业长远的文化价值。

## （二）有利于建设社会主义精神文明

中央精神文明建设指导委员会主任李长春在中央精神文明建设指导委员会第七次全体会议中指出，"要把深入持久地学习宣传贯彻社会主义荣辱观，作为加强社会主义思想道德建设的强有力思想武器和一项极为重要的任务，在深入人心上下功夫，在联系实际上下功夫，在弘扬正气上下功夫，使社会主义荣辱观广为普及，成为全体公民的广泛共识和自觉行动。"[1] "以诚实守信为荣、以见利忘义为耻"，是社会主义荣辱观的重要组成部分，体现了信用的重要性。企业作为一个经济利益组织，其存在与发展，与信用的经营最为密切。树立企业的信用道德观，是践行社会主义荣辱观的重要体现。以社会主义荣辱观为核心内容的社会主义精神文明建设，不但明确了"以诚实守信为荣、以见利忘义为耻"的重要性，还阐明了与信用密切相关的"以遵纪守法为荣、以违法乱纪为耻"的重要内容。企业信用作为社会主义荣辱观的重要组成部分，与法制社会的关系最为密切。只有把以法治国与以德治国结合起来，才能共同培育出一个和谐的法制文明。而以德治国的一个重要前提，就是信用体系建设。因此，企业的信用体系建设，对社会主义精神文明建设具有重要意义。

企业信用，归根到底是指人的信用。信用是中华民族的优良传统，但传统的信用范畴，很少涉及到企业。它们更多是指人自身的信用。传统信用观认为，只要人自身的内在道德完善了，自然会在行动上体现出信用的本质。这种内在的信用，会不断地扩延，形成一种通行万事万物的道德体系。传统的信用思想，更多是从人自身的方面思考。而现代的信用，更倾向于具体化，甚至功利化。特别是现代的一些企业信用，正在逐渐脱离传统的道德内涵，成为一种

[1] 李长春.深入持久地学习宣传贯彻社会主义荣辱观[Z].新华网.2006-5-16.

价值工具。然而，不能否认这种信用价值工具的作用。信用价值工具的价值方向虽然有所改变，但过程仍有一定的积极意义。当然，价值方向对过程有一定的影响。只要涉及到经济利益的问题，一切价值，都会在不知不觉中成为工具。

（作者系广东省社会工作学会理事、广东省惠州市惠城区委组织部调研科科员、法学硕士；本文提交 2008 年 12 月 26 日由广东省社会工作学会、中华长城和平教育促进会联合主办的"2008 广东社会工作学会年会暨企业社会责任、诚信高峰论坛"）

# 企业信用与和谐社会建设

蔡婷玉

构建和谐社会是当前全社会共同奋斗的目标。企业是经济活动的主体，企业信用是和谐社会的重要内容，强化企业信用，可以有力地促进和谐社会的构建；而和谐社会的构建也可以为企业信用建设提供良好的外部环境。要充分认识到企业信用与和谐社会构建的内在关系，制定相应法规政策与采取具体措施，逐步消除企业"信用危机"，真正推动和谐社会建设。随着市场经济的的发展，信用这个古老的道德标准在经济活动中的作用日益彰显，企业信用也越来越受到人们的关注。信用本身是人类合作程序的基石，是社会成员应有的内在品质。然而，当信用问题凸显出来时，也就意味着信用的缺失。如何科学地建立起企业信用，是构建和谐社会中的一个重大课题。

## 一、企业信用及其和谐特征

信用可划分为私人部门信用（简称私人信用）和公共部门信用（公共信用）两种，它们构成了一个社会最基本的道德基础，作为私人信用的主体单位，企业信用包括生产经营信用、服务社会信用、管理制度信用和文明道德信用，本身具有和谐的特征，包含着伦理性和道德性的因素，具有和谐共享、维护社会公平正义的作用。从生产经营信用说，具有良好的生产经营信用就意味着按信用准则行事，在交易行为中顾及长远的利益，考虑消费者、其他企业以及合作伙伴的利益。从服务社会信用上说，提供信用服务是企业在激烈竞争的市场活动中得以生存和壮大的保证，也是企业取得显著社会效益的重要支撑，更是企业满足社会道德需求，与社会各界和谐相处的内在要求。从管理制度信用上说，实现对内部员工的承诺，培养员工爱岗敬业、与企业荣辱与共、诚实守信的精神，是创建良好企业诚信文化、增强企业凝聚力、促进企业可持续发展的基石。从文明道德信用上说，职业道德是诚实守信的根本。讲究企业文明道德是一个企业具有先进文明的标志，它贯穿于整个企业活动过程，是企业内部和外部得以共存的思想道德基础。

从以上企业信用内涵可以看出，企业信用所涉及的诸多方面体现了和谐的特征。首先，企业信用中体现了市场经济条件下经济伦理的客观要求，具有伦理性和道德性的特性，而这正是社会和谐的基石。其次，企业信用关注的是利益相关者的利益和谐。无论是企业内部之间的关系还是企业与外部组织的关系，企业信用都强调利益的和谐共享，维护社会的公平公正。最后，企业信用中对人与自然关系的考虑，突出反映了现代社会的和谐理念，即企业要以保护环境为原则，实现人与自然的和谐相处。

## 二、企业信用与和谐社会建设的有机联系

企业信用与和谐社会建设之间有着内在的有机联系：具有以人为本的共同价值目标，强化企业信用是构建和谐社会的重要内容，而构建和谐社会的背景又为企业信用建设提供了良好的外部环境。两者具有不可分割的互存互助的密切关系。

### （一）企业信用与和谐社会具有共同的价值目标

以人为本是和谐社会与企业信用共同的价值目标。和谐社会是以人为本的社会，是以实现人的全面发展为目的，协调好人与自然、人与人、人与社会之间的关系，做到一切依靠人，一切以人民利益为主充满生机和活力的社会。以人为本的理念要求和谐社会做到发展靠人民，成果给人民；不断地满足人民日益增长的

物质和精神生活需求；正确反映和兼顾不同地区、不同部门、不同方面群众的利益；保障人民群众的合法权益，关注人的生存和发展权利。此外还要采取有利于生态环境的生产方式、消费方式和生活方式。一个企业要获得成功，就必须树立以人为本的发展理念，重视企业的信用建设。企业信用要求企业在追求利润的同时，要兼顾其他相关人员的利益。企业信用中的以人为本，就是要对股东、员工、客户、对社会和环境守信，做到遵守商业道德、生产安全、职业健康、保护劳动者的合法权益和节约资源等。这些要求无不体现了企业诚信在价值取向上的以人为本，具有丰富的人本内涵。

### （二）企业信用是构建和谐社会的重要内容

企业是社会经济的细胞，是和谐社会的建设者，企业信用建设的各个方面无不包含在和谐社会建设的范围内。党的十六届三中全会指出，我们所要建设的社会主义和谐社会应该是民主法治、公平正义、诚信友爱、充满活力、安定有序、人与自然和谐相处的社会。企业信用要求做到生产经营、服务社会、管理制度和文明道德等方面诚实守信，正符合构建和谐社会目标的要求。企业信用体现的是企业与人、与社会、与环境的共同受益与和谐发展，展示的是以人为本、全面协调可持续发展的理念。这种理念蕴含的守法、互信互利、公平正义的伦理原则，正是和谐社会所要恪守的伦理原则，企业具有信用就是对这些伦理原则的实践。一个和谐的社会，必然是具有高度企业信用的社会。如果在市场经济活动中，不能普遍培养起信用素养，整个社会的经济活动就不可能持续协调发展，市场经济秩序就不能充满活力、安定有序。随着中国现代化建设的继续推进，企业信用建设必定会成为构建和谐社会更为休戚相关的内容。全面提高企业信用，履行企业社会责任，是落实科学发展观，主动地为构建社会主义和谐社会服务的具体行动。

### （三）和谐社会是企业信用的重要外部环境

和谐社会是企业赖以生存的外部环境。好的外部环境可以促进企业的可持续发展，而差的外部环境会阻碍企业的良性运作。当前阶段企业信用的缺失，既有其中内部自身的缺陷，也与整个社会信用体系的不完善有很大关系。企业信用信息监督管理系统的不力，企业信用管理制度的不健全，合同、税收、质监、信贷监管力度的不到位，以及中介服务组织信用建设的缺乏，都为企业假冒伪劣、偷税漏税、"三角债"、安全事故、环境污染等诚信问题的滋生蔓延提供了环境。和谐社会某种意义上说是信用社会；信用社会的建立，不仅表现在人的素质的提高，还表现在相应法制的健全和政府职能部门作用的得到充分发挥，为企业信用提供强大的政治、经济、文化和社会支持。整个社会倡导的是信用观念，弘扬的是信用精神，鼓励的是信用行为，反对的是失信现象。只有努力创造公平公正、诚实守信的社会环境，才能为企业信用提供健康成长的和谐氛围。

## 三、建立企业信用，促进和谐社会的构建

能否建立起现代企业应有的信用体系，是构建和谐社会能否顺利进行的关键问题。这并不是单方面强调企业内部的行为，而是要同时加强整个社会信用体系的建设。

### （一）宏观上建立社会信用体系，营造企业信用发展的良好氛围

企业信用的建设，绝不仅仅是企业自身的事情，而是一项系统工程。它需要全社会的认真对待和共同努力，才能形成诚信经营的氛围，从而促进和谐社会的建设。随着经济体制的改革，中国已经初步建立了社会主义市场经济体制框架，但旧的经济体制在一些领域仍然没有改变，新旧体制之间的机构性冲突和矛盾造成某些企业在很多情况下采取违法市场经济要求的手段进行不正当竞争。要消除"信用危机"，重新建立企业该有的商业道德标准，就得用完备的制度体系来营造良好的公共信用氛围。

第一是完善政府信用监督和管理体系。政府应当扮演整个信用体系建设的主导者角色，并着重在全局规划、制定政策法规、加强执行监管等方面引导和推动社会信用的建设。首先，政府要建立起社会信用体系的组织领导机构。其次，政府各部门之间还要加强企业信用信息整合，完善信用管理制度，逐步建立信用信息的采集和披露系统。再次，政府要加大行政监督力度，形成规范的管理制度。此外，要完善相应的法律制度，使中国早日向成熟的法治社会过渡。政府有效的评估机制与激励机制、监督机制，将对企业信用起着很大的纠正与推动作用。奖励制度可以切实保护、激励那些信用企业；而惩罚制度可以加大失信行为的成本，使其不再成为一种有利可图的行为，企业也就失去了违背信用契约的动力。只有双管齐下，才能真正做到让无信经营者寸步难行，信用经营者处处受益，整个市场环境才能趋向良性发展，消费者也才能真正安心。

第二是加强政府信用建设。政府的信用与否主要是一个政治信用问题，政治信用关系到人民对执政者的信任乃至社会是否稳定。因此，政府不仅是信用体系建设的监督和管理者，更是社会信用的重要力量和楷模。当前推进政府信用建设的重要方面就是要加快政府职能转变，提高政府行政透明度。政府职能转变主要是要切实解决政府职能的越位、缺位、错位问题，加固政府信用力的基础。提高政府行政的透明度主要是政务公开，增强社会社会公众的知情权。此外，还要建立政府失信责任追究和损害赔偿制度，依法规范政府行为，保证政策的统一性、完整性和稳定性。

第三是提高全民道德素质。重诺守信是中华民族的传统美德，也是公民道德的基本要求。企业的成员是由公民构成的，是否具有基本的道德素质，对企业信用起着至关重要的作用。在社会信用体系的建设中，要重视思想道德建设，以为人民服务为核心，集体主义为原则，诚实守信为重点，努力建设社会主义思想道德体系。在职业道德上，要提倡爱岗敬业、诚实守信、办事公道、服务群众、奉献社会为主要内容，这是对企业发展进行的无形资本投资，也是社会稳定的重要基石。

**（二）微观上加强企业内部信用建设，树立自身良好形象**

要建立企业信用，企业自身就要树立信用意识，做到以诚为本，以信为先。靠信用塑造企业形象、靠信用开拓市场、靠信用留住好员工，靠信用长久生存发展。

首先是立足于生产经营信用。要做到生产经营信用，就得保证产品质量，遵守合法经营规则。产品质量信用是企业合法参与市场竞争、树立企业和产品形象的基本要求。以质量求生存，是企业信用的重要体现。产品质量信用的好坏，决定着企业有无市场，决定着企业经济效益的高低，决定着企业能否在激烈的市场竞争中生产和发展。要实现高度的产品质量信用就必须加强产品生产的严格性，把好质量检验关，保证质量的真实性和可靠性，获得进入合法经济市场的通行证和敲门砖。经营作为企业活动的另一个重要环节，在一个企业的发展过程中起着奠定基础的作用。经营信用决定着一个企业的发展方向问题，具有全局性和长远性。信用经营要求企业认真制定企业的信用守则；加强对员工的学习宣传，提高员工信用意识；规范好价格管理；守法经营，自觉维护消费者和国家的利益；并主动接受相关管理部门和消费者的监督，建立起信用经营的自律机制。

其次是要建立起服务社会信用。企业信用建设是社会信用体系建设中的一个重要组成部分。是否具有服务于社会的信用体制，是一个企业是否符合社会信用的评判标准之一。具有服务社会精神，就要勇于承担企业构建和谐社会的责任。要综合考虑到整个社会的利益，把握好个体与整体的关系，不能局限于眼前的经济利益，树立"公民型"企业理念，建立"和谐可持续"的企业文化。企业要做到将利润建立在履行了社会责任的基础上，关注公益事业、重视安全和劳动保护、肯为信用付出代价，不以盲目牺牲他人和环境的代价换取经济利润，这样才能实现企业发展与构建和谐社会的有机统一。

再次是要加强管理制度信用建设。企业是信用风险的主要承担者之一，建立良好的信用管理制度可以规范企业及其员工行为，使企业信用长久化。企业内部要制定出切实可行的措施，对于领导，要推行"信用行政"；对于员工，要制定相应的信用奖罚制度，公平公正对待每一位员工，强化员工的主人翁意识，激发员工重诺守信、敬业爱岗的精神。

第四是注重培养文明道德信用。信用是一切道德的基本和根本。讲究文明道德诚信，是企业应有的文化特征。企业在创建文明道德信用体系的过程中，要以提高员工的素质为着力点，开展职业文明道德教育，达到实现信用行为的目标。在实践过程中，还应该明确企业的信用文化特色，并以此作为凝聚企业力量的纽带，真正实现企业的信用。

加强企业信用建设，是构建和谐社会的客观要求。也就是说，要构建和谐社会，就必然要求企业具备该有的信用。只有具备了企业信用，才能为民主法治、公平正义、诚信友爱、充满活力、安定有序、人与自然和谐相处的社会主义和谐社会的实现提供基础条件。当然，企业信用建设是一个循序渐进的过程，只有通过不断地完善各种信用体系的制度政策，并在实践中不断地总结经验，才能逐步解决企业信用问题，为和谐社会建设作出贡献。

（作者系广东省社会工作学会理事、广东省深圳市医学继续教育中心教务科科长助理、法学硕士；本文提交 2008 年 12 月 26 日由广东省社会工作学会、中华长城和平教育促进会联合主办的"2008 广东社会工作学会年会暨企业社会责任、诚信高峰论坛"）

# 中国企业信用的价值、现状及对策

## 高 俊

信用是市场经济赖以生存的根基，是企业的立足之本、发展之源，是企业核心竞争力的重要组成部分。构建社会主义信用企业，是科学发展观的具体体现，是建设和谐社会的内在需求，也是建设和谐企业的前提条件。随着三鹿奶粉事件的曝光，企业信用问题迅速成为当前人们关注的热点，对此国家和有关部门给予了高度重视，也采取了一系列的有效措施。这充分表明了健全和完善社会主义企业信用体系势在必行。本文就企业信用的内涵、理论价值、意义进行阐释，并简述其现状，从政府、企业、社会三个层面提出对策。

## 一、中国企业信用的主要价值

### （一）企业信用的内涵

企业信用，是企业在从事生产经营管理活动中处理各种关系的法律准则和道德准则，其核心内容是遵纪守法、重诺守信。现代企业理论认为企业由一系列契约组成，企业信用就是企业对契约的全面接受与执行。[1] 从这一意义上说，企业信用是企业在信用意愿和信用能力基础上，履行与利益相关者所约定契约的行为及表现，换句话说，企业信用是企业对社会、对顾客、对员工履行契约的责任心的体现，也是企业之间建立信任、实现交往的基础。市场经济是竞争经济，更是信用经济。信用伦理是市场经济最基

---

[1] 参见黄曦.可持续发展视角下的企业诚信建设[J].企业天地,2007(2).

本的理念，是市场经济活动的道德准则，是企业进入市场的通行证和不断发展壮大的无形资本。因此，在社会主义市场经济环境下，让信用成为企业自觉遵守的道德规范，成为促进企业发展的重要道德理念，显得尤为重要。

### （二）企业信用的战略价值

首先，信用对企业长远利益的实现，自身竞争力的提升有着举足轻重的作用。鲁冠球曾说过，随着经济的发展，追求成本降至最低，逐步转化为追求价值增至最高。降低成本毕竟空间有限，而价值的提升，则不可限量。如何提升？首要是以诚信树商德。企业诚信理念是渗透于企业智力、企业产品、企业管理、企业文化、企业经营活动等多方面的综合影响力[1]。可见，企业信用建设对形成和提升企业核心竞争力具有重要意义。其次，信用对市场经济的稳定与维持发挥着基础性的作用。信用是市场经济与生俱来的法则，无论是国家行为、企业行为、还是个人消费行为，用信用原则来规范市场秩序是市场经济的必然要求。最后，信用有助于企业可持续发展的实现。一个诚实守信的企业，在实现自身利益的同时，还能保证实现他方利益，使得信用企业与社会各方形成双赢的局面，从而能与其他企业保持长期合作，重复交易，达成稳定的合作关系，进而使企业的可持续发展成为可能。

### （三）企业信用的现实意义

第一，企业信用是科学发展观的外在体现。三聚氰胺事例告诫我们：企业在追求自身利益最大化的同时，必须信用经营，将人的全面健康发展摆在第一位。第二，企业信用是构建和谐企业的前提条件。实现企业的和谐发展就必须在追求经济发展的同时，注重以信用为核心的文化道德建设，充分发挥信用在协调和稳定企业内外部关系的功能。

---

[1] 原运会.诚信文化与企业核心竞争力[J].中国水运,2008(4).

## 二、中国企业信用的现实状况

### （一）中国企业信用建设取得的成就

自 20 世纪 90 年代初开始的市场化改革，就将企业信用建设和法律体系建设作为企业建设的重要任务。有关部门相继出台了一系列法律法规，以规范企业行为，为信用行为的纪录和失信行为的惩戒提供了一系列基本的法律规范。从中国企业联合会的调查中可以看到，企业信用建设已取得初步成效：首先，将信用纳入企业发展战略，明确信用建设目标，建立信用管理体系，企业信用风险防范制度逐步建立。其次，全国各地方、各部门积极建立社会信用体系，企业信用建设环境得到较大改善。以信用信息为基础的市场监管体系正在形成，社会信用奖惩罚机制逐步建立。最后，信用服务市场不断发展，职业道德管理逐步展开，企业社会责任履行受到重视。

### （二）中国企业信用面临的问题

随着中国经济体制改革的进一步深入发展，传统的计划经济体制逐渐被市场经济体制所代替。在经济体制转轨时期，中国企业信用受到一定冲击。具体表现为：第一，生产经营领域制假售假情况比较严重。偷工减料，制造假冒伪劣商品是企业在生产领域中信用缺失的主要表现。据不完全统计，中国年均假冒伪劣产品的产值有 13000 亿元之多，相当于一年国内生产总值的 15% 以上，国家每年因此损失税收 250 亿元。而市场上的假冒伪劣商品充其量只查处了 1/10 甚至 1/20。第二，资金流通领域贷款和债务拖欠日趋严重。据专业机构统计分析，中国企业间的逾期应收账款发生额约占贸易总额的比例高达 5% 以上。第三，分配领域里偷税漏税现象严重。如广东某市的逃税骗税、逃汇骗汇等"不讲信用"的现象十分猖獗。在过去几年里，当地上千户出口企业，98% 以上存在违法犯罪行为。据不完全统计，他们共虚开增值税发票 8.8 万本，虚开税额 223 亿元，涉嫌骗税 42 亿元。第四，消费领域欺诈哄骗盛行。据统计，中国商业欺诈案件的年增长率已超过 30%。

## 三、中国企业信用的提升方略

### （一）政府对策：完善执政理念，加大执法力度

政府的执政理念、诚信状况直接影响着企业的诚信经营及整个社会的诚信。政府对企业的管理主要是当好裁判，监督惩罚企业的违法违约行为，为企业提供社会服务、规范市场秩序的同时，创造良好的企业诚信经营的社会环境。就加强企业诚信建设而言，笔者认为，政府可采取如下措施：首先，完善企业产权制度，培育企业信用体系。产权制度的基本功能是给人们提供一个追求长期利益的稳定预期和重复博弈的规则。如果企业的产权不清楚，企业就难以形成持续的诚信基础。只有做到明晰产权，明确责任，企业才会重视重复博弈的价值，追求长远利益从而做到诚信经营。其次，充分运用现代信息网络，建立企业诚信状况公开发布制度。由公安、法院、银行、税务、工商、经贸委等部门合作，开展企业信用档案建设，可采用红黑榜两种形式，定期在大众媒体上，特别是在政府的权威互联网站向社会公开。最后，健全信用法律体系，同时建立公正合理的诚信奖惩机制，并且加强立法执法力度。制度约束的强度对改变企业不诚信行为有不容忽视的影响。

### （二）企业对策：构建诚信文化，树立诚信意识

诚信文化是企业文化的重要组成部分，是企业在长期发展过程中企业全体成员所形成的诚实守信的价值观念、思维模式和行为准则，是贯穿于企业日常活动的精髓。应当提高全员意识，树立鲜明、健康、向上的企业精神，进而提升企业信誉度、企业美誉度和企业忠诚度。深厚的文化积淀将是企业一笔巨大的无形资产，是促进企业发展的驱动力。

### （三）社会对策：建立社会诚信监督机制，充分发挥行业协会作用

为实现多层次多角度监督，可以建立社会诚信监督机制。首先，通过建立多层次、多元化的信用等级评价机构体系，并且制定出具有广泛覆盖面的评价指标体系，按照科学规范的标准将企业的信用记录划分等级，这些信用记录不会随企业的破产、停产而消失，从而使企业的诚信信息在法律允许的范围内得到有效传播，实现行业对企业诚信建设的监督。其次，通过媒体曝光和大众舆论，给企业施加压力，实现社会对企业诚信建设的监督。媒体监督机制对企业的诚信建设发挥着一定的作用，可以说，大部分的企业欺诈行为并不是监管部门发现的，而往往是媒体首先曝光。可以利用好新闻媒体的舆论导向性，发挥其对企业的监控作用，以弥补政府部门在外部监督方面的不足。

随着中国经济体制改革的不断深入，行业协会的作用日益显现，逐渐成为规范市场经济秩序、促进企业信用交易的一种重要制度安排。应加快调整行业协会的职能，增强其独立性，给予行业协会必要的支持和一定的规范，充分发挥他们在企业信用建设中的作用。

（作者系广东省社会工作学会理事、广东省博罗县人口计划生育局干部、法学硕士；本文提交 2008 年 12 月 26 日由广东省社会工作学会、中华长城和平教育促进会联合主办的"2008 广东社会工作学会年会暨企业社会责任、诚信高峰论坛"）

# 【社会工作环境研究】

# 协同善治：创新社会治理模式的睿智选择

刘小敏

《南方日报》2012 年 5 月 17 日摘要刊登了中共中央政治局委员、广东省委书记汪洋撰写的《毫不动摇地坚持社会主义市场经济的改革方向》。文中明确指出：要以"协同善治"为目标，加快建立与社会主义市场经济相适应的社会治理模式，逐步建立起"党委领导、政府负责、社会协同、公众参与"的社会治理格局。这里，主要根据当代社会治理的理论与实践以及广东的客观实际，就协同善治问题谈三个方面的看法。

## 一、确立协同善治目标的重大意义

**（一）是对历史发展规律的理性认知。**历史地看，善治理论是人类社会发展规律的科学总结。历史上只存在统治，不存在治理。治理与统治的区别在于，治理的权威未必只是政府，可以是非政府组织；治理的运行方向未必是自上而下，可以是上下互动；治理的权威未必是法规命令，可以是公民的共识。正因为长期的单一的统治已不能完全多元化、民主化社会发展的需要，政治学提出了治理的概念。治理是依法授权的公共权力部门及社会组织和公民为促进社会良性运行进行组织、协调、监督、控制的过程。在西方，治理是指政府与民间、公共部门与私人部门之间的合作与互动。治理可以弥补国家和市场在调控和协调过程中的某些不足，但不能代替国家和市场，而且也存在着失效的可能，这就必须实行良好的治理即善治。善治的本质特征在于它是政府与公民对公共生活的合作管理，是两者的最佳状态，是使公共利益最大化的社会管理过程。发展地看，善治理论将极大地推进人类社会的文明进步进程。善治理论不仅是民主社会、市民社会建设的推动者，更是执政者不可或缺的创造政绩有效工具，巩固自身地位的有效工具。就中国而言，善治毫无疑问也是确保党和国家长治久安、促进经济社会全面协调发展、完善中国特色社会主义制度、实现中华民族伟大复兴的必然要求。

（二）**是对当今国际共识的有益借鉴。** 从国际社会来看，自20世纪90年代以来，在西方许多学者、政治家看来，随着全球化时代的来临，人类的政治生活正在发生重大的变革，其中最引人注目的变化之一，便是人类政治过程的重心正在从统治走向治理，从善政走向善治。德国前总理施罗德（G. Schroeder）就把新治理作为推行新政治的一个主导概念，其背后的含义是：国家现在已经不可能通过自己的行动解决所有问题了，要从新的角度出发，推行新治理。国家的行动能力受到限制，这是施罗德提出新治理的基本前提。就其直接原因而言，西方之所以提出治理概念，主张用善治替代善政，是他们在社会资源的配置中既看到了市场的失效，又看到了国家的失效。善治理论把社会的力量引入社会管理，力图在政府、市场与社会三者之间建构一种新型关系，有利于减轻政府的压力。总的来看，善治理论是影响当今世界各国社会治道变革的主流理论，对我们创新社会治理模式确实具有非常积极的意义。

（三）**与当下国情广东实际高度契合。** 中国虽然经过多次改革，但政府仍然没有完全实现从"撑船"到"掌舵"的职能转变，常态化越位的全能政府色彩依然很浓，缺位或错位现象也在不同程度上存在；中国社会组织的发展不仅依然十分艰难，而且已有社会组织大都对政府的依赖性较强，政治参与意识和能力较弱，难以真正实现与政府之间的平等合作。在广东，在社会建设与社会管理创新方面近年下了很大的力气，取得了显著的成效，但上述全国性问题依然在不同程度上存在。从社会场域结构分析，广东公权机构转变自身职能、培育社会组织、实行购买服务、强化公共服务等方面的社会改革正在不断向广度和深度拓展，但传统理念、传统制度、传统范式也仍然在深刻制约社会改革的进程；市场主体、文化传媒社会责任感不断加强，但受经济增长减缓、东西文化垃圾合流等因素制约，他们对社会改革的影响还不能仅从正面加以评价；广东的社会组织虽然在努力发挥作用，但有的仍然带有官方色彩，有的受到各种因素制约处境十分艰难，还有的甚至被地方恶霸和黑恶势力控制。从社会阶层结构分析，广东的底线民生保障特别是残疾人等弱势群体的民生保障仍然存在不少短板；广东珠江三角洲和粤东、粤西、粤北地区的人均 GDP 差距较大，城乡居民人均可支配收入仍然差距较大，在不同行业、不同群体之间的收入差距也仍然较大，中等收入群体心态也难以淡定；上层精英高度关注民生并得到了广大人民群众的由衷拥护和鼎力支持，但来自既得利益集团的阻力也相当之大。广东以"协同善治"为目标明确提出加快建立与社会主义市场经济相适应的社会治理模式，表明广东将要适应党委政府主导下的经济市场化，走向党委政府主导下治理的社会化，形成多元良性共治的格局，这就为社会治理发生革命性变革开辟广阔空间，无论对社会场域结构的优化，还是对社会阶层结构的优化，都必将产生重大和深远的积极影响。

## 二、实现协同善治目标的现实基础

（一）**能够以科学发展为统领**。2007 年 5 月省第十次党代会以来，广东一直在担当全国科学发展、先行先试的排头兵。广东不仅始终把发展视为执政兴国的第一要务，始终坚持以经济建设为中心不动摇，而且始终坚持全方位加强经济、政治、文化、社会建设和生态文明建设，如通过推进网络问政等加强民主政治建设，以省委全会的形式大力推进文化强省建设、社会建设，建立生态环境评价机制等等。尤其值得强调的是，广东在发展中始终把坚持以人为本摆在核心位置。第十次党代会以来广东稳步提高城乡居民收入，2011 年城镇居民人均可支配收入增长 12.6%，农村居民人均纯收入增长 18.8%，实际增幅创 1983 年以来新高；大力推行"规划到户、责任到人"扶贫开发新模式，2011 年 85% 的农村贫困户提前一年实现年人均纯收入超过2500 元的脱贫目标；努力缩小城乡区域差距，2011 年全省城乡收入比八年来首次缩小到 3 倍以内；扎实解决基本民生、底线民生、热点民生问题，2011 年东全省财政用于保障和改善民生支出占支出总额的 63%。这些做法，无疑为协同善治奠定了科学的思想基础。

**（二）能够以法制建设为根基。**2007 年 5 月省第十次党代会以来，作为建设幸福广东的前提与保障，广东明确提出了"创建平安广东"的战略目标，在法规制度建设上下了很大功夫。在党政主导方面，广东建立了省、市、县、镇领导逐级定点挂钩督查信访及分管领导分工负责的双重责任制；乡镇（街道）普遍建立了由党工委书记任组长的矛盾纠纷排查调处领导小组；各镇街全部由镇街党（工）委书记兼任综治委主任，副书记兼任综治办主任和中心主任；在安全生产、应急管理、财政金融、扶贫开发、城乡统筹、人口计划生育、社会保障、社区建设等领域，广东都有相应的领导机构。广东还对群体性事件处置不当作出了问责规定。在社会协同方面，广东健全了市、县（市、区）、乡镇（街道）、村（居）四级矛盾调处网络，在社区和镇（乡）村建立首席调解员制度；纪检监察工作中，把自上而下的监督与舆论监督、网络监督、设立纪委开放日等社会监督、群众监督方式紧密结合，建立健全了惩治和预防腐败体系；广东全面推进平安市县、平安村镇、平安社区、平安单位建设，121 个县（市、区）、1603 个镇（街）、3.13 万余个村（居）已全部建好综治信访维稳中心或工作站，城市居民对社会治安状况的评价持续好转，满意度持续上升。在化解矛盾方面，广东在全国首创信访督查专员和领导包案处理信访大案制度，形成了大督查工作格局；劳动关系制度探索全国领先，修订出台了《广东省流动人口服务管理条例》；形成防控一体、专群结合、群防群治的社区治安防范网及大联动综治格局，受到中央政治局分管常委肯定；食品监管立法领先全国，安全生产控制体系管理全国首创，药品监管制度建设进步显著；在全国出台第一个《突发事件应对条例》，应急管理"广东模式"得到全国人大领导和国务院分管领导好评。这些做法，无疑为协同善治奠定了坚实的制度基础。

（三）**能够以幸福社会为依归**。2007 年 5 月省第十次党代会以来，广东明确提出建设"幸福广东"的长远目标，把社会建设提到了比以前更加突出的位置。广东始终坚持不断提高人民群众特别是弱势群体的社会福利、社会保障水平，率先编制实施了基本公共服务均等化规划纲要，城镇居民养老保险试点扎实推进，新农保覆盖面大幅扩大，2011 年城镇新增就业 177 万人，城镇登记失业率 2.46%，城镇基本医疗保险参保率达 95.8%，城镇居民基本医保和新农合政府补助标准提高到 200 元以上，城乡低保标准达到 1500 元以上，并已正式启动"幸福广东"指标体系发挥其导向和杠杆作用；始终坚持在发展中逐步加大了促进社会事业发展的力度，广东的中等职业学校、技工院校年招生数和在校生数居全国第一，居民主要健康指标和卫生事业整体水平居全国前列，国家下达的新开工保障性住房任务超额完成；90% 的县（市、区）基本实现教师工资福利待遇与公务员"两相当"，外来务工人员随迁子女凭积分免费入读义务教育公办学校的办法得到推广，成功举办亚洲运动会、深圳世界大学生运动会；始终坚持正确处理党政主导与培育社会组织的关系，不仅从省到镇逐级成立了全面负责社会建设的社会工作委员会，出台了《中共广东省委广东省人民政府关于加强社会建设的决定》以及系列配套文件，积极探索向社会组织、企业等机构购买社会服务，而且社会组织特别是社会工作组织、志愿者组织等新社会组织数量位居全国前列，在全国率先成立了首家省社会组织党工委、纪工委、团工委、妇工委，在全国率先对行业协会管理体制进行改革；始终坚持不断加强城乡社区建设，2008 年城镇社区 100% 实现"一居一支部（总支、党委）"，启动农村社区建设实验，探索社区自治、社区管理、社区服务"三位一体"新体系，2009 年

50%的城镇社区建成自治好、管理好、服务好、治安好、环境好、风尚好"六好"平安和谐社区，9个城区、15个街道和39个社区被民政部命名为全国和谐社区建设示范单位，2011年中山市、佛山市南海区被民政部命名为全国农村社区建设实验全覆盖示范单位。这些做法，无疑为协同善治奠定了良好的社会基础。

### 三、实施协同善治目标的对策建议

（一）**要总体形成善治格局。**要进一步健全党委领导、政府负责、社会协同、公众参与的社会管理格局。一方面，社会治理要坚持社会主义方向，党委领导、政府负责不可动摇。坚持党委领导、政府负责，不仅是由中国历史文化传统、当代中国的政治优势、制度优势等决定的，而且是由全球范围内社会治理的基本格局所决定的。现在世界上还找不到一个执政者已经淡出社会治理领域的国家或地区，政府始终在担当着社会治理的舵手的职能。即便是政府机构相对比较精简的美国，其社会也没有凌驾于政府之上。另一方面，社会协同、公众参与要拓展涵义，不能简单地认为社会组织协同就等于社会协同。笔者主张形成党委政府、市场企业、社会组织、文化传媒、全体公民等共同担当的社会治理格局。具体来说，党委和政府要掌好舵，市场企业要有社会责任，社会组织要发挥主体作用，文化传媒应该起到营造氛围的作用，全体公民要积极参与社会治理，特别是领导干部、大款、名流、明星等社会示范层要发挥好的带头作用。

（二）**要努力建设理性政府。**社会治理转型升级，走向善治，关键在政府。首先，政府要把公平正义确立为核心价值。其次，政府的当下要务是不能越位、错位，什么事情都大包大揽，应实现从"撑船"到"舵手"、从"运动员"到"裁判员"的转变。政府要精简机构人员，减少审批事项，不该做的事情要交出去。要推进政府行业管理、社会生活事务管理等职能向具有资质条件的社会组织转移。再次，政府也不能走向缺位的极端，要真正把自己该做的事情做好。例如，政府要从坚持社会正义的角度尊重民意调整和完善社会政策，逐步改变计划经济时代形成的向强势群体倾斜的差异化制度安排，努力缩小城乡差距、区域差距、群体差距；要通过资源配置方式的社会化，使社会资源进一步向底线民生、基本民生、热点民生以及弱势群体等倾斜，在此前提下形成相对公平公正的均等化制度安排。最后，政府还要切实防范以权谋私。当下要特别注意在逐步扩大政府购买服务的同时规范发展政府购买服务。

（三）**要努力建设协同社会**。社会治理转型升级，动力在社会。首先，要进一步实现传统社会组织的转型升级。要创新人民团体的活动方式，让工商联、工会、共青团、妇联、残联、社科联等构建枢纽型社会组织体系，对党委政府发挥桥梁纽带作用，对其他社会组织特别是新社会组织发挥孵化器作用、火车头作用、监护人作用，努力避免他们在社会建设中被边缘化。其次，要大力促进社会组织规范发展。要大力培育、充分发展社会组织特别是社会工作组织、志愿者组织等新社会组织；要深化社会组织管理体制改革，逐步规范社会组织的运行，充分发挥其在社会治理与社会服务中的能动作用。再次，要把建设协同社会的理念向广义的社会领域拓展。例如，社会治理创新，需要充分发挥人大、政协等政治组织的保证作用；需要发挥经济企业弘扬社会责任的主要支撑作用；需要发挥教学科研机构等各类事业单位和新闻传播媒介等的文化引领作用。最后，要充分发挥更大公民参与社会治理的主动性、积极性和创造性，形成党委政府与社会公民的良性互动，不是互相拆台、互相对立，而是互相支持、互相监督、互相制约。在协同社会构建中，要重点加强社会示范层的公民意识培育，充分发挥其正面效应，努力抑制其负面作用；要重点加强基层社区建设，发挥基层党组织战斗堡垒作用，强化社区民主自治，认真落实保障村（居）民依法自治的制度，强化村（居）委会自治功能，打造管理有序、服务完善、文明祥和的社会生活共同体。

（四）**要科学化解社会矛盾**。首先，人本化是最高准则。要善于在鲜花和掌声中倾听沉没的声音，努力形成科学有效的诉求表达机制、矛盾调处机制、权益保障机制、利益协调机制；要突出改善民生，推进基本公共服务均等化，努力使全省人民学有所教、劳有所得、病有所医、老有所养，住有所居；要努力缩小贫富差距，关注社会结构的优化，实现金字塔型社会向橄榄型社会的转变，努力扩大中等收入群体的比重。其次，法治化是根本保障。要始终坚持有法可依、有法必依、执法必严，违法必究；要坚持规则公平、机会公平、权利公平，防止社会阶层固化和"代际传递"；要加快社会建设领域的立法进程，建设法治政府，确保司法廉正。再次，理性化是内在要求。要培育理性平和、开放包容、知足常乐的社会心态。不仅公共权力部门的管理者要有理性，经济、文化、社会领域的精英要讲理性，还要大力培育全体公民的理性。再者，社会化是关键路径。要破除人民幸福是党和政府恩赐的错误认识；要善于用社会化手段促进社会管理，实现群防群治；要善待维权人士，为社会管理社会化提供全面保障。此外，信息化是重要手段。必须提升信息化对社会治理转型升级的支撑和带动作用，整合和共享信息资源；必须加强对网络虚拟社会的引导和管理在社会管理，在当下要注意网络问政等引导和规范化。最后，常态化是必由之路。要进一步健全综治信访维稳工作机制，完善社会治安防控体系，强化公共安全和应急管理责任，深入推进平安和谐社区建设，不断提高人民群众的安全感和治安满意度；要建立健全大联动组织领导体制、大贯通层级责任体系、全覆盖属地管理机制、全过程动态管理机制。

（作者系广东省社会工作学会会长、广东省社会科学院副院长、研究员；本文提交 2012 年 5 月 22 日广东省社会工作学会和广州市残疾人联合会、中共广州市委党校、广州市社会工作学会联合举办的"残疾人事业与社会建设"理论研讨会）

# 深圳市社区和谐文化建设研究

吴奕新

胡锦涛总书记在党的十七大报告中强调指出，和谐文化是全体人民团结进步的重要精神支撑。社区和谐文化建设又是中国整个和谐文化建设的重要内容。大力发展社区和谐文化建设，既是贯彻党的十七大精神、全面落实科学发展观的内在要求，又是满足居民群众精神文化需求，提高居民群众综合素质和文化品位的生活实践。近几年来，深圳弘扬改革创新精神，以科学发展观为指导，大力开展社区和谐文化建设，为构建社区和谐文化进行了大量富有成效的实践探索。本文从理论与实践的结合中做一些分析，抛砖引玉，祈盼大家关注社区和谐文化建设问题，以进一步推进社区和谐文化的建设。

## 一、充分认识社区和谐文化建设的重要性和紧迫性

社区建设是在党和政府的领导下，动员社会力量，利用各种资源，强化社区功能，解决社区问题，促进社区政治、经济、文化、卫生、环境协调和健康发展，不断提高社区成员生活水平和生活质量的过程。随着中国经济社会的发展，社区对城市居民生活、城市管理和政府工作的影响和作用越来越突出。加强社区和谐文化建设，是落实胡锦涛总书记在党的十七大报告中明确提出"建设和谐文化，培育文明风尚"要求的具体体现，是提高人们生活质量、促进经济社会全面协调发展和建设和谐社会的重要途径，也是建设中国特色社会主义的必然要求。对于贯彻落实党的十七大精神，构建社会主义和谐社会有着重大的现实意义和历史意义。

### （一）和谐文化是和谐社会的重要特征

在构建社会主义和谐社会过程中，文化因素深深地渗入其间，为和谐社会的发展提供思想保证、精神支撑。一个国家、一个社会，没有文化，就等于没有灵魂，就会失去凝聚力和生命力。社会主义和谐社会有着丰富的文化内涵，和谐文化是和谐社会的重要特征。有没有和谐的文化，是衡量一个社会是否和谐的重要尺度。没有和谐的文化，就没有和谐社会的根基，就没有和谐社会的发展方向。构建社会主义和谐社会，既包含着和谐文化建设的内容，同时更需要和谐文化的引导和支撑。和谐社会越发展，和谐文化的地位和作用就越突出、越明显。因此，建设和谐文化，既是构建和谐社会的重要内容，又是构建和谐社会的必要条件，对推动构建社会主义和谐社会，打牢和谐社会的思想道德基础，有着极其重要的意义。

### （二）加强社区和谐文化建设是发展先进文化的内在要求

先进文化是位于时代前列，具有鼓舞、引导、激发人的内在潜能，能够催人奋发、团结向上的文化，是人民群众共同价值观的集中反映，是社会主义精神文明建设的重要组成部分。加强社区和谐文化建设，正是为了把社区内各个层次、各个界别、各种人员团结和凝聚起来，用积极健康的思想观念影响人们的思想和灵魂，用民族的、科学的、进步的文化代替没落的、颓废的、反科学的文化。形成"共建、共创、共享、共荣"的价值观念和"同地而居，共创繁荣，共建文明"的良好氛围，把社区的社会主义精神文明建设提高到一个新的更高的层次。

### （三）加强社区和谐文化建设是社区思想政治工作的客观需要

当前，中国对外开放日益扩大，社会主义市场经济发展步伐明显加快，伴随着经济成分、利益格局、分配方式的多样性，也带来了人们思想观念、价值取向、思维方式的多元化。加强社区文化建设，就是要通过一定的文化载体和方式，了解和掌握居民群众在想什么，在干什么，有什么疙瘩需要解决，有什么问题需要疏导。从而把广大居民群众的思想认识统一到社会主义、集体主义和爱国主义上来，引导到追求共同理想、共建美好家园上来。大力加强社区和谐文化建设，提高对居民群众思想政治工作的针对性和覆盖面，显得比以往任何时候都迫切和重要。

**（四）加强社区和谐文化建设是社区改革深化的一项重要措施**

当前，党政机构改革、国有企业改革、社会保障制度改革、医疗制度改革正向纵深发展，大量社会管理、居民服务、公共事务从政府、企业的职能中分离、转移、延伸出来，大量由单位直接管理的"单位人"变成了由社区管理的"社区人"。改革的深化、管理的移位以及由此而引起的思想波动，迫切要求社区在加强管理职能、社会职能、服务职能的同时，大力加强社区文化建设，做好疏解情绪、化解矛盾工作，防止和避免因改革而出现大的思想动荡和危及社会政治稳定的不安定因素。因此社区文化作为城市居民在特定区域内形成的群体意识、价值观念、行为方式的总和，在引导价值观念、传承文化成果、规范行为方式、教育娱乐群众、促进社区稳定等方面具有重要功能和作用。大力加强社区和谐文化建设，成为各级党委和政府必须予以高度重视并认真解决的问题。

## 二、深圳市加强社区和谐文化建设的主要实践

深圳是一个移民城市，在深圳经济特区建立之前的 1979 年，本地总人口仅 30 余万人，到 2008 年底，深圳户籍人口增长到 232 万，非户籍常住人口增长到 1288 万人，合计 1520 万。在人口的地域构成上，本地人口与非本地人口、户籍人口与非户籍人口、不同省份的人口相互交织，形成了深圳人口构成上的基本特点。不同户籍和来源状况的人口在经济社会状况以及思想行为方式（文化）上各有特点，容易形成人口的类型分割。加强社区文化建设，协调好社区多元人口与多元文化之间的关系，促进多元社群间的理解和融合，提高外来人口的归属感，是深圳作为移民城市的一个重要课

题。深圳全市现有 55 个街道，632 个社区，平均每个社区约 20000人。社区在人们的经济社会生活中发挥着越来越重要的作用。近几年来，深圳十分重视社区工作和社区和谐文化建设，把培育和发挥社区作用作为完善深圳经济社会体制的重要一环。特别是对社区文化建设中存在的问题和不足，在借鉴各地工作经验的基础上，积极探索新时期推进社区工作和社区文化建设的新途径、新方法，为社区和谐文化建设做了大量积极的有益探索。

### （一）加强和改进对社区工作的领导和管理

建设和谐社区，是构建社会主义和谐社会的重要基础。近几年来，深圳市为进一步加强和改进对社区工作的领导和管理，采取了一系列的改革。

1. 改革社区管理体制。为使社区管理体制适应社区发展的需要，深圳市在市、区两级都成立了社区建设工作委员会，市、区主要领导任负责人，各相关部门单位为成员，并在实践中创造和形成了"盐田模式"。即将政府职能从社区居委会中完全剥离出来，社区居委会成为社区的议事机构，属于居民权益保护性机构，对社区的公益事业和公共事务进行调研、决策的监督，成为真正意义上的群众自治组织。社区工作站从社区居委会中分离出来，作为街道办事处设在社区的办事机构，其主要职责是承办政府职能部门在社区开展的治安、卫生、人口、计生、文化、法律、环境、科教、民政、就业、维护治安和离退休人员管理等工作，以及其他由政府确定需要进入社区的工作事项。形成了社区建设工作委员会办公室（区民政局）——街道社区建设工作委员会办公室——社区工作站的垂直管理体制，使政府的职责、任务、资金、人员等通过一个口子下达到社区工作站。社区居委会成员与社区工作站人员不能交叉任职，相应引入了政府雇员制，社区工作站的工作人员都是由政府部门组织专门考试录用的政府雇员。从 2002 年开始，深圳市每年都召开社区建设工作会议，市委书记、市长等主要领导出席并讲话，亲自部署推动全市的社区建设工作。

2. 完善有关社区工作的政策法规。深圳市在深入调查研究的基础上，不断完善有关社区工作的政策法规，加强工作指导和协调，推动各个社区的各项建设。特别是在完善有关社区工作的政策法规方面，深圳试行高标准订立社区建设的有关指标，这一指标包括：（1）社区基础设施；（2）社区组织与管理体制；（3）社区居民自治；（4）社区服务；（5）社区卫生；（6）社区计生服务；（7）社区文化体育；（8）社区环境；（9）社区安全与法治；（10）社区资源共享。通过总结试点工作经验，今年2月22日深圳市委、市政府正式出台了《深圳市社区建设工作试行办法》，对社区管理体制、基础设施建设、人员管理、经费投入等方面进行了规定。

3. 社区管理实行"居站分设"。所谓"居站分设"，就是在社区党组织、社区居委会以外，独立设立社区工作站。社区工作站作为区人民政府及街道办事处在社区的工作机构，其主要职责是承办政府职能部门在社区开展的各项行政工作。这一体制与传统体制不同的是：让社区居委会摆脱沉重的行政负担，还位于真正的居民自治组织；同时，从居委会剥离出来的行政职能，由社区工作站承担。政府职能部门在社区有了自己的"腿"，从而真正实现了城市管理重心的下移和政府职能转变的目标。同时，使社区各个主体组织各司其职，各有其权，各负其责，建立起政府行政管理和社区自我管理相互衔接的机制，共同推进社区建设的发展。2006年，深圳"居站分设"的社区治理模式，获得第三届中国地方政府创新奖。

### （二）加强社区工作的队伍建设

社区工作状况很大程度上取决于社区工作队伍的状况。包括数量和质量两个方面：质量意味着社区工作可能达到的水平，而数量意味着社区动员的广度和深度。由于社区工作的自治性、参与性本质，社区工作参与情况更是社区工作状况的一个天然标尺。深圳市注重在社区工作队伍质量和数量两个层面上下功夫。

1. 提高社区专职人员的素质。为切实提高市内各个社区的专职人员素质，深圳市主要采取了以下做法：（1）提高门槛。颁布《深圳市社区工作站管理试行办法》，对人员的聘用、考核、管理和待遇等做出规定，实行公开招考录用制度，严把入口关，提高社区工作队伍的整体素质，并将社区工作站人员的工资福利待遇纳入区财政预算，使之逐步得到提高，以吸引优秀人才从事社区工作。（2）加大培训力度。对全市社区党组织书记、社区工作站站长、社区居委会主任以及工作人员进行各种层次的培训，不断提高社区工作者自身素质。（3）选调干部下社区，支持社区工作。

2. 大力发展义工组织。经过几年来的努力，目前深圳全市在大力发展义工组织方面，已经建立起市、区、街道和社区四级义工服务网络。全市义工组织已有1个市级、8个区级、55个志愿者服务中心、280个社区志愿者服务站、310多支志愿者服务队、153个志愿者服务基地，志愿者会员团体达330多个。全市各社区均设有义工服务站，近6万名注册义工和35万名项目义工在社区积极开展活动，与社区居民建立服务联系卡，开展服务老人和残疾人、帮贫助困、学生辅导、热线电话、心理咨询等服务活动，受到社区居民的欢迎。

**（三）不断加大对社区文化建设投入**

必要的资金投入和保障是建设社区、发展社区和谐文化建设的基本条件。近几年来，深圳不断加大对社区文化建设的资金投入。

1. 把社区工作站的经费列入经济社会发展规划和财政预算。为加强社区工作站的建设，各个区政府都将社区建设和社区工作经费，如社区工作站（居委会）的工作经费、办公经费、工资福利等，列入经济社会发展规划和财政预算，使全市各个社区的工作从经费上得到一定的保证。

2. 启动社区文化建设资金。从 1999 年起，市、区两级财政为新成立的社区居委会安排 35 万元社区建设启动资金，市政府每年划拨 2000 万元用于补贴特区内居委会。同时加大社区公共设施和公共服务配套的支持力度。如从 2001 年 9 月至今，全市投入"星光老年之家"的建设资金达 1.3 亿元，其中福彩公益金 6000 多万元，建成"星光老年之家"近 500 个。

3. 不断加大社区建设资金投入力度。随着社区建设步伐的加快，甚至各个区都不同程度地加大对社区建设的投入。例如深圳市南山区委区政府把 2007 年确定为"和谐社区建设年"，从 2007 年开始，区财政连续三年，每年拨出 1000 万元，作为"和谐社区建设年"专项经费。同时，加大对基层建设、固本强基等工作的支持力度，在部门预算中，增加各办事处业务经费、社区工作站办公经费和社区服务中心包干经费，将固本强基项目经费列入年初预算；设立文化事业发展专项资金，加大对社区文化事业、文艺团体的扶持力度。

**（四）大力推动社区文化设施的建设**

发展社区文化，必须依托一定的设施作为阵地，否则，只能是无本之木、无源之水，不能产生持久效果，满足群众的文化生活需求，维护最广大人民群众的根本的文化权利，代表最广大人民群众根本利益都将是一句空话。近几年来，深圳市一直将发展社区文化设施作为社区文化建设的头等大事来抓。

1. 加强社区文化工程项目建设。从 2004 年起，深圳市、区对社区建设实施固本强基工程，市、区财政每年共出资 4 亿元兴建"固本强基"社区建设项目，两年来先后投资 7 亿多元，全市已建、在建项目达 227 个。通过固本强基工程，兴建了一大批社区服务站、康复中心、图书室、小公园（小广场）、警务室、健身路径等，大大改善了社区的公共服务设施。

2. 加快社区办公和服务设施建设。为加快社区办公和服务设施建设，深圳市制定出台《关于加快社区办公和服务设施建设工作方案》，明确各部门在社区基础设施建设中的工作职责与任务。国土部门牵头成立清欠工作领导小组和工作机构，对开发商拖欠的社区公共服务设施进行清理，移交了一批社区办公和服务场所。

3. 大力推进社区信息化建设工作。为推进社区信息化建设工作，深圳市在罗湖区进行了社区管理信息化试点，建成了社区综合管理信息系统，并已在全区 115 个社区成功运行；南山区在粤海街道办事处开展了社区信息化试点；福田区开发了社区服务网络系统，采用市场化的方式建立社区服务热线，为社区居民提供法律援助、医疗卫生、家政等多项服务。在总结各区试点经验的基础上，深圳市制定了社区信息化技术标准，为实现全市社区基础数据的互联互通、资源共享奠定基础。

4. 充分发挥区委区政府和基层建设社区文化设施的积极性。为了解决文化设施建设的紧迫性和长期性的矛盾，深圳市充分发挥区委区政府和基层建设社区文化设施的积极性，并取得了比较大的成效。例如福永街道，坚持"统一规划、分步实施"的原则，对全街道文化设施建设作出了整体规划和科学安排，舍得投入。先后投资 5500 万元建成 1.4 万平方米的福永文化中心；投资 3000 多万元建成占地 3.9 万平方米的万福广场，场内的大型雕塑"万福壁"和"九龙柱"双双获大世界吉尼斯世界纪录。还相继建起了福永图书馆、福永陈列馆、福永书画厅。最近，还将投资兴建集图书馆、美术馆、博物馆于一体的福永图书馆。按照宝安区委"五个一工程"的部署，完成了"街道一广场一文化中心，社区一公园一图书馆"的建设，现在又增加到"社区一广场一公园一图书馆一活动中心一培训室"。

在各个区委、区政府高度重视文化建设的带动下，各个社区也先后积极自办文化场馆。例如，怀德社区建成了怀德陈列馆，凤凰社区建起文天祥纪念馆，白石厦社区办起白石厦博物馆等一批高品位高文化内涵的文博设施。街道社区文化设施不断增加，功能更加配套。与此同时，街道还大力鼓励企业和私人办文化。现在已有 400 多家企业办起图书阅览室和文化活动室，劲嘉、高美等公司投资几百万元兴建职工文化活动中心大楼。私人开办的金泽轩艺术馆、十里红妆民俗博物馆、金石雅苑石艺馆等，不但体现了富裕起来的人们的精神追求，而且为街道文化建设锦上添花。金泽轩主人邓金城用自己一幢三层楼办艺术馆，每年减少租金收入 20 多万元，办馆 8 年累计少收入近 200 万元。其艺术馆不但藏品丰富，而且还以馆为依托，举办了全国性的书画培训班，聘请 10 位知名教授和书画家前来讲课，在行内传为美谈。

### （五）社区群众文化活动蓬勃开展

开展丰富多彩的文体活动是社区公共生活的重要内容，也是活跃社区生活、构建和谐社区的重要依托。社区内有各种文化体育设施和组织，除了一般社区开展的各种文化体育活动外，深圳市注重学习型社区的建设，为居民接受信息、更新知识提供便利，营造了社区浓厚的文化氛围。经过几年来的努力，深圳市的社区文化发生了一系列的重大变化。

1. 广场文化发展异彩纷呈。在文化广场的发展上，宝安区福永最为典型。由宣传文化部门牵头组织，以万福广场为阵地，开设 1 个千人舞会大家乐点、5 个卡拉 OK 大家唱点、2 个儿童游乐点和 2 个中老年健身点，广泛开展广场文化活动。除了雨天，每天晚上都有五六千人自发参加广场活动，最多时一晚达 3.5 万人次。自 1999 年至今，每年约有 250 万人次参加各种活动。此外，街道文化站、工会、青年团、妇联等单位经常在广场组织安排各类大型文艺演出活动，使万福广场"晚晚有活动，天天有节目"。在重点利用万福广场这个舞台的同时，以点带面，辐射到各社区小广场，如塘尾、和平、桥头、新和、白石厦等小广场，做到每晚都有文化活动，每年约有 470 万人次参加各种广场活动。由于广场文化红红火火，富有特色，中央和省、市电视台、各报刊进行过多次专题报道。万福广场并于 2002 年被评为深圳市十佳文化广场，2003 年被评为广东省优秀文化广场，2004 年被评为中国优秀企业文化广场。

2. 社区文化发展如火如荼。在文化广场的基础上，深圳近几年来社区文化的发展如火如荼。一是把开展太极拳、太极扇、太极剑、腰鼓队、交谊舞、健身等群众文化活动作为改变村风民风的突破口，将人们从麻将台引领到表演台。好多社区都先后建立起太极拳队、舞蹈队等文体群团组织。例如福永街道的太极拳协会，已有会员 3600 多人，每年组织参加国家、省、市的太极拳比赛，获得各类奖项 50 多个。二是组织发展社区传统文化活动。有的社区建立起醒狮武术队，并多次参加国际国内比赛，获得优异成绩。三是组织各社区业余文艺演出队伍。每年都到社区进行巡回演出，活跃社区文化。四是各社区的文化活动中心、图书馆和培训室为阵地，开展各种社区文化活动，组织文艺演出、读书有奖活动和文化培训活动。既丰富了群众的节假日生活，又活跃了社区氛围。五是开展"四进社区"活动，例如福永、皇岗等街道，每年都坚持"四进社区"活动，开展送戏下乡一百场、送电影下乡一百场的"双百"活动，有效推进了社区文化发展。

3. 企业文化活动日益发展。针对 90% 人口是企业员工的特殊人口结构，深圳市十分重视企业文化的发展，充分调动企业办文化的积极性，大力开展形式多样的企业文化活动，丰富外来劳工的业余生活，提高其综合素质，为企业营造良好的用工环境。例如皇岗社区，皇岗股份公司为社区两个文明建设不惜在寸土寸金的中心地带，拆掉房子，腾出土地，先后投入近亿元巨资兴建文化活动阵地。兴建社区文化广场、大家乐舞台、青少年活动中心、皇岗文化中心大楼、皇岗公园、皇岗博物馆、灯光球场（篮球场、网球场）等一系列文体活动场所，这些文体娱乐设施定期对社区居民开放，极大地丰富了广大居民的业余生活。社区还成立了中老年舞蹈队、腰鼓队，乐队、自编自演节目，深受群众欢迎。社区群众文化活动的蓬勃发展，大大提升了社区的文化品位。皇岗社区成功举办市、区、街道艺术节专场及民间各种文艺演出，皇岗文化广场已成为辖区精神文明建设一道亮丽的风景。皇岗文化广场先后被评为"广东省十佳文化广场"和"全国特色广场"。2004 年 11 月，全国"四进社区"文艺汇演在皇岗文化广场举行，取得圆满成功，为市、区争得了荣誉。又如福永街道，每年都举办几次大型的企业文艺调演活动，精心组织一次包含十多个项目的企业文化周活动，每年安排一批企业在街道中心广场（万福广场）独立举办文艺演出活动。街道还派出一批文艺辅导员，深入到各企业帮助培训文艺骨干，组建企业业余文艺演出队伍，编排文艺节目。全街道已有 60 多个企业建立起业余文艺演出队伍，不少企业的科室都能自编自演文艺节目，有效地带动了企业文化发展。如成霖、万宝、劲嘉、邦深、高美、淇誉、正润、信科等一批企业，每年都独立举办企业文化艺术节；有 120 多家工厂自办厂报厂刊，并培养了一大批企业的业余文学作者。街道于 2005 年将这批作者组织起来，成立了福永文学创作学会，并被宝安区文联定为打工文学创作基地。

4. 文化群团及外围组织不断扩大。群众是基层文化的主体，群团组织是群众文化活动的纽带。群团组织越多，群众文化活动就越活跃，文化建设的群众基础就越厚实，群众文化的生命力也就越强。福永街道在开展群众文化活动中特别注意培育壮大文化外围队伍，引导群众由观众变为演员，由旁观者变为参与者，由自发参与者变为自觉参与者，并将他们组织成各类群团组织，相对固定地开展各类文化活动。街道根据群众的爱好，牵头建立了 50 多个各门类文化群团外围组织，如：舞蹈协会、交谊舞协会、三棋协会、醒狮武术协会、曲艺社、民乐社、文学创作社、太极拳协会、老年体育协会、打工者舞蹈队、健身操队、合唱队、鼓号队、盘鼓队、腰鼓队等。此外，各社区、学校、企业还组成了 100 多个松散型业余文艺演出队。这些组织长年开展业余文化活动，上至六七十岁的老人，下至五六岁的孩童，都踊跃参加到群众文化活动中来。太极拳协会和各社区太极拳队，天天有活动，晚晚有训练，目前较固定的人员将近 4000 人，成为深圳打太极拳最多地方。

5. 文化精品异彩纷呈。在推进基层文化建设中，深圳市坚持在普及基础上提高、在提高指导下普及的方针，坚持群众文化与精品文化"两条腿"走路。在积极探索立足社区、面向群众、娱乐群众的基层群众文化发展模式的同时，还十分注重发展本土、原创的精品文化。做到既有"下里巴人"、也有"阳春白雪"；以群众文化滋养精品文化，以精品文化推动群众文化，使两种文化互相补充、互相促进。例如，福永街道成立了福永杂技艺术团和星海音乐学院分校，引进和培养一批专业艺术人才，力求在戏曲、小品、舞蹈、杂技、国际舞、声乐、狮子武术等当地有较好民间基础的项目有所突破，打造了一批精品工程。为了提高福永的文化品位，街道每年都与国内多种专业艺术团体、艺术专家开展文化艺术交流活动。自2004 年以来，福永杂技团多次出国出境，到德国，哈萨克斯坦、法国、美国、香港等国家和地区进行演出。目前，该团正与深圳市文联、宝安区文联合作，创编大型杂技剧《孙悟空》和反映深圳改革开放面貌的 26 集电视连续剧《渔村裂变》，争取获得国家舞台精品奖和"五个一工程奖"，并计划以此为品牌推向国内外文化市场，争取走向世界。

## （六）发展社区公共服务

社区公共服务是社区功能的重要体现，也是社区体制的价值所在，社区公共服务的目的是承接单位体制解体后从单位释放出来的大量的社会服务工作。因此，社区服务的好坏，直接关系社区工作的好坏。近年来，深圳在社区建设工作中围绕社区服务、就业、环境、卫生、治安、文化等内容，开展了形式多样、丰富多彩的社区服务活动。

1. 积极拓展社区服务的新路子。服务对象从原来主要针对老、残、孤、困、优抚等困难群体发展到全体社区居民，服务项目拓展到法律服务、家政家教、康复医疗等领域，取得了很好的社会效果。各区也积极探索拓展社区服务的路子。如，罗湖区组织社区居委会开展了对老人、儿童、优抚对象和困难群众"一帮一"活动，成立了区扶贫基金，开发了再就业岗位，推行了"十三项工程进社区"，内容涵盖诸多领域；福田区各社区居委会建立居民联系卡，为社区内的老、弱、病、残等弱势群体提供服务；盐田区将社区服务业纳入民办非企业单位管理，形成了区、街道、社区居委会的三级社区服务网络，服务内容达 30 多项，起到了便民利民的作用；南山区则创新服务方式，"健康路径"、"星光计划"、"社区健康服务中心"、"居家养老"等社区服务项目，采用"项目管理"和"政府购买服务"的方式来运作，收到了良好的社会效益。

2. 积极开展内容丰富的居家养老服务。为适应深圳老龄人口的增加，2005 年，深圳在 10 个社区正式启动了居家养老项目试点，由福彩公益金提供启动资金，在试点社区内组织开办家政服务、健康护理、心理咨询等内容丰富的老年人服务，为民政对象中的五保户老人（含三无老人）提供了上万小时的免费服务。2006 年，深圳市民政局在总结试点经验的基础上，制订了比较完善的居家养老政策，在 100 个社区开展居家养老服务，积极构建居家养老所需的社区服务体系。

3. 加大对困难群众的帮扶力度。为了进一步加大对困难群众的帮扶力度，深圳积极开展扶贫帮困活动。例如，进一步开展"关爱行动"、"雏鹰展翅"、"慈善周"等社会活动，同时，深圳还在社区设立社会捐赠点，接受社会日常捐赠，吸引广大市民参与扶贫帮困活动。

### （七）加强流动人口的服务与管理，共建和睦家园

深圳作为移民城市，流动人口规模庞大，超过 1000 万人，原

住居民约有 40 余万人，户籍人口为 180 余万人。本地人口与外来
人口、户籍人口与非户籍人口比例十分悬殊，因此，协调各种人群
的关系，既是深圳经济建设的需要，也是发展社区文化、构建和谐
社区的需要。深圳积极促进不同地域、不同民族的人群之间和谐共
处，共同为深圳经济社会发展贡献力量。一是无歧视性。深圳人口
来自五湖四海，大家来到深圳后，基本抛弃了狭隘的地域观念，由
于外来人口数量巨大，大家没有"外地人"感觉，深圳人都有一份
包容心，也逐渐学会了与不同地域的人口交往。这种平等、包容，
以能力而不是狭隘的关系为主导的社会理性，是深圳能够吸引来
自五湖四海的人才的重要原因。二是加强服务。深圳在逐步完善对
流动人口的各种服务和社会保障措施。工作上，创造公平的创业机
会，鼓励外来人口在深圳创业。生活上，制定各种保障外来人口权
利和福利的政策，建立了外来人口最低工资、合作医疗和强制性社
会保险政策等，落实外来人口教育等社会福利的市民待遇，并完善
外来人员维权和救助机制。为深圳外来务工人员创造良好的创业和
生活环境。三是加强管理。众多的外来人员客观上也为深圳的社会
管理增加了难度。为了加强对外来人口的管理，深圳市探索了多种
管理办法。最突出的是对外来人口集中的出租屋实行旅业式、物业
式管理，做到"来有登记，走有注销"，并成立出租屋租赁管理中
心加强对出租屋的管理。由于创新管理办法，有效地降低了社区治
安案件的发生率，维护了居民的生命财产安全。

### （八）重视文化体育教育事业

近几年来，深圳市重视体育教育事业，围绕发展社区文化体
育教育工作，开展了一系列活动：一是开展社区文化体育活动，如
秧歌、腰鼓、健身操，激发大家参与社区文化的积极性，形成一种
全民参与的文化氛围；二是社区文化活动的内容要有所突破，不论
何种形式，只要是积极的、健康向上的就应大力引导和提倡，注重
加强引导年轻人参与社区文化建设和辖区单位开展文体活动的积极

性。积极发挥部队、学校、物业公司、工业区等辖区单位的作用，力争使社区文化活动丰富多彩，群众喜闻乐见，从而使社区文化建设形成一种良性循环的局面；三是充分发挥辖区人才优势，做到开发管理并重、资源共享、优势互补，发挥潜能，在繁荣社区文化活动的同时，根据本社区的特点，注重老年人、工厂员工的精神文化生活，动员他们参加社区各种艺术节文艺汇演，节假日文艺晚会；四是加大文体设施建设，满足人民群众日益增长的精神的文化需求；五是重视教育事业的发展，例如皇岗村这些年来，拿出 600 多万元兴建了两间环境优美的幼儿园，共投资 1200 万元修建了设施齐全的皇岗小学。皇岗股份公司还将村上的一块 16000 平方米的宝贵土地无偿送给学校。同时，实行奖学制度，近 10 年来，不断加大奖励标准，给考上大专学生每人每年奖励 2000 元，考上大学本科或出国留学的学生，每人每年奖励 10000 元。近 10 年来，该村拿奖学金的学生已近 100 人。公司还鼓励支持青年参加各种形式的文化学习，为皇岗村后一代提高文化综合素质，培养人才起了很大的推动作用。皇岗村逐渐形成了尊师重教、热爱知识、勤奋学习的新风尚。

**（九）积极参与社会"关爱行动"**

各个社区在建设和发展社区文化的同时，积极参与社会的"关爱行动"，助学帮困，奉献爱心。例如，皇岗村积极参与福田区与四川阿坝州的"心连心"活动，帮助贫困地区脱贫致富，为扶贫办学。在那遥远的西部，4 座由皇岗人捐资兴建的"皇岗希望小学"已高高地屹立在那片希望的黄土地上。皇岗股份公司和村民多年来为贫困地区扶贫办学捐款 600 多万元。同时为灾区捐款达 500 万元及衣物，帮助灾区人民战胜困难，渡过难关。

## 三、进一步加强社区文化建设的对策思考

虽然深圳在社区文化建设中进行了大量的实践探索，取得了一定经验和成绩，但这些实践探索都是初步的，还存在不少问题和不足。

比较突出的问题主要有：一是社区文化活动资源未能得到有效整合。主要体现在：部门分割、条块分割文化资源的现象相当突出。各个区的驻区部队、企业、学校都拥有一定的文化站、室、场、院，但在现行的体制下都自成体系、各自为战，缺乏共享共建的意识，甚至重复建设、相互"争食，造成社区文化资源的极大浪费。社区现有的文化资源也得不到充分利用，整合社区文化资源还有大量工作要做。二是社区文化的硬件建设未能跟上时代的发展步伐。三是社区文化活动的覆盖面还不够广泛，居民群众的参与度还不高。目前参加社区文化活动的群众尚未达到三分之一，说明社区文化活动还有许多"文章"要做。进一步加强社区文化建设，必须认真贯彻党的十七大精神，结合深圳的具体实践，采取更加有效的对策和措施：

**（一）要充分利用和进一步整合社区文化资源**

加强社区文化建设，构建社区和谐文化，必须根据本社区的人文特点，因地制宜发展社区特色文化，充分利用本社区各个机团、企业、学校、家庭的文化资源，积极探索在市场经济的条件下"共建、共享"、"互利、互惠"的新形式。

1. 根据本社区的人文特点，因地制宜发展社区特色文化。发展社区特色文化，乃是社区文化保持旺盛生命力的重要依托。从深圳的实际情况来看，目前位于各个区内的文化活动资源，如名胜古迹、革命史迹等优秀历史文化遗产比较丰富，这些是开展富有特色的社区文化活动的得天独厚的优势，必须充分利用，大力营造以历史、传统、革命、现代为主线，以众多文物场馆、广场为景点的"没有围墙的文化大公园"，进一步整合资源，发展文化旅游业，发展观光旅游文化。

2. 充分利用社区内的各种文化资源。充分利用本社区各个机团、企业、学校、家庭的文化资源，将社区内的场、馆、站、室对居民群众开放，既补充政府投入的不足，又避免文化活动场所的重复建设及资源的浪费。因此，各街道必须在摸清底数的基础上，千方百计地密切与辖内机团单位的联系，争取机团单位将文化活动场所向群众开放。

3. 积极探索适合市场经济发展的各种互利、互惠新形式。要积极探索在市场经济的条件下"共建、共享"、"互利、互惠"的新形式（如股份制、收入分成等），形成这种长期共存的物质利益关系，使社区内的文化活动资源得以共享、共用。也可以群众需要为导向，通过街道与机团合办社区学校或各类培训班等形式（如文化补习班、书画学习班、电脑辅导班、艺术研究班等等），收取一定的学习费，以有偿补无偿，维持社区文化的可持续发展。

**（二）要建立多元化的社区文化投入机制**

社区文化具有事业和产业双重属性，为保障社区文化建设的有效投入，必须建立多元化的社区文化投入机制。一是政府可以尝试将原来拨至基层的经费改为基层文化单项基金，养项目不养人；二是对于大型文化项目的举办，政府可以实行招标制，委托中标的中介组织承担；三是要以制度化的形式，使政府财政和各类彩票收入按一定比例进入社区文化建设资金的盘子；四是以谁筹集谁使用，谁捐助谁监督为原则，用各种形式鼓励社会资金投入社区建设；五是鼓励在政府指导监督下成立各种民间组织进入社区文化建设；六是成立社区文化发展资金的监管机构，建立资金募集和投入信用；七是在成熟社区已经积累的吸引社会赞助等方式的基础上，要制定相应的政策，对热心于社区文化建设的企业实施相应的减免税优惠；八是对能够产业化的社区文化项目，在社区居民能够接受的前提下，要尽量产业化运作，这样才能提供给社区居民较好的服务；九是对部分社区设施可以聘请专业机构经营管理，大型社区文化活动可以由中介演出公司承办，等等。

**（三）要大力培育社区中介组织**

实践证明，社区文化组织和实施主体不是政府，而是居委会、业主管理委员会、行业协会等社区组织。推进社区文化建设必须以健全的中介组织为先行条件。因此，要大力培育社区中介组织。一是要强化街道办事处对社区文化建设的组织领导作用，科学设置并完善居委会。要赋予居委会一定的管理权，以强化社区功能，提高社区管理的社会化程度，体现社区文化贴近群众、贴近基层的特点。二是要理顺住宅小区的物业管理体制，建立以业主选举产生的业主管理委员会为主体、物业管理公司向业委会负责的物业管理体制。三是要鼓励专门性社区文化团体的组建，政府可以尝试与社区中介组织签订协议，委托他们进行社区文化建设，给予相应基金资助，并进行监督和调控。

### （四）要进一步加强社区文化建设队伍

人是社区文化建设的主体。只有高素质的队伍，才能不断提高社区文化建设的水平。目前，深圳市社区文化建设队伍主要由基层政府、基层文化馆站人员和物业管理公司的社区文化兼职或专职人员组成。由于社区文化工作普及性强、工作量大、报酬又不高，很难吸引高素质的人才在社区文化长期坚持工作。要改变这种状况，一是要营造良好的人才创业环境，鼓励引进社区文化人才；制定社区文化人才培训计划，加强人才培训力度，不断提高现有人才素质。二是在物业管理行业方面，则应进一步总结深圳在物业管理考评指标中设立社区文化专人专职的实践经验，充实提高物业管理人员中文化人才的比重。三是对群艺馆、文化馆、图书馆等重要的社区文化设施，要逐步实行工作人员从业资格制度，建立健全岗位规范。四是要善于调动社区居民的积极性，发挥居民中有特长有才干者的积极性，参与社区文化建设。

### （五）以社区文化建设促进人的全面发展

社区文化的建设和发展，必须坚持以人为本，以满足居民群众日益增长的精神文化需求为目标，以社区文化建设来促进人的全面发展，是社区现代化建设的必然要求。为此，社区文化建设的重点应当考虑以下几个方面。

1.用科学精神倡导社区文明风尚。社区文化建设应以群众喜闻乐见的文化活动形式为载体，以提高和升华居民群众的精神境界为目标。通过开展科教、文体、法律、卫生等活动宣传科学知识、科学方法、科学思想和科学精神，传播先进文化，普及法律知识，完善社会卫生服务，全面提高辖区居民的综合素质，借助宣传栏、免费讲座、知识竞赛等形式，引导社区居民形成"热爱家园、和睦互助、知礼崇德"的社区文明风尚。

2.用丰富多彩的文体教育活动满足社区居民多样性的需求。社区居民是社区文化建设的主体，是社区文化的创造者，社区文化的感召力、生命力最终取决于居民群众的认同感和参与度。社区文化建设应从人的全面发展的实际需要出发，结合社区的具体特点，推动各种各样的文体和教育活动。因此，开展社区文化活动必须考虑四个结合：一是层次性与多样性相结合，二是传统文化与现代文化相结合，三是乡土文化与外来文化相结合，四是高雅文化与通俗文化相结合。做到既继承优秀传统文化，又广纳现代文明成果；既有高雅艺术，又有的通俗文化。社区文化活动要真正做到内容丰富，形式多样，使不同年龄、不同性别的社区居民都可分享到社区文化活动的乐趣，并从中得到教育、交流和提高。与此同时，以本社区居民需要为导向，通过街道与教育机构合办社区学校或各类培训班等形式，如举办文化补习班、书画学习班、电脑辅导班、艺术研究班等等，推动各种兴趣团体的发展，以满足社区居民日益多样性的教育需求。

3.用激励评价机制促进社区建设的全面发展。社区激励评价机制是调动社区居民，特别是青少年参与社区服务和社区建设的关键环节。伴随中国社会的深刻变革，社区生活已成为中国公民日常生活中重要的一个组成部分，青少年的素质教育和综合能力培养成为时代发展的新要求。因此，原有的对公民和青少年单一的单位或学校评价体系已经不适应社会发展和青少年成长的需要。社区建设应积极探索有效的评价方式，逐步建立和完善社区参与综合评价体系，促进社区居民和青少年的全面发展。

4. 积极推动社区各种兴趣团体的发展。社区居民是社区文化建设的主体，是社区文化的创造者，社区文化的感召力、生命力最终取决于居民群众的认同感和参与度。社区文化建设应从人的全面发展的实际需要出发，结合社区的具体特点，推动各种兴趣团体的发展。不同的居民，对于欣赏性高雅文化和娱乐性通俗文化也有不同的审美要求，而在老中青三个不同年龄段的人群中其差别就更大。社区文化建设要把群众热爱文体活动的积极性保护好、发挥好，并有意识地加以引导，从而提高居民群众参与社区文化活动的积极性和认同感。

（作者系广东省社会工作学会副会长、深圳市社会科学院院长助理、研究员；本文提交 2009 年 12 月 17 日广东省委宣传部、广东省民政厅、广东省社科联联合主办，广东省社会工作学会等单位承办的"岭南学术论坛第 51 期'社会工作与社区建设'专题研讨会"）

# 试论广东社会建设领域六大矛盾

左晓斯

回顾广东"十一五"时期的社会建设，可以概括为 8 个字：成就巨大，问题突出。主要表现是：社会财富快速成长但社会公平失衡加剧；改善民生成效显著却仍是短板；社会事业蓬勃发展但社会服务供需矛盾依然突出；社会保障水平不断提高但困难群体生活仍然艰难；社会组织快速成长但活力不足；社区建设全国领先但基层自治半生不熟。经过梳理和分析，笔者认为，广东社会建设之所以出现这种喜忧参半的状况，主要源于社会建设领域存在着六大矛盾。

## 一、现代社会的建构滞后于传统社会的解构

中国 30 多年的改革开放，是一场传统社会主义模式向新型社会主义模式的历史变革，也是从传统社会到现代社会的历史变迁，即传统社会日渐解构、现代社会逐步建构的过程；与这一历史进程相伴随的是社会经济结构、社会政治结构、社会文化结构以及意识形态结构的变迁和现代化过程；所有变革中最为关键的是以人为主角、以利益关系结构为核心的社会结构变迁。这种变迁一方面体现为原有社会结构在快速瓦解，另一方面则是新的社会结构逐渐塑成。这场变革发生在一个极为复杂多变的国内外政治经济环境下，发生在一个高度压缩的时空中，发生在一个文明程度、技术水平、交往频率与百年前不可同日而语的新背景下，比西方发达国家的同一历史进程更急促、更迅猛、更复杂化，社会解构

与社会建构不同步、不协调的情况更加突出，这是社会建设尤其是社会管理诸多问题频现的总根源。中国社会建构与解构的不同步主要表现为：

一是现代市民社会建构滞后于自然经济和计划经济的解构。30 多年来的经济体制改革，在经济领域基本解构了原有的所有制结构（出现了以公有制为主体的多种所有制并存的格局）、产权结构（产权多元化和社会化日趋明显）和利益结构（不同阶层、不同地区、不同集团之间的不同利益要求日益强烈），各种利益集团已经形成。但是，由于行政体制改革的迟缓，中国并没有像西方发达市场经济国家兴起那样，形成一个由各种独立的、自主的和多元的社团以及具有私人利益需求和财产支撑、并且主体意识日益彰显的现代市民社会。由此形成一个矛盾现象：社会成员一方面日益社会化、独立化，成为社会人，另一方面却在思想上、行动上仍对国家或政府高度依附，对市场力量的扩张和渗透也显得力所不逮。

二是以社会人为基础的社区建构滞后于以单位人为基础的"单位社会"的解构。中华人民共和国成立后，依据传统社会主义理念，逐步形成了基于计划经济体制，以党的基层组织为轴心，经济功能、社会功能、政治功能一体化的单位制社会组织结构。其内在逻辑是：以党的基层组织为核心，以经济生产单位为基础，以计划经济体制为框架，以国家全面主导社会为动力，将社会生产和生活全部组织进各种各样的单位组织或单位体系，从而形成以集政治、经济和社会功能为一体的单位组织为基本构成要素的社会结构形式。改革开放之后，以效率为导向的市场改革导致各种新的经济组织形式如雨后春笋般出现，传统单位制社会结构逐步消解：在城市，政经社一体的单位组织逐渐摆脱社会职能回归经济本位，人们的社会生活和政治生活日渐脱离单位回到社会；在农村，联产承包责任制使农民摆脱"政社合一"的人民公社组织的束缚并从土地中解放出来，率先成为原子式的个体。无论在农村还是城市，由于社会组织发育迟缓，加之社区建设进展缓慢，社区自治长期半生不熟，单位人虽然逐渐消失了，但社会人却迟迟难以成长起来，许多人处在一种游离状态，既缺乏社会归属感，也难以得到有效的管理。

三是现代人文价值观的建构滞后于传统精神文化道德的解构。中国传统文化所推崇的仁义道德、礼义廉耻、天人合一等基本价值观，以及社会主义的价值追求，包括集体主义、大公无私、全心全意为人民服务等在市场经济大潮和西方腐朽没落思想的双重冲击下开始在人们的头脑中淡化。在传统文化和社会主义价值观受到冲击和被解构后，没有切实研究把握当前整个社会精神文化的状态、走向及其对社会发展的影响；在传统社会走向现代社会的历史变迁中需要建立怎样的新的文化体系和意识形态。可以说，与现代市民社会和中国特色社会主义市场经济发展相适应的精神文化道德体系一直未能真正形成，整个健康、主流的社会精神文化道德出现陷落和缺失，导致社会变迁失序、失衡，社会生活病态化，甚至出现人们对社会、对政府的不信任。

## 二、利益集团与弱势群体之间利益冲突凸显

与社会建设密切相关的利益冲突主要体现在两个群体：利益集团与弱势群体，这是一个不可讳言的事实。在中国，工人农民一度成为领导阶级，经济地位、政治地位和社会地位空前提高。然而，改革开放以来，他们中的很多人，特别是其中的下岗工人、进城务工人员、失地农民等已经逐渐沦为弱势群体。尽管他们得到了高层领导和精英层的深切关注，但自身掌握的话语权相对较小，维护自身权益的能力相对较弱。而权力阶层、富有阶层、国际资本及其代理人中的个别利欲熏心者等构成中国转型期社会的利益集团，尽管他们人数不多，但他们可以通过各种手段影响决策，不仅维护既得

利益而且试图不断扩大自身的利益。更为有害的是，个别政府官员甚至扮演着利益集团代言人、代理人的角色，这在征地拆迁、劳资纠纷中表现尤为突出。一旦有人因为利益受损而投诉甚至越级上访，某些政府官员往往置之不理，不能有效主持正义、公道，甚至把矛盾导向恶性化。在政府内部，职能部门也因其管控的利益范围而逐渐分化为经济强势部门和社会弱势部门，其中也有人因利益关系而与利益集团结盟。需要指出的是，在重大决策中，社会建设部门往往缺乏话语权，位置靠后；在机构改革、人员调整中，社会建设部门受冲击较大；社会建设部门本身也存在各自为政、难以整合的问题，相互推诿、相互争利的现象经常出现，进一步弱化话语权与影响力。

### 三、经济发展与社会建设、追求公平与追求效率长期非均衡发展

20 世纪 80 年代，邓小平同志已经敏锐预感到了各种矛盾和社会问题可能导致改革开放出现偏差的风险，先后在不同场合严肃指出并反复强调：要一手抓改革开放，一手抓惩治腐败；一手抓经济建设，一手抓打击犯罪；一手抓物质文明，一手抓精神文明，做到两手抓、两手都要硬。当前中国的总体形势可以概括为：经济高速发展，政治基本稳定，社会矛盾突显，文化繁而未荣。在纷繁复杂的矛盾中，经济发展和社会发展不平衡、不协调，经济发展一手硬，社会建设一手软，是中国社会面临的突出矛盾和问题，现在仍远未克服。长期一手硬一手软的结果是，经济建设指标许多基本达到工业化中期、晚期水平，社会结构指标仍然处在工业化初期水平，社会结构发育滞后经济结构大约 15 年左右。改革开放以来，强调经济建设为中心是合理的。但随着经济发展到一定程度，特别是经济发展与社会建设两条腿已经出现不协调的时候，需要转变思维。如果继续在"追赶"思维支配重经济发展

轻社会建设，那么不但累积的矛盾解决不了，还会不断产生更多矛盾，最终葬送发展前景。

## 四、改革任务迫切但改革思路模糊

不可否认的是，当下社会已经习惯于用口号式的政治话语来表述对未来社会的愿景和目标，缺乏对现代市民社会的科学、清晰、系统的理论思考和通盘设计。在社会管理体制改革和加强社会建设这个重大问题上，党中央提出了战略性纲领，胡锦涛同志多次作出重要指示，各地也做了诸多探索和尝试。但是，对于社会建设要实现的最终目标究竟是什么，中国如何建设市民社会，如何创造公平的环境和均等的机会，落实公民的社会权利等重大理论和实践问题，还缺乏深入系统的分析研究，没有一个清晰的改革思路和发展方向。这一方面是由于人们仍受追赶情结的影响而忙于经济建设，另一方面是由于人们的思想仍然受到各种禁锢，未能获得充分解放，无法实现新的突破。例如，社会契约理论对于把握现代社会的发展范式和社会组织设计，以及政治和文化建设，都具有十分重要的借鉴意义，但人们往往不言、少言或讳言社会契约。

## 五、社会公共需求不断增长但公共产品供给严重短缺

按照某些西方学者的观点，一个潜在的政治和行政规律是，政府天然趋于按最大权力最小责任方向行事。如果对政府的监督、约束处在空位、虚位的情况下，上述规律作用的将更加明显。在相当长一段时间里，中国某些地方由政府主导的社会公共产品供给体制改革，往往倾向于政府"卸包袱"，把社会公共产品供给推向市场，导致公共产品供给缺失和制度畸变，恶化了草根阶层和弱势群体的生存环境和社会保障安全网。社会事业领域的改革，如医疗体制、教育体制、住房体制、基础设施建设等曾经走过产业化、市场化的弯路，社会管理体制、社会保障体制等方面的改革在目标和导向上

也有过严重失误，有些在体制政策设计方向上就是错误的。与此同时，随着生活水平和思想认识的提高，社会生产应当有更丰富的内涵，绝不仅仅是单纯的经济增长，更应该包括社会制度的进步、社会福利政策的安排、社会保障和社会服务的完善、社会成员人格的完善、社会集体意识的良性发展和基本统一、社区和社会组织的发育成长等。如此看来，当前社会生产力仍是落后的，供应仍是短缺的，仍未能满足人民群众不断增长的需要。而地区间、农村与城市间公共产品资源占有和配置结构上的不合理以及分配上的不平衡，更加剧了公共产品分配的不公平。由于供给不足和结构畸形，社会公共产品不仅未能起社会稳定器的作用，相反成为引发社会矛盾和冲突的助燃剂。

## 六、公权力私化、公权入侵私域与市民社会发展方向严重背离

由于经济发展冲动主导着社会变迁，整个社会出现了强烈的财富偏好、物质利益偏好、资本偏好。资本力量和权力力量成为社会最强势的利益配置主导力量。特别是某些地方政府的片面 GDP（国内生产总值，Gross Domestic Product 的简称）偏好和资本偏好，以及在双轨制下资本的积累助推政府公共权力部门的寻租，导致权力和资本这两个最强大的利益力量的相互渗透（包括制度内的和制度外的），在事实上已经产生了官僚垄断资本。这是社会变迁中最大的社会风险和不和谐因素，也是当下全部社会矛盾的最深刻根源。资本与权力相互渗透的后果之一便是公权力的私化，公器私用不仅可以堂而皇之，招摇过市，而且大多还高举着公共利益的大旗。在现实社会中，机关幼儿园年年享受着高额公共财政拨款与破难不堪的农民工子弟学校形成了鲜明的对比；老百姓在住房问题上怨声载道，而一些机关仍继续享受着价钱便宜得让人不敢相信的高档福利分房。权力与资本的结合在事实上已反映在土地二元结构转换、劳

资关系、政府公共产品供给、国有企业改革、人口管理制度、重要经济社会资源安排等一系列重大问题上的制度安排和政策设计上的偏颇，甚至在立法中也出现了"部门利益"主导和特殊利益集团利益主导的情况，相关部门的代言人有时甚至成为了利益集团发出和输送特殊诉求的合法通道。在这种制度和政策格局下，草根阶层和弱势群体在与资本、权力等强势力量的利益博弈中，已经处于绝对劣势地位，孤立无援的人们开始被迫寻求体制外的抗争，这恰恰是现今群体性事件频频爆发的深层次根源。

公权入侵私域是市民社会的大忌。有的部门和个人打着"人民利益"、"国家利益"、"公共利益"的旗号，将公权力无所顾忌地渗透到市民生活的各个领域，哪怕是最私密的家庭卧室也难以幸免。公权入侵私域导致个人私产得不到有效保护，湖南省郴州市纪委某领导甚至曾宣布对私营企业主实行双规并没收财产；个人隐私得不到有效保护，曝光和示众时有发生。这些行为都是公权入侵私域的具体体现。

（作者系广东省社会工作学会秘书长、广东省社会科学院社会学与人口学研究所所长助理、研究员；本文提交 2011 年 1 月 23 日由广东省社会工作学会主办的"建设'幸福广东'学术研讨会"）

# 优化人口流动 促进社会变迁

## ——以广东省为例

邵 筠

《社会变迁视域内的中国人口流动：60 年回顾与思考》[1] 一文提到："反思 60 年来人口流动的变更历程，社会学研究学者发现人口流动与社会变迁的相关性是人口流动的根本原因，同时人口流动与社会变迁的良性互动是实现社会发展不可抗拒的历史规律。"同时文章就如何使人口流动促进社会良性变迁，对中国的人口流动制度和机制提出了建议。那么，2010 和 2011 年这两年的时间中，上文所提出的那些建议和政策是否实现？实现过程中遇到哪些问题和困难？这些建议和政策是否使得人口流动促进社会良性变迁呢？本文将顺延该文的思路，结合两年来关于人口流动与社会变迁互动过程中出现的各种情况，对优化人口流动促进社会变迁的关系进行分析。

## 一、人口流动和社会变迁的关系

在中国知网中国学术期刊网络出版总库中，以"社会变迁"为主题词的文献资料共有 9656 条（搜索截止时间为 2012 年 1 月 15 日）；以"人口流动"为主题词的文献资料共有 4501 条（同上），可见"社会变迁"和"人口流动"都已成为社会学者热衷研究的对象。流动人口的定义有狭义和广义之分。广义的"流动

---

[1] 刘小敏、蔡婷玉. 社会变迁视域内的中国人口流动:60 年回顾与思考 [J]. 江海学刊，2009(5).

人口"是指凡是超过了一定距离之内（不包括出入厅堂、上街买菜之类的超短距离）的空间位移改变的人口都可称为流动人口；狭义的"流动人口"是指在不改变常住地（相对户籍制度改革正在进行当中的中国而言则是"不改变户籍"）情况下，带着某种目的离开常住地，跨越一定的行政辖区范围，在某一地区暂住、滞留、活动，并在一定时间内返回常住地的人口。在刘小敏等编著的《流动人口学》一书中，在不同章节中分别论述了流动人口对中国社会的重大贡献。社会变迁是指一切社会现象发生变化的动态过程及其结果。在社会学中，社会变迁这一概念比社会发展、社会进化具有更广泛的含义，包括一切方面和各种意义上的变化。社会学在研究整个人类社会变迁的同时，着重于某一特定社会整体结构的变化、特定社会结构要素或社会局部变化的研究。社会变迁是社会的发展、进步、停滞、倒退等一切现象和过程的总和。社会变迁既包含社会的进步和退步，又包括社会的整合和解体。

新中国成立 62 年来，发生了从农业社会走向工业社会、从传统社会走向现代社会、从封闭社会走向开放社会等重大社会变迁。在这几个重大的变迁过程中，都伴随着人口流动的变更过程。具体描述见下表。从表中可以得出这样的结论：每个阶段所发生的人口流动形式是不同的；不同形式的人口流动是发生在不同的历史阶段的。这两句话并不是简单地重复，原因在于：在每个历史阶段中都会存在经济、政治、文化等多方面的内在或外在动因，正是这些方面的原因促使了人口流动的发生。此外，人口流动促进社会变迁。例如，1966 至 1976 年这 10 年间，响应政府号召的知识青年上山下乡运动开展导致全国近 10 万人的人口流动。正是有了这些人"上山下乡"的行为，政府在 1977 至 1978 年，又让知识青年及大批插队干部返回城镇安置就业，"上山下乡"和"回城安置就业"呈现出因果关系。

表 1 新中国成立 62 年来不同阶段的人口流动形式[1]

| 时间段 | 以何种人口流动为主 |
|---|---|
| 1949 至 1953 年 | 战后返回城市或经济恢复引起的人口流动 |
| 1954 至 1958 年 | 支援东北、西北新工业基地建设和缘边垦荒的人口流动 |
| 1959 至 1961 年 | 农村人口进城办工业、炼钢铁和政府组织城市人口下乡支援农业 |
| 1962 至 1963 年 | 国家精简压缩城镇人口、进城农村人口返乡 |
| 1964 至 1965 年 | 国家组织力量支援铁路建设的人口流动 |
| 1966 至 1976 年 | 响应政府号召的知识青年上山下乡运动 |
| 1977 至 1978 年 | 知识青年及大批插队干部返回城镇安置就业 |
| 1979 年至 20 世纪 90 年代初 | 国家采取"离土不离乡,进厂不进城"的人口流动政策(从乡村向当地城镇作短线流动的乡村富余劳动力) |
| 20 世纪 90 年代初期至今 | 人口流动迅速从短线流动转变为以中长线流动为主,从短期滞留转变为较长期居留,流动方式变成"离土又离乡" |

## 二、优化人口流动促进社会变迁的实施现况

在《社会变迁视域内的中国人口流动:60 年回顾与思考》一文的第三部分,作者从促进社会良性变迁的角度,根据历史发展的规律性启示,对中国人口流动制度和机制的创新提出相应的对策建议。本文将结合现行政策从户籍、就业、社保和教育制度这四个角度分析这些建议的实施现况。

---

[1] 部分资料来源:刘小敏等.流动人口学[M].广州:中国出版集团世界图书出版公司,2008:178-179.

### （一）户籍制度

户籍制度是城乡二元社会结构的制度保证，是产生人口流动问题最根本的制度性因素。中国现行的户籍制度是 1958 年颁布的《中华人民共和国户籍登记条例》。随着社会经济的迅速发展，其阻碍作用愈发明显。而且随着城市化进程不断加快，现行户籍制度对人口迁移流动的负面影响也逐渐凸显。《社会变迁视域内的中国人口流动：60 年回顾与思考》一文提出，户籍制度应该建立在长、中、近期三个创新目标，其中将近期目标定位于"考量经济状况、政治表现、文化程度、技术水平、局留时间等指标，按照权利和义务对等的原则逐步降低流动人口在城镇定居的准入门槛，引导流动人口合理有序地流动。"事实上，这个近期目标已经在开始逐步实现。广东省中山市在全国率先推行流动人口积分制管理，通过积分构建一套新的量化标准作为流动人口享受城市基本公共服务和入户的依据，为打破户籍坚冰提供了一种全新的、务实的路径选择。[1]积分制管理没有任何"一票否决"的前置条件，全国各地的各种学历、身份、职业的外来人口，只要按照指标进行积分，达到一定标准就可以申请入户。正是在这个意义上，它具有自由流动和户籍改革的普遍意义。

### （二）就业制度

在人力资源对于社会的贡献过程中，流动人口所起到的作用越来越重要。因此一方面，需要建立健全统一规范的人力资源市场。在整条供需链的首个环节，做好流动人口的就业工作。另一方面，流动人口的就业环境也需要一个健全的制度去维护。《社会变迁视域内的中国人口流动：60 年回顾与思考》一文提到要在"建立健全统一规范的人力资源市场"和"形成城乡劳动者平等就业的制度"这两个方面上努力，可使流动人口的人力资源得到有效合理的配置。2011 年 2 月"南粤春暖"系列活动在广东省正式启动，活动主办方省人力资源社会保障厅、广州市农民工工作领导小组，联

---

[1] 郑梓桢、宋健.中山市流动人口积分制管理存在的问题及对策分析[J]. 南方人口,2011(4).

合 200 多家企业，设置 5000 多个就业岗位，将工作岗位给进城务工人员送到家门口。[1] 设置"就业服务月"，开展劳动力与企业用工对接的活动，为进城务工人员提供职业指导、职业介绍、劳动保障政策咨询、岗前综合教育培训等一系列就业服务，促进进城务工人员快速稳定就业。这种系列活动的开展有助于消除外来务工人员就业时的自卑感和盲目感，减少就业信息不对称的现象，同时也防止外来务工人员群体在刚进入城市社会时就被"边缘化"。

### （三）社保制度

社会保障是公民享有的基本权利。之前，中国的社会保障制度几乎只考虑到城镇户籍人口，他们可以享受国家的社会保险政策。而以进城务工人员为主的流动人口，因为没有城镇户口，被排除在社会保障体系之外。随着中国工业化和城市化进程的不断加快，从土地上转移出来的越来越多，成为城市居民和农村居民以外的第三类人群。他们的就业、生存环境和生活保障等诸多方面的问题越来越引起人们的关注。四川成都市颁布《成都市非城市户籍从业人员综合社会保险暂行办法》，规定用工单位和个人一起根据工资水平交纳社会保险金，内容涉及工伤或意外伤害补偿、住院医疗费报销和老年补贴等三项待遇；上海等城市正在考虑如何用农村集体土地出让的费用来建立郊区农民的社会保障基金；《中华人民共和国社会保险法》已于 2011 年 7 月 1 日正式施行等等。这些足以说明农民尤其是数量越来越大的流动人口的社会保障体系建设和社会救助问题已经引起广泛的关注和讨论，有些已经进入实质性的实践阶段。广东作为全国流动人口最多的省份，为解决流动人口迅速增多带来的治安管理和公共服务难题，近年来加大社会管理创新力度，推行了以居住证为核心的"一证通"制度，逐步将流动人口居住管理、公共服务和社会保障纳入其中，实现了对流动人口信息的动态掌控，在一定程度上解决了流动人口最关心的公共服务和社会保障

---

[1] 廖宴思、符信、粤仁宣. 广州将举行百场招聘会,南粤春暖就业服务月启动[Z]. 中国新闻网, 2011-2-12.

问题，逐步推动了流动人口融入城市。当制度为行动保驾护航时，相信还会有很多新的社会问题趋于缓和。广东省广州市番禺区流动人员和出租屋管理办公室提供给《广州日报》的关于 2012 年春节流动人员返乡、回流及留番禺过春节最新调查数据显示，番禺区登记在册流动人员 129.3 万人，截至 2012 年 1 月 3 日，计划返乡流动人员占总人数 56%，约 4 成流动人员准备留在广州过年。有 40% 的流动人员选择留番禺过春节，服务管理部门认为，主要原因是流动人员留番禺过春节的各项保障工作更加丰富和安稳。

**（四）教育制度**

以人为本，最重要的"本"在于赋予人品格、知识、理想。城乡二元社会结构所造成的严重分化，不仅包括经济、制度方面的分化，而且还包括城乡居民教育的分化。更值得关注的还是"流动儿童"的教育问题。"要想解决流动儿童入学难的问题，就要消除户籍障碍，同时要加大财政转移支付的力度。"在解决与入学相关的户籍这个问题上，广东省中山市的"积分制"又是一剂良药。中山是全国第一个推行流动人口积分入户的城市。"积分制"明确指出，鼓励义务教育阶段公办学校通过挖潜、扩容等办法，扩大招收符合条件的进城务工人员随迁子女接受义务教育。自 2007 年 10 个镇区先期试点积分制以来，全市共有 6.6 万流动儿童入读公办学校，占流动儿童总数的 40%。[1] "流动儿童"的教育问题得到较好的解决，进城务工人员才能更好地服务于社会。同时，应该重视流动人口本身的教育。培育适应流动人口的新型文化形态也是当前最为紧迫的工作。

## 三、优化人口流动促进社会变迁的对策建议

正如在《社会变迁视域内的中国人口流动：60 年回顾与思考》一文的表述那样：流动人口是社会变迁中的一个现实载体和鲜活样本。而人口流动是社会变迁中必然要发生的人口活动，是正在变迁

---

[1] 柯进.广东省中山市推行流动儿童入读公办学校积分制[N].中国教育报，2010-10-25(1).

着的一个片段。3 年过去了，政府各职能部门结合现实情况，不断创新人口流动制度和机制，有效促进了中国社会变迁的良性发展，但仍然有很大的完善空间。

第一，尽管当前在户籍制度方面的近期创新目标已逐渐实现，但是长中期目标仍是需要各行政职能部门和科研机构共同努力。对于"彻底废止承载城乡分割功能的户籍制度，建立城乡一体的人口登记制度，在宪法中恢复公民的迁徙自由权"这一长期目标，将还需要更长的时间去实现。

第二，努力改善农民进城的就业环境，鼓励外来务工人员融入城市生活的方方面面，一方面要依靠城镇劳动部门，另一方面要依靠全社会的力量，尤其是在城市居民的观念方面。后者也不是在短时间内就能改善的。

第三，各项社会保障政策要紧密贴合流动人口的流动特性，更加富有灵活性和可行性。流动人口参保的形式也要与城镇居民有所不同。

第四，在关注流动儿童教育的同时，也要适当关注流动人口"二次教育"[1]和职业技术教育等问题。政府劳动部门、企事业用工单位和社会中介组织应该积极配合、三方合作，为流动人口提供合适的培训、学习机会。不仅要提供劳动技能培训，还要提供法制和道德方面的教育。

（作者系广东省社会工作学会理事、广东省社会科学院 2010 级硕士研究生；本文提交 2012 年 3 月 16 日广东省社会工作学会和中山大学社会学与社会工作系联合主办的"广东社会工作发展现状与挑战"主题研讨会）

---

[1]　二次教育：相对于外来务工人员在来源地已接受的首次教育。

# 社会变迁视角下的人口流动

王荣欣

人口因素是影响社会变迁的重要变量，人口总量、素质、地区分布和构成（性别构成、年龄构成、民族构成和城乡构成）都会促进或阻碍社会变迁。本文主要探讨人口流动给社会变迁带来的影响，而人口流动千头万绪，学术界已有众多论述。本文试从社会变迁的视角来考查。

社会变迁是指社会结构发生变化的动态过程及其结果。[1] 从社会变迁的方式来看，社会变迁可以分成两种：一种是渐进、平稳的变化和发展，另一种则是激烈的社会冲突。在中国的现实国情下，应当推进平稳的社会变迁。人口流动和社会变迁之间存在错综复杂的互动关系。不论是中国历史上多次发生大规模的北民南迁，还是小规模的人口迁居，都是社会变迁的产物，也都深深影响着社会变迁。在人类的文明长河中，甚至自人类诞生以来，人口一直都是流动不居的。不管是原始直立人的"走出非洲"，迁移欧亚大陆，还是"人猿相揖别"以后，人类所历经的历次沧桑巨变，都离不开人口的流动和迁移。尽管从规模和方式而言，农业社会和工业社会的人口流动不可同日而语，"如果从整个人类历史长河来审视人类发展的历史，那么人类发展的历史便是一部人类流动的历史"。[2] 人口流动对社会变迁产生了巨大的影响。

[1] 郑杭生.社会学概论新修[M].北京：中国人民大学出版社，2002：321.

[2] 刘小敏等.流动人口学[M].广州：中国出版集团世界图书出版公司，2008：2.

## 一、人口流动是生产方式和社会结构发生变化的结果

### (一)人口流动的历史回顾

生产方式和社会结构的变化引发人口流动,古今中外的历史都可以验证这一点。中国历史上出现的多次重大人口流动,固然有政治权力干预的因素,但更多是经济发展的客观结果。明代明太祖时期,15万无地佃农从苏西、浙西迁往皖北凤阳地区。明成祖迁都北京以后,将大量山西农民迁入京畿地区。再加上军事屯垦,这些强制移民直接影响了农业发展。此外,明代大量江西人口迁入湖南,湖北人口迁入四川。汉人对西南的移民和开垦,积极地推动了西南地区的开发。

清代跨省际人口流动的规模则更加宏大。清代移民四川的运动持续了200余年。移民促进了长江流域丘陵地带和汉水流域的开发。太平天国运动结束以后,苏北农民过多迁入苏南,以致苏北大片土地抛荒。河南移民大量涌入江苏西南地区。除了东北的垦殖以外,尚有闽粤居民向台湾的移民,以及客家人雍正初年开始的向广东的移居。但由于随后与广东本地人发生冲突,客家人遂移往广东西部和海南岛。[1]

在当代中国,人口流动更是举世瞩目。但是第六次全国人口普查数据体现出的人口流动形势并非中国所特有。2010年第六次全国人口普查的数据显示,居住地与户口登记地所在的乡镇街道不一致、且离开户口登记地半年以上的人口已达2.61亿。2000年第五次全国人口普查,这一数字仅为1.44亿,短短10年就增长了81.03%。如此大规模的人口流动,举世罕见。

一个世纪以前的俄国就曾发生过同样的人口流动,尽管规模远不如现在的中国。早在19世纪末,革命家、思想家列宁(Vladimir Lenin,1870—1924)就敏锐地发现,农民由于生产条件本身的原因"被固定在他们所居住的地方,但商业性农业和资本主义农业的

---

[1] [美]何炳棣.1368-1953年中国人口研究[M].葛剑雄译.上海:上海古籍出版社,1989:137-168.

不同形式和不同地区的形成，就不能不造成大量居民在全国各地的迁移"。[1] 外出做非农业零工不仅提高了外出雇佣工人的工资，而且也提高了留在当地的工人的工资。把居民从偏僻的、落后的、被历史遗忘的穷乡僻壤拉出来，卷入现代生活的漩涡。商业性农业摆脱了自给自足的传统生产，转向从事以商业交换为目的的现代生产。当时俄国资本主义关系最发达的农业资本主义区域（南部和东部边疆地区）和工业资本主义区域（首都省和工业省）都吸引了大量工人。[2] 正如 19 世纪 40 年代马克思和恩格斯在《共产党宣言》中所说的那样，"资产阶级使农村屈服于城市的统治。它创立了巨大的城市，使城市人口比农村人口大大增加起来，因而使很大一部分居民脱离了农村生活和愚昧状态"。[3]

**（二）人口流动愈演愈烈的当代国情**

1958 年的《户口登记条例》限制了人口的流动。20 世纪 70 年代后期，中国出现大规模的人口流动。这出于两方面的原因。第一，由于家庭联产承包制的实行，大量农村劳动力从以往的工分制中解放出来，有一部分转向了非农产业。第二，1984 年《国务院关于农民进入集镇落户问题的通知》的推出，放松了对人口流动的限制。1984 年户口登记制度发生了第一次"重大改革"——身份证政策，这简化了人口流动的登记手续。这两方面的原因都是政府所催生出来、社会变迁所促成的。

## 二、人口流动对社会变迁的影响

人口流动对流出地和流入地的社会变迁来说，既有积极的影响，也有消极的影响。

---

[1]　[俄]列宁.俄国资本主义的发展[A].列宁全集(第3卷)[C].中共中央编译局编译.北京：人民出版社，1984：282.

[2]　[俄]列宁.俄国资本主义的发展[A].列宁全集(第3卷)[C].中共中央编译局编译.北京：人民出版社，1984：530-545.

[3]　[德]马克思、恩格斯.共产党宣言[A].马克思恩格斯全集(第4卷)[C].中共中央编译局编译.北京：人民出版社，1958：470.

### （一）人口流动影响流出地的社会变迁

从积极的角度看。列宁认为 19 世纪末，俄国农民在全国的流动，削弱了旧家庭的父权地位；妇女参加劳动，使妇女处于比较独立、与男子平等的地位。[1] 这也是社会变迁的一种形式。周大鸣教授认为，中国的外出务工对流出地现有政治结构的影响分为两种：一种是直接影响，回乡创业的外出务工者成为乡村的精英，直接参与到乡村领袖的竞选中去，冲击原有的精英体系；一种是间接影响，大量的外出务工者通过不断地带来新的观念、新的思维方式，对输出地的政治结构产生影响。20 世纪 80 年代初，江西省的宗族组织曾经一度复兴。但是由于外出务工人数的增多，宗族组织得不到广泛的年轻人参与。正式组织力量在村政治生活中占主导地位，宗族中的族老一般不能干预到村务。同时，乡村的人际关系不断由血缘向业缘变迁，在外出务工多的农村，被宗族势力操纵的选举很少见。[2]

再从消极的角度看。安徽作家苗秀侠在报告文学《迷惘的庄稼》中，以生动的笔触描写了农民工外出务工后，其子女在流出地的学习和生活情况。由于常年见不到父母，子女多与祖父母一辈一同生活。纵使常言道"逆境出人才"，但老一辈大多疏于管教，对留守子女的成长极为不利。[3]

### （二）人口流动影响流入地的社会变迁

#### 1. 古往今来的人口流入现象

流动人口大量流入以后，会影响流入地的社会生态。以清代台湾为例。台湾自清代中后期以来，随着大量闽粤移民的涌入，移民之间频繁发生械斗，影响了台湾的社会变迁。正如《韩非子·五蠹》

---

[1]　[俄]列宁.俄国资本主义的发展[A].列宁全集(第3卷)[C]. 中共中央编译局编译.北京：人民出版社，1984：531.

[2]　周大鸣.外出务工与输出地政治结构的变迁[A].白南生、宋洪远等.回乡，还是进城？——中国农村外出劳动力回流研究[C].北京：中国财政经济出版社，2002：185-195.

[3]　苗秀侠.迷惘的庄稼[J].北京文学，2011(10).

中所言："人民众而货财寡，事力劳而供养薄，故民争"。这些械斗先是地域之间的闽、粤械斗，进而有漳州、泉州异府的械斗，其后一府之中又有不同县籍之间的械斗。而台湾逐步开发、形成强宗大族以后，又有异姓之间的械斗。械斗的出现有政治、经济和社会三方面的原因。政治原因是清代台湾吏治未上轨道，政府疏于指导；经济原因是移民争夺垦地和水利；社会原因是清代台湾民情的好斗乐讼。[1] 另一方面，这些移民极大地促进了台湾地区的开发。

19 世纪，迁移至马来西亚的华人来自于不同的地域，逐渐形成不同的地缘认同，最终导致福建人和广府人之间发生大规模的社会冲突。[2] 这种冲突不仅发生在农业社会，在工业社会也是如此。2011 年相继发生的广东增城新塘和浙江织里的事件，都是本地人和外来人发生的冲突。

当然也有可能出现人口的反向流动即回流问题。由于受到欧债危机的打击以及城市过大的生活压力，西班牙出现了人口回流乡村的趋势，可称为反城市化或逆城市化。如果将来中国经济出现不景气的情况，也可能会出现类似的情形。现在保持的农村土地集体所有制足以维持回流农民工的生计。事实上，土地是农民最靠得住的社会保障。

## 三、人口流动导致流入地冲突频发的原因

为什么本地人和外来人在平时向来相安无事，而一到危机时刻就会发生冲突呢？主要原因有以下方面：

### （一）文化差异的客观存在

在当今多元的世界，文化的交流与融合愈来愈频繁。不同文化之间的碰撞是客观存在的，文化交流呈现出融合与包容的趋势，但文化差异并没有消除。全球化并没有让本地文化完全消失。英国政

---

[1]　黄秀政.台湾史研究[M].台北：台湾学生书局，1992：30-37.

[2]　颜清湟.新马华人社会史[M].粟明鲜等译.北京：中国华侨出版公司，1991：187.

治学学者戴维•米勒（David Miller）的观点是正确的。他认为，要人们明确说出他们的民族特征，人们可能会觉得窘迫不堪，但是与外来者相遇时，他们对差异在何处却有一种直觉式的理解。戴维•米勒还引用了英国作家乔治•奥威尔（George Orwell，1903-1950）的话，"只有当你与不同文化的人相遇时，你才开始意识到你自己的信仰真正是什么"。[1] 不同民族之间是如此，同一个国家的不同地域之间也同样如此。

**（二）农民工被歧视的命运难以改变**

在中国，按照与时俱进的新称谓，农民工可改称为异地务工人员，但这并不意味农民工的实质改变。身居发达地区的本地人一直存在对来自欠发达地区的外地人的歧视，尤其是对农民工的歧视。近年来，当然改善了很多，甚至给农民工提供了医疗保险。但这些"安抚"措施依然难以彻底改变农民工被歧视的命运。

**（三）政府管理缺位**

在一些发达地区，有些村庄没有纳入城市的社区体系，但由于外来人口众多，村庄已过度膨胀。村庄是自治区域，乡镇政府管理地域较广，难免存在政府力所不及的地方。于是"掠夺型的保安队"就应运而生，导致本地人与外地人的矛盾激化。这里存在权力的两难困境。如果政府权力扩张，会压缩村民自治的空间；但如果政府权力不扩张，社会又难以实现有序治理，则社会冲突在所难免。

## 四、增强外来人口归属感，促进平稳社会变迁

美国社会学家查尔斯蒂利（Charles Tilly，1929-2008）在对社会运动的研究中，通过对罢工、示威等社会事件的考察，分析了近代欧洲的结构变迁，如工人通过争取政治权利来回应社会变迁。中国也遇到了类似的问题。中国正面临着双重转型，即从农业社会到工业社会的转型，从计划经济到市场经济的转型。1992年以后，

[1] [英]戴维•米勒.论民族性[M].刘曙辉译.南京：译林出版社，2010：27.

中国市场化改革进程加快，城市化加速。私营部门高速发展，私营部门的劳动力完全商品化，福利基本为零（近几年稍好）。此后，必然面临社会的反向运动，所以进入 21 世纪以后，社会矛盾凸显。"新生代农民工"在城里留不下来，又不愿意离开的尴尬情况也开始出现。

在社会转型和经济转轨交织进行的大背景下，在中国把社会建设提到更加突出的地位的新形势下，政府应当采取措施，消除对流动人口的歧视，增强外来人员归属感，促进平稳的社会变迁。

（作者系广东省社会工作学会理事、广东省社会科学院 2011 级硕士研究生；本文提交 2012 年 3 月 16 日广东省社会工作学会和中山大学社会学与社会工作系联合主办的"广东社会工作发展现状与挑战"主题研讨会）

# 浅析当代中国人口流动与社会变迁的关系

雷宸亚

自改革开放以来，社会发展的速度逐年加快，人口流动的规模随之扩大，流动频率随之增强。社会变迁是促使人口流动的重要驱动力，而人口的不断流动反过来也推动着社会变迁的进程。本文在介绍当代中国人口流动和社会变迁的基础上，结合现状浅析二者之间的密切联系。

## 一、社会变迁下的人口流动

### （一）中国人口流动的现状

新中国成立以来，中国的人口流动在社会变迁的过程中呈现出明显的阶段性特征。20 世纪 80 年代中期以前（1949-1984 年），中国在计划经济体制的作用下，人口流动基本上是在政府主导下进行的，流动人口主要流向工业城市，典型的是东北老工业基地；20 世纪 80 年代以后，随着社会主义市场经济体制的确立，中国经济的突飞猛进以及国民收入的显著提高，中国的人口流动逐渐呈现出以收入和发展为导向；20 世纪 90 年代，长江三角洲和珠江三角洲由于经济的迅速发展，对不同层次人才和劳动力的需求旺盛，吸引了大量流动人口。据 1995 年 1% 人口抽样调查资料，在 1990—1995 年期间东部地区吸收了全部流动人口的 56.86%[1]。

从下表可以看出，2005 年流动人口在八大综合经济区中占比较高的是东部沿海地区和南部沿海地区，分别是 20.58% 和 28.71%。这充分说明了经济发达的沿海地区吸引着大量的人口流入。有学者

---

[1] 全国人口抽样调查办公室.1995年全国1%人口抽样调查资料[M].北京：中国统计出版社，1997：45.

认为："由于无法在自己的家乡实现自己的发展权，今后中国中部内陆地区的农村剩余劳动力，还将大量流入东部沿海地区的城市……而且，到农村劳动力流动进入到第二代人的时候，作为一代有知识、有经验的劳动力，他们的工作条件和待遇将会有较大的改善。有关的地方政府，也将会给他们的定居提供更多的机会。所以，在可以预见的未来，人口的流动将逐渐转变为居民的迁移。[1]

然而，近年来由于中国政府制定了"西部大开发"和"中部崛起"的宏观发展战略，并实行推动西北和中部地区加速发展的各项优惠政策，再加上不同来源的投资和建设项目开始进入西北和中部各省区，流向西北和中部地区的流动人口日趋增多。对此，有学者认为："西部大开发重点是基础设施建设和生态环境建设，这两项建设将给农村剩余劳动力创造更多的就业机会，国家各部委投入大量的资金和将要支持的建设项目，加上在国家金融信贷、税收政策支持下，由市场配置资源的机制牵动和吸引许多国内外企业家到西部去投资开发的项目，西部 10 省区市自身的建设投入，将会给农村剩余劳动力开辟广阔的就业门路，开启新的生存发展空间。"[2]

### 流动人口在八大综合经济区的分布表（%）[3]

| 地区 | 1982 年 | 1987 年 | 1990 年 | 2000 年 | 2005 年 |
|---|---|---|---|---|---|
| 东北地区 | 16.8 | 13.02 | 11.79 | 7.55 | 6.95 |
| 北部沿海地区 | 13.82 | 13.04 | 11.76 | 11.53 | 11.97 |
| 大西北地区 | 7.43 | 10.59 | 5.19 | 5.24 | 3.14 |
| 黄河中游地区 | 17.43 | 14.74 | 13.03 | 10.1 | 7.98 |
| 大西南地区 | 9.31 | 10.5 | 10.43 | 12.83 | 10.98 |
| 长江中游地区 | 15.02 | 11.77 | 14.14 | 10.4 | 9.71 |
| 东部沿海地区 | 11.27 | 12.98 | 14.04 | 16.87 | 20.58 |
| 南部沿海地区 | 8.96 | 13.35 | 19.6 | 25.5 | 28.71 |
| 总计 | 100.00 | 100.00 | 100.00 | 100.00 | 100.00 |

[1]　周毅.中国人口流动的现状和对策[J].社会学研究,1998(3).

[2]　罗玉达.中国农村人口流动的走向及其对社会发展的影响——兼论西部大开发对人口合理流动导向的社会意义[J].贵州大学学报(社会科学版),2000(5):43-47.

[3]　资料来源：国家人口和计划生育委员会流动人口服务管理司.中国流动人口发展报告2010[M].北京：中国人口出版社，2010：55.

### （二）人口流动的影响

人口流动的影响，包括积极和消极两方面。

从积极方面看，人口按市场需求进行的有序流动有利于劳动力资源的优化配置，增加了经济效益，提高了生产率，为中国的经济发展提供了源源不断的动力；其次，人口流动是实现中国人口红利的重要渠道，能够促进产业、人口的双向良性发展，是中国城镇化进程的一股巨大驱动力；再次，人口流动促进了中国的人口服务管理体制和理念的不断改进，推动了中国公共服务管理事业不断前进，有利于和谐社会的建设。

但盲目无序的人口流动，常常会对迁出地和迁入地产生不利影响。首先，人口大量涌入影响了迁入地的社会稳定，造成迁入地犯罪率升高；其次，大量人口涌入城市给城市带来了资源紧张，如教育、医疗、交通等资源供不应求；最后，人口大量流入大城市给城市带来了"城市病"，具体表现为：居住条件恶化、卫生状况差、环境污染、传染病流行、大量的"贫民窟"和失业流浪者存在等。

## 二、人口流动与社会变迁的互动关系

人口流动与社会变迁呈现一种双向互动的影响，人口流动不仅可以影响迁入地的社会变动，而且对迁出地的社会变迁同样会产生影响；反过来，某地区的社会变迁同样会导致人口的流入或流出。

### （一）人口流动对社会变迁的影响

人口流动会对中国的区域发展产生重大影响，这里分别从对迁入地和迁出地两个方面进行探讨。

首先，人口流动对迁出地发展的影响是双重的。一方面，它密切了迁出地在经济、政治、科技、文化等方面与外界的联系，与外界互通有无，减轻了迁出地的人口压力，缓和了当地的人口与资源、环境之间存在的矛盾。另一方面，人口流动造成了迁出地人才和劳动力大量的流失，迁出地由于缺乏青壮年劳动力而造成劳动力供给不足，从而导致农村大量土地闲置浪费，这些问题都严重影响了当地生产力发展水平和社会经济的发展，从而拉大了区域之间的差距。

其次，人口流动对迁入地也会产生较大的影响。一方面，跨省人口流动逐步改变人力资源的区域分布。人口大量流入既可以为迁入地提供丰富廉价的劳动力，同时更重要的是大批高素质人才的流入，为流入地经济的发展提供了强劲的智力支持。另一方面，大量人口的流入给城市的社会管理带来诸多问题，也加剧了其资源消耗和环境污染。

### （二）社会变迁对人口流动的影响

在市场经济的不断推动下，人口流动发生着巨大的变化，人口空间分布不断嬗变。首先，人口流动机制发生变化，劳动力作为一种生产要素实现了由计划配置到市场配置的转变。改革开放之前，中国的人口流动主要是由政府政策主导，具有强制性和鼓励性，如过去为了保卫国防安全而推行了西部"三线建设"[1]、"重工业发展战略"以及移民开发等人口政策。改革开放后，地区之间、城乡之间经济发展形成差异，因经济"推拉"作用，人口向更经济更加发达，就业机会更加多的地区流动，人口流动中市场发挥了强大地引导和指挥作用。其次，人口流动类型、规模和范围也发生了结构性的变化，与改革前后对比：人口流动由东部流向西部转变为由中西部地区流向东南部沿海发达地区，从城市流向农村（如知识青年上山下乡）转变为由农村流向城市，从经济发达地区流向落后地区转变为从经济落后地区流向经济发达地区；改革开放初期主要以省内

---

[1]　所谓"三线"，一般是指由沿海、边疆地区向内地收缩划分三道线。一线指位于沿海和边疆的前线地区；三线指长城以南，广东韶关以北，甘肃乌鞘岭以东，京广铁路以西的后方地区；二线指介于一、三线之间的中间地带。"三线建设"，指的是自1964年开始，中华人民共和国政府在中国中西部地区的四川（含今重庆）、河北、山西、河南、湖北、湖南、广西、云南、贵州、陕西、青海、甘肃和宁夏13个省及自治区进行的一场以战备为指导思想的大规模国防、科技、工业和交通基本设施建设。

流动为主，90 年代中期以来省际流动加快，尤其 1992 年以来，人口流速快，流动率高，规模大。据 2010 年第六次人口普查数据显示，流动人口达 2.21 亿人。[1]

## 三、总结

人口流动已经成为中国现代化转型期的历史性大潮，处理好人口流动问题对于构建社会主义和谐社会具有极为重要的意义。它推动了中国城市化发展的进程，为中国的"变身"注入了源源不断的活力。同时，人口流动大大推动了社会创新的步伐，改善了创新机制和创新环境。所以，中国的人口流动既要顺应市场化调节，又要政府配以合理的政策调控。改革开放以来，中国社会发生了翻天覆地的变化，一个现代化的中国正在迅速崛起，顺应历史潮流的人口流动能够使得人力资源得到优化配置，为中国的现代化建设和中华民族的伟大复兴提供良好的人力资源保障。

（作者系广东省社会工作学会理事、广东省社会科学院 2011 级硕士研究生；本文提交 2012 年 3 月 16 日广东省社会工作学会和中山大学社会学与社会工作系联合主办的"广东社会工作发展现状与挑战"主题研讨会）

[1] 陆学艺.当代中国社会结构[M].北京：社会科学文献出版社,2010：64-65.

【社会工作范式研究】

# 社会工作组织创新模式构建

罗繁明

构建社会工作组织模式是一个系统工程，关系到社会的稳定和人民生活质量的提高。中国从计划经济向市场经济体制转型后，随着国富民强的不断提升，社会工作成为社区建设不可或缺的载体和实体。沿袭计划经济时期的群众团体组织方式，已经越来越不适应现代社会对社会工作的需求。弄清社会工作组织载体运作模式及服务对象，建立一个在市场经济条件下由社会需求决定服务，政府管理、指导和购买服务，中介组织提供专业化、职业化服务的社会服务体系及机制是中国现阶段需要执政党、政府与社会科学理论工作者和社会工作实践者共同参与解决的一个社会重大课题。

## 一、目前社会工作理论和实践前沿

要建立符合中国国情的社会工作组织模式架构，首先应关注和借鉴国外的先进经验，了解国际社会工作理论研究的前沿。

### （一）社会工作的产生及其内涵

社会工作作为一门学科，最早起源于西方国家，至今已经有100多年的历史，是西方社会工业化、城市化的进程的产物。所谓社会工作从狭义解读，是指利用专门知识帮助弱势群体或需要帮助的人解决困难或问题的职业行为。从广义来说，社会工作是对需要提供帮助的人提供帮助的助人行为或组织性行为。社会工作的价值实现是从利他主义出发，通过助人的价值追求达到利己主义的生存目的。他与慈善事业和义工事业有着本质区别。有的专家提出社会工作目标的三个维度，即社会工作的助人具有实践、专业和制度三个维[1]。其中实践性助人即以社会工作实际的服务和行动，在个人层面或社会层面来解决问题，实现助人；专业性助人意味着用社会工作的知识、价值和技能助人；制度性助人则指用社会行政、政策分析和社会福利等项目来实现助人。这三者的关系是相互联系、相互促进、相互制约，具有三位一体性[2]。

### （二）西方早期的社会工作重要实践

英国伊丽莎白女皇 1601 年颁的法案 "Poor Law"（史称旧济贫法）正式承认政府对济贫负有责任，并建立了初步的救济行政制度与救济工作方法，成为各国现代社会救济事业的开端。而专业社会工作也是在英国萌生的。到 19 世纪中后期，由于工业化的迅速推进，贫民、失业者人数大增，而济贫法实施的效果不尽如人意。在这种情况下，各种具有不同目标的慈善组织纷纷出现，征募捐款，救济贫民。1869 年伦敦成立了第一个"慈善组织会社"，这种 19 世纪中后期起源于英国并活跃于欧美的"慈善组织会社"被视为专业社会工作的萌芽。

### （三）当前国际社会工作理论研究前沿

观察目前国际上的社会工作理论和实践前沿，尤其是观察港澳台地区的相关动态，大致上可以判断到目前社会工作理论研究和实践的若干前沿动态，这些前沿代表的是社会工作发展的趋势，也反映社会工作实践的困惑和问题。一是实践方法的嬗变。随着人们生活质量的提高，个案工作、小组工作、社区工作等较传统的方法不能满足所有需求，临床社会工作、个案管理、家庭服务和政策倡导作为新兴的实践方法正不断扩大影响。二是证据为本的实践的兴起。最佳实践的三

---

[1] 夏学銮.社会工作的三维性质[J]北京大学学报(哲学社会科学版)，2000(1).

[2] 卢进丽、刘丽.社会工作机制系统的结构解读[J]社会工作，2007(6,下).

个原则：实践者要了解如何阐释和运用研究发现；实践者要学会在其职业生涯中以科学研究指导实践；研究发现要以更加有效的方式传递到实践者手中。这三个原则给社会工作实践、研究和教育提出了新的要求。如今，社会工作领域已经掀起一场推行证据为本的实践潮流。三是介入聚焦的转移。优势视角则透过调整介入聚焦而实现对社会工作过程的重构，甚至影响社会工作的课程设置。四是社会工作实践的理论反省研究的重要性日益凸现。中山大学蔡禾教授提出在实践中要对政策进行反省，并上升对理论进行反省的创新思路对重构社会工作理论具有指导意义。五是模式化运营是社会工作组织的新方式。向管理要效益，对顾客意见的强调和决策过程的科学化挑战了社工的权威，但它毕竟提高了效率和效益。

当然，当前国际上社会工作无论是在理论上，还是在实践上，都在不同的层面出现了一些变化趋向。这是可以理解的，因为经济社会的发展变化，肯定会造成社会工作的环境条件发生变化。社会工作的理论和实践层面上的发展变动，就是为了回应不断变化的外部环境要求，也是自身发展的需要。这些趋势对于提升社会工作的社会功能和专业地位是有直接的帮助和促进作用的。作为社会工作的后发展国家，汲取西方经验、瞄准国际前沿是必要的，这有助于在构筑中国的社会工作制度之时具有一定的前瞻性，即在熟知国际前沿的基础上确立遵循国际规范的专业制度。然而，这并不意味着中国的社会工作要紧跟西方亦步亦趋，而是要充分利用"后发优势"、立足本土并凸显自己的特色[1]。

## 二、社会工作组织及其外在形式的界定

### （一）社会工作组织的定义

所谓社会工作组织，是指为社会有需要的人群（尤其是弱势人群）提供专业服务的机构，以帮助人们解决各种问题，提升人们的

---

[1]　何雪松、陈蓓丽.当代西方社会工作的十大发展趋势[J].南京师大学报（社会科学版），2005(6).

生活品质。它作为传递社会福利和社会服务的载体，所开展的各种服务不仅要顺应社会的需求，更重要的是在实施政府的相关社会政策，解决当时所面临的某些突出的社会问题[1]。根据有限的研究界定[2]，本文认为，社会工作组织通常是指由国家、社会团体或个人举办的专业社会工作机构。旨在协助个人、家庭、团体和社区预防或解决社会问题、调整其社会关系、发挥其潜能，从而达到改善人们生活、增进人们福利的作用。社会工作组织的服务对象主要包括儿童、青少年、妇女、老年人、残疾人等一系列社会弱势群体外还应包括因各种原因而使生活或心理陷入困境的人群。社会工作专业机构是传递社会福利和社会服务的重要载体，也是社会工作者重要的工作场所。社会工作组织是专业的助人机构，助人是其服务工作的出发点和最终的归宿。

### （二）社会工作组织的基本特征

具体而言，社会工作组织可以分为四种类型：（1）司法社会工作组织，其主要职能是通过社团的管理、服务功能来实现有效预防违法犯罪的工作目标。（2）由原来的政府管理部门转化而来的社会工作组织。如为街面上的流浪乞讨人员开展救助工作的非营利性民办非企业单位。（3）街道层面建立的社会工作站。如街道社会工作站。（4）民间社会工作组织。这类社会工作组织在业务管理和经费来源上与政府没有直接的关联，其经费自筹。在上述四种社会工作组织中，前三种是在政府的积极推动下成立的，后者是民间自发组建的，但它们都与政府存在着密切的关系——政府购买服务。具体来讲，就是政府通过购买服务的方式为社会

---

[1] 朱眉华.美国社会工作机构的发展经验[J].社会工作上半月(实务)，2007(7)．

[2] 朱眉华对美国社会工作机构的发展经验进行了归结，并提出社会工作机构的一些属性；乔世东在《社会服务机构引入市场营销理念的困境及出路》(《中国青年政治学院学报》2005年第1期)一文中，提出一个"社会服务机构"的概念，并对该概念进行了界定，笔者认为，该界定是比较接近"社会工作组织"的。

工作组织提供经费，而社会工作组织按照政府的要求提供各种服务，接受政府的监督和评估，利用高质量的服务来争取下一年的拨款[1]。

## （三）社会工作组织的几组重要关系

一是与政府的关系。政府与社会工作组织之间的互动关系可以概括为"政府向社会工作组织购买服务"，或者讲，政府与社会工作组织之间是一种交换关系，即政府用资金与社会工作组织交换服务[2]。目前，社会工作组织是由政府出面组建的，其工作的最初动力来源于政府，其工作内容来源于政府，其权威也来源于政府。和一般的非营利组织的相比，社会工作组织和政府的关系更加密切，对政府的依赖性更强。当然，社会工作组织的运作在一定程度上也承担着政府期望的使命，提高了政府治理的能力。二是与社区的关系。社会工作组织是社区服务的提供者，社区居民是社会工作组织的服务对象，同时又是社会工作组织生存的基础。两者也是一种相互依存的关系，社会工作组织要尽量完善服务体系，提高服务质量，以满足社区居民的需求为目的。社区居民也应给予社会工作组织更多的理解和支持，这样才能获得更完善的社区服务。三是与服务对象的关系。社会工作组织和服务对象之间的互动关系，用一句话来概括就是：社会工作组织通过开展具体的服务项目来满足社会成员的需求，是否收费应由政府来规定和评估。对待弱势群体的特定服务应由政府提供资助，社工提供服务。而对一般家庭提供的服务应由市场调节来决定。社工的专业服务与劳务服务虽都有交易，但前者是非营利性组织而后者是以营利为目的的。

---

[1]　李太斌.上海社会工作机构的实践与探索分析[J].中国青年政治学院学报，2006(1).

[2]　李太斌.上海社会工作机构的实践与探索分析[J].中国青年政治学院学报，2006(1).

## 三、新时期中国社会工作组织的模式创新

### （一）社会工作组织的独特功能和作用

一是新形势下发挥执政党与群众的桥梁作用。社会工作组织是新形势下，执政党联系和服务人民群众的重要渠道。《中共中央关于构建社会主义和谐社会若干重大问题的决定》指出，健全社会组织，增强服务社会功能。坚持培育发展和管理监督并重，完善培育扶持和依法管理社会组织的政策，发挥各类社会组织提供服务、反映诉求、规范行为的作用，还明确提出要建设宏大的社会工作人才队伍。长期以来，中国共产党是作为人民利益的当然代表而出现的。市场化改革所引发的某些基本群众生活遭遇困难的现象也使中国共产党思考在新形势下如何代表广大人民群众的根本利益、强化执政基础。近些年来，全面建设小康社会发展目标的提出，"以人为本"理念的倡导，科学发展观的确定，对和谐社会建设的大力推动，都反映了中国共产党的努力。当党政系统不能完全靠自己的力量、用原来的方式来实现上述目标的时候，以服务民众为本、最接近民众并对其给予理解和有效帮助的社会工作被推上前台就是自然的[1]。二是发挥政府与居民的中介服务作用。目前，中国的资源占有和分配格局已经明显呈现为三分天下的格局，即政府、市场和社会。尽管目前政府在资源占有和分配上仍然占据着一定的优势和长处，但是政府在资源占有和分配上的不足也相当明显：政府在进行资源分配时更容易注重社会效益，而无法实现资源的最优化配置。因此，如何充分地利用市场和社会资源来弥补政府资源分配的不足就成为政府需要解决的一个问题。社会工作组织可以帮助政府解决这一问题。政府通过向社会工作组织购买服务的方式来提供公共服务，注重公共服务提供上的成本投入和社会效益的产出，并通过社会工作组织的专业化运作来实现社会效益的最大化。不仅如此，借

---

[1] 王思斌.中国社会工作发展的新取向[J].学习与实践，2007(3).

助于社会工作组织性，政府可以更为充分地动员社会资源来解决社会问题[1]。三是为社会需求与社会进一步分工填补缺位，提高公共服务供给效率。社会工作组织公共服务供给效能来源于其组织本身的独特性。社会工作组织具有非营利性、志愿性、公益性等基本特性，这些组织属性决定社会工作组织在提供公共服务上具有接近群众、成本低、效率高的优势。社会工作组织的志愿性使得它在资源的输入上，除政府的财政支出外，主要依靠志愿者和社会捐赠，比政府和企业更能有效组合运用社会各方面的资源，具有更低的生产成本效应。

此外，社会工作组织还是解决弱势群体面临问题的新方式；政府提升自身治理能力的需要；政府寻求对社会成员进行管理和约束的新方式。社会工作组织在这些方面的独特作用在此不一一展开。

### （二）社会工作组织的发展状况和挑战

近年来，随着计划经济体制向社会主义市场经济体制转型，中国行政管理体制和社会管理体制发生了很大的变化。政府原有的行政管理和社会管理的方式已经不能适应社会主义市场经济体制的要求，也无法有效地解决上述问题，作为政府宏观管理重要补充的非营利组织，包括社会工作组织开始兴起[2]。尤其是在城市，随着改革开放的深入，特别是"政企分开"和市场经济体制的建立，"一大二公"的社会福利模式遇到了前所未有的挑战：政府、企事业单位财政负担越来越重。市场经济调节下的社会福利和社会工作应向"社会福利社会化、社会福利社会办"转型，社会工作组织作为一种重要的非营利组织，已开始通过为居民提供社区服务的方式介入到社会福利体系之中[3]。2006 年 12 月，"全国民政系统社会工作人才队伍建设推进

---

[1]　李太斌.上海社会工作机构的实践与探索分析[J].中国青年政治学院学报，2006(1).

[2]　李太斌.上海社会工作机构的实践与探索分析[J].中国青年政治学院学报，2006(1).

[3]　李太斌.上海社会工作机构的实践与探索分析[J].中国青年政治学院学报，2006(1).

会"在深圳举行。这次会议被认为启动了社工职业化改革的进程。而2007年，深圳鹏星服务社，可以说是行业内崛起的一颗新星，它是深圳首家以"民间运作、政府采购"方式运行的社工组织。近年来，由民办专业社会工作组织建立的专业化、职业化队伍，成为社会服务组织发展的一个大方向[1]。上海、广州、深圳等许多地方已经开始探索发展社会工作，积极试点政府购买服务、以民间组织为主来开展社工服务，这本身都是民间组织通过发展社工事业的同时、有效发展自己的契机和有益探索。有学者总结归纳出几种成功模式，包括广州模式、上海模式、希望学校社工模式和汉旺模式等。上海、深圳等地的思路基本代表了当前中国各地社工组织发展的主流趋向：社工组织以民间化运作，政府通过购买服务的方式扶持社工组织的发展，并且鼓励通过竞争提高社工组织的服务质量。

然而，中国社会工作组织的发展正面临生存的考验。一方面，制度层面上的资助不能得到保障，另一方面机构规模小，组织能力弱，经费吃紧，资源不足。

### （三）社会工作组织的创新模式

一是建立学习型社会工作组织。学习型组织（Learning Organization）是由美国学者彼得·圣吉（Peter M. Senge）在《第五项修炼》（The Fifth Discipline）一书中提出的管理观念。它是一种精于知识的创造、吸收和转化的组织，并具有如下显著特征：组织结构扁平化，组织交流信息化，组织开放化，组织中的员工与管理者关系由从属关系转为伙伴关系，组织能够不断调整内部结构关系。知识型组织由于对知识资源的依赖，必然要将学习型组织的功能作为本组织的造血功能，通过训练、演练、修炼，整体的提升组织文化，以保持在市场竞争中的优势。二是建立知识型社会工作组织。"知识型组织"（Knowledge—based Organization）一词最早由瑞典企业家与财经分析家卡尔-爱瑞克·斯威比（Karl-Erik Sveiby）博士于1986年提出。

---

[1] 陈善哲.鹏星模式：社会工作民间运作的深圳实验[J].中国社会导刊，2007(20).

通过对知识型上市企业的分析，斯威比博士发现"知识型组织"有一个共同特点，即在战略上都涉及到如何在人类所拥有的知识与诀窍的基础上建立持久性组织。专业的社会工作组织在开展服务过程中有一套科学的方法，这些专业方法分别在一定理论体系的指导下形成了一套系统化与规范化的解决问题的模式，社会工作组织所从事的是一项专业技术性很强的工作，它对从业人员有很高的要求。这就要求社会工作组织必须是知识型的组织，要加强机构内员工的培训，提高员工的专业素养、责任心和服务技能。三是建立创新型社会工作组织。社会工作组织具有很大的模糊性、可变性，创新是其发展的动力，甚至是发展的根本。当前，社工组织面临三方面的创新压力：建立合理的现代治理结构、吸收借鉴市场营销的理念和做法和建立与政府直接的真正意义的"伙伴关系"。四是建立服务型社会工作组织。社会工作组织为服务对象所提供的"产品"其生产与消费是一体化的，"产品"生产的过程也是服务对象"消费"的过程。所以为了防止把"不良产品"送到服务对象手中，就必须尽量提高"产品"的合格率。只有提高服务品质，才能创造忠诚的消费者，社会工作组织如果拥有一批"忠城的消费者"，就等于为服务机构作了活广告，可以大大提高服务机构的声誉。因此，社会工作组织要想使自己脱颖而出，就必须真正了解服务对象的困难和需求，为服务对象创造无限可能的高品质服务，并逐步培养一批忠诚的"顾客"。

（作者系广东省社会工作学会常务副会长兼秘书长、广东省社会科学院信息中心主任、研究员；本文提交 2009 年 12 月 17 日中共广东省委宣传部、广东省民政厅、广东省社科联联合主办，广东省社会工作学会等单位承办的"岭南学术论坛第 51 期'社会工作与社区建设'专题研讨会"）

# 社会工作范式创新是社会建设的"急中之重"

## 王永平

2010 年 6 月 20 日，中共广东省委书记汪洋在召开座谈会听取省各民主党派、工商联负责人和无党派人士代表关于制定出台《中共广东省委、省政府关于加强社会建设的决定》的意见建议时提出，加强社会建设是广东的当务之急。换言之，社会建设已经成为当前和未来一段时期广东省委、省政府大力推进的中心工作。而社会工作是社会建设的重要内容。笔者认为，加强社会工作范式创新是社会建设的"急中之重"。

## 一、社会工作范式创新，定位准确价值重大

社会工作范式创新，契合了广东加强社会建设的基本需求，是一个具有重大现实意义的命题。

### （一）社会健康发展的迫切需要

中国正处于转型的关键期，战略机遇期和矛盾凸显期交织重叠。中国在经济保持高速发展的同时，社会领域出现了许多沿用传统方法无法有效解决的问题，如残疾人问题、老年人问题、留守儿童问题、流动人口问题、精神健康问题等。这些问题已经发展到政府管不起、家庭担不起、个体受不起的程度。社会工作运用遵循助人自助的价值观，运用专业的方法为社会困难群体和弱势群体提供服务，是解决这些问题的有效途径。因此，加快社会工作范式创新，引入专业的机制和方法解决复杂的社会问题已刻不容缓。

### （二）国家和谐稳定的内在要求

随着改革开放的不断深入，中国已进入由关注经济发展向关注社会公平转变的阶段。然而长期以来体制机制不完善带来的贪污腐败盛行、贫富差距悬殊、社会分配不公、就业机会不公等社会不公平问题，已经严重影响到国家的和谐稳定。这些社会不公现象，在群众中引起了负面的情绪，甚至积累了一定的怨气。这些负面情绪和怨气发展到一定程度，极易引发大规模群体性事件。社会工作通过为有需求的社会群体提供及时的服务，调动资源协调各种社会关系，解决他们在生活中遇到的问题，发挥"缓冲器"的功能，有助于群众负面情绪排解和怨气宣泄，有助于缓解社会矛盾，进而实现社会和谐稳定。因此，创新社会工作范式，探索排除社会不稳定因素的新方式和新路径，是广东社会工作发展的现实呼唤。

### （三）探索广东特色社会工作模式的必然选择

社会工作是一个舶来品，必须和本土实际相结合才能有效发挥独特功用。虽然专业社会工作引入中国大陆已有 20 余年，但由于社会结构、文化传统等多方面因素影响，社会工作的本土化范式仍在探索之中。国情不同，决定了中国社会工作发展不能照搬国外的模式，而应建立起符合中国实际、具有中国特色的社会工作发展模式。特别是对于广东而言，由于地处改革开放前沿、毗邻港澳，社会结构复杂、外来人口众多，各种文化交汇、群体心理多样，更不能照搬国外或外地的做法。因此，创新社会工作范式，建立广东特色的社会工作发展范式，是广东社会工作发展的必由之路。

## 二、社会工作范式创新，应当走"四创新"之路

加强社会工作范式创新，要在理念思路创新的基础上，重点在体制机制、政策法规和方法手段等方面推进创新探索。

### （一）理念思路创新

胡锦涛总书记 2011 年初在中央党校"省部级主要领导干部社

会管理及其创新专题研讨班"开班式上提出了"加强和创新社会管理"的重大命题。社会工作正是加强和创新社会管理的重要方式和路径。广东创新社会工作范式，要从加强和创新社会管理的高度，推进理念思路创新，将社会工作融于社会管理的全局。既要充分总结和吸收现有国内外社会工作的发展经验，又要突破现有社会工作范式的条框束缚，探索符合广东实际的社会工作范式。

### （二）体制机制创新

在管理体制方面，当前全国上下正在加强和创新社会管理，其中创新管理体制是非常重要的着力点。笔者去年在《广州日报》发表文章提出了"社会化应当成为社会管理体制改革的方向"的观点，认为社会管理体制创新要遵循"四化"的发展思路，即管理主体多元化、服务对象普适化、基本公共服务均等化和参与方式多样化。社会工作的发展和社会管理体制改革紧密相关。而在社会管理体制改革逐步深入和社会工作蓬勃发展的同时，广东社会工作管理体制仍有许多亟待完善的地方。在运行机制方面，主要包括激励机制和约束机制。笔者20多年前就提出了"社会二重机制论"，认为社会机制无非包括两种：激励机制和约束机制。这一观点在今天看来仍不过时，社会工作运行机制的创新，同样需要激励机制和约束机制的建立完善。因此，要根据规范化、专业化、社会化的要求，并突出社会化作为核心方向，加快社会工作体制机制创新，建立广东特色的社会工作范式。

### （三）政策法规创新

近年来中国先后出台了一系列推动社会工作职业化进程的政策规定，如2004年的《国家职业标准——社会工作者（试行）》、2006年的《社会工作者职业水平评价暂行规定》和《助理社会工作师、社会工作师职业水平考试实施办法》等。党的十六届六中全会《中共中央关于构建社会主义和谐社会若干重大问题的决定》更提出了"建设宏大的社会工作人才队伍"的工作目标。如今，中国社会工作走上了职业化道路并得到蓬勃发展。应当根据形势发展的需要，通过调查研究，尽快完善社会工作的相关政策。特别是按照法制化的要求，加强有关社会工作的立法立规工作，为社会工作发展提供良好的法规环境。

### （四）方法手段创新

笔者在 2011 年 6 月 7 日《南方日报》发表的《积极推进社会管理方法创新》一文，提出了"以总结实践经验为基础推进社会管理方法创新"、"以社会化为导向推进社会管理方法创新"、"以加快转变社会管理方式为抓手推进社会管理方法创新"、"以先进科技手段为支撑推进社会管理方法创新"四个观点。这些观点对于探讨社会工作范式创新问题具有一定的借鉴意义。广东社会工作范式的创新，应总结现有的国内外特别是广东近年来社会工作实践的经验，在总结的基础上创新；以社会化为方向谋求创新；以完善社会工作运行模式为抓手推进创新；以先进科技手段为支撑通过丰富服务方式进行创新等等。

## 三、社会工作范式创新，应当走特色化之路

加强社会工作范式创新，要重点加快发展方式转变，从广东的具体实际出发，探索符合广东实际的特色化发展之路。

### （一）坚持有所为有所不为，发挥优长，集中力量，重点突破

社会工作的服务领域非常广，主要包括两方面：一是为困难群众提供社会服务，主要服务对象有儿童、青少年、妇女、老年人、残疾人、贫困者、失业者、吸毒者、流动人口等等；二是在一些特定机构中开展社会服务，主要服务类型有学校社会工作、医疗社会工作、矫正社会工作、家庭社会工作、企业社会工作等等。广东社会工作还处于起步阶段，无论是专业人才的供给还是社会工作督导的配备，无论是社会工作机构的服务能力还是政府购买服务的能力，都仍有很大的提升空间。在这种情况下，广东社会工作应根据社会需求的轻重缓急，从老百姓最关心、最直接、最需要问题入手，发挥广东社会工作教育和实践的优势，有意识地选择若干方面重点突破，形成广东经验，为内地提供借鉴。

**（二）坚持一切从实际出发，立足差异，着眼长远，多元发展**

广东是一个经济社会发展不平衡的省份，总体上表现为珠江三角洲地区较为发达、东西两翼和粤北山区较为落后；城市较为发达、农村较为落后。这些省情决定了广东不可能只存在唯一一种社会工作发展模式。当前珠江三角洲地区部分城市的社会工作机构采取政府购买服务的方式获得政府拨款，并按政府要求提供相应服务，发展势头良好，不失为一种成功探索。但由于区域实际的差异，这一社会工作发展模式未必适用于东西两翼和粤北山区。一方面，珠江三角洲地区个别城市动则百万的项目经费，其他地区或者农村尚无足够的经济能力参照执行；另一方面，东西两翼、粤北山区的社会工作服务需求和珠江三角洲地区也不尽相同。因此，应从广东实际出发，探索符合当地实际的各具特色的社会工作模式。

**（三）提高决策咨询的服务能力，扩大广东社会工作的影响力**

广东社会工作影响力的扩大，需要具备两方面的前提条件：一是社会工作教育和实践蓬勃开展，在社会建设中发挥着重大的作用；二是以广东省社会工作学会为代表的有关组织，承担起相应的责任，牵头研究广东社会工作实践中好的做法和经验。在当前和未来一段时间，加强社会建设将成为广东省委、省政府的重要工作。广东省社会工作学会应当以广东加强社会建设为契机，深入实际，深入调研，深入研究广东社会工作实践中存在的问题，总结和创新广东社会工作实践探索的经验，积极为省委、省政府积极建言献策，提供可行性参考建议，提升学会的知名度和影响力。

（作者系广东省社会工作学会副会长、中共广州市委党校常务副校长、研究员；本文系作者 2011 年 6 月 21 日在广东省社会工作学会主办的"社会工作范式创新研讨会"上的发言）

# 深圳市社会工作的特点及问题

易松国

## 一、深圳社会工作制度及模式

2007 年 10 月 26 日，深圳市政府颁布了社会工作"一加七"配套文件，即一个总文件《关于加强社会工作人才队伍建设推进社会工作发展的意见》（以下简称《意见》）及七个分文件：《深圳市社会工作者职业水平评价实施方案（试行）》、《深圳市社会工作人才教育培训方案（试行）》、《深圳市社会工作专业岗位设置方案（试行）》、《深圳市社会工作人才专业技术职位设置及薪酬待遇方案（试行）》、《深圳市发挥民间组织在社会工作中作用的实施方案（试行）》、《深圳市财政支持社会工作发展的实施方案（试行）》以及《深圳市"社工、义工"联动工作实施方案（试行）》。"一加七"配套文件确立了深圳社工的发展思路，对社工的岗位设置、职业水平评价、教育培训、薪酬待遇、财政支持、社工机构以及社工与义工的关系等方面都进行了明确的规范，是一个比较系统和全面的社工发展制度，也是深圳市社会工作试点的重要制度保障。

深圳市社会工作的发展模式是"党委统一领导、政府主导推动、民间组织运作、公众广泛参与"。其核心是政府购买、民间运作。《意见》规定，要"建立政府向民间组织购买服务制度，通过招标、竞标，由社会工作管理部门授权有关业务主管部门向社会公益性民间组织购买，并以合同方式确定双方的责、权、利关系，促进公益资源的共享及合理分配。"政府购买社工服务的目的，是基于政社分离、政事分离的原则，将政府直接"养机构、养人、办事"转变为向符合条件的社会公益性民间组织购买服务。

## （一）由谁购买

《意见》指出，公共财政是社会工作经费的主要来源。要建立以"政府购买"社会工作服务为主要形式的财政支持机制。明确市、区两级事权，社会工作所需经费由区承担，市级财政根据市、区财力和社会工作的开展情况，通过对区转移方式对开展社会工作的新增经费部分予以专项补助。要将政府购买社会公益性民间组织服务纳入政府购买序列统一管理。

早在 2007 年 5 月，深圳市民政局就率先在市民政系统启动了社会工作试点。市民政局在市民政系统开发出 33 个社工岗位，以每个岗位每年 6 万元的价格购买社工服务。2007 年 10 月，深圳市妇联的"阳光妈妈"项目也开始购买社工服务。这两个系统的社工服务分别由市民政系统的各用人单位（如市福利中心、市慈善会、市救助站等）及市妇联向民间机构进行购买。

2008 年 1 月，深圳市社会工作试点全面启动，全市六个区及光明新区（以下称为"七区"）都开始试点。各区根据需要设施 40 至 50 个社工岗位，各区的区政府为购买主体，自行向社工机构购买社工服务。

紧接着在 2008 年 2 月、2008 年 10 月和 2009 年 5 月，深圳在市、区两级开始全面推动社会工作试点，在民政、司法、教育、卫生等相关部门购买社工服务。

## （二）向谁购买

《意见》规定，政府应以购买服务的方式向民间服务机构购买社工服务。岗位数确定以后，政府将采取一定的方式向社会公益性民间组织购买社工，而不以政府的名义自己招聘社工。这就需要培育出一批符合条件的社会公益性民间组织。为此，政府专门制定了有关文件，大力培育社会公益性民间组织，并提出了具体的办法，如降低门槛以及提供经费和场地支持等。迄今为止，深圳市已经出现了 34 家民间社工机构。

### （三）购买什么

《意见》规定，政府首先按照"科学合理、精简效能、按对象设岗位、以需求定数量"的原则，根据社工岗位设置标准体系，在社区建设、社会福利与救助、青少年教育、医疗卫生、社会矫正、监所管理、禁毒、残障康复、人口计生、外来务工人员服务、婚姻家庭服务等领域推进社会工作，设置社会工作岗位。政府计划2008年先选择教育、司法、民政、残联等领域开展试点，然后在2009年1月开始全市全面推广铺开。

市民政系统首批试点开发出33个社工岗位。2007年10月，深圳市民政局将市妇联的"阳光妈妈"服务项目纳入试点工程，允许市妇联购买10名社工服务。该项目是以单亲特困母亲、下岗失业妇女以及家庭遭遇特殊困难的妇女为对象，通过成立自助互助组织，引入社会工作助人自助的服务理念，以社工引领志愿者的运作模式，举办免费就业培训、设立灵活就业基地、开展心理咨询、家庭教育、素质教育服务等形式，实现帮扶与救助困难女性的服务项目。

2008年初，全市社工试点全面铺开。全市七区按照市里的统一部署，在民政、教育、司法、残联四个领域开展试点。紧接着市一级相关部门也开发了66个社工岗位，开始了社工试点工作。2008年9月底，深圳市民政局、教育局、司法局和卫生局以及市妇联等单位再次设置了65名社工岗位，向民间机构购买专业社工从事老年人服务、青少年服务、禁毒帮教和法律援助服务以及医务及家庭等服务。2009年，深圳市又购买了60多名社工服务。目前，深圳市购买的社工岗位总数为800多个。

2009年11月，深圳市开始了购买社会工作项目服务。通过社工机构的项目申报已经相关专家评委的评审，深圳市民间组织管理局最终确定了9个社会工作服务项目，由深圳市福利彩票公益金对项目服务进行资助。2009年底及2010年初，深圳市还将继续资助一批社会工作项目服务。

### （四）如何购买

《意见》规定，政府购买社工服务应严格实行招、投标制度，保证购买行为的公平、公正、公开。政府在购买服务时特别强调民间化运作。根据市相关领导的解释，民间化运作包括三个含义：一是承载社工的社会公益性民间组织高度民间化，人财物与政府没有关联，以免成为变相的政府机构；二是政府向这些社会公益性民间组织购买社工服务，而不是向社工个人购买，以免成为变相的政府雇员；三是政府要向多家社会公益性民间组织挑选社工服务，以避免垄断性经营。

为了保证政府购买行为的公平、公正和公开，建立规范、可操作性的购买机制，深圳市社会工作领导小组制定了深圳市购买社工服务招投标规则，由市采购中心以招投标的方式进行购买。

### （五）购买费用及支付方式

在"一加七"配套文件出台之前，市民政系统率先进行的社工试点按照每个社工岗位1年6万元的标准购买服务。这6万元包含两部分，一部分是社工的薪酬，一部分是机构的管理费。按照市民政局领导的说法，民政系统先行试点的购买标准不宜定得过高，应给市里留一定的增长空间。

为了保障社会工作者的地位和待遇，《意见》指出，要以体现专业人才价值为导向，建立健全多层次、全方位的社会工作人才薪酬保障机制。在公务员岗位及参照公务员管理的岗位从事社会工作的社会工作人才，获得相应职级的公务员薪酬；社会工作者受聘岗位为事业编制，应执行专业技术人员工资标准；在社会公益性民间组织工作的社会工作者，要采取学历、资历、资格、业绩、岗位等多种指标相结合，按照以岗定薪、以绩定奖、按劳取酬的原则，保证其薪酬不低于同等条件专业技术人员薪酬水平。

《深圳市社会工作人才专业技术职位设置及薪酬待遇方案（试行）》对社工的地位及薪酬标准进行了明确的说明：（一）党政机关、

参照公务员管理的事业单位以及财政核拨事业单位和人民团体在编的社会工作专业人员薪酬按机关事业单位有关工资政策执行。（二）社会公益性民间组织内从事社会工作的专业技术人员薪酬与其他福利待遇由签约机构按拟聘用人员学历、资历、工作任务和工作能力执行岗位薪酬协议合同制。为了保障民间机构社工的薪酬待遇，政府部门制订了"深圳市 2007 年社会工作类专业技术人员薪酬指导价位"（见下表），政府还将根据情况的变化定期公布薪酬指导价。但在社工试点阶段，各区可根据实际情况，在下表的薪酬标准内作上下 10% 的浮动，确定政府购买社工服务的薪酬成本。这也就意味着，民间机构给社工的薪酬亦可根据表 8 的指导标准作上下 10% 的浮动。同时，政府在与社会公益性民间组织购买服务的合约中明确规定用于支付薪酬的资金，不得挪作它用。社会公益性民间组织可根据每位社会工作者的综合表现，在薪酬指导价的一定幅度内对其薪酬进行调整。

**深圳市 2007 年社会工作类专业技术人员薪酬指导价位表（元／月）**

| 专业技术职位名称 | | 平均薪酬数 |
| --- | --- | --- |
| 中级 | 七级社工师 | 5230 |
| | 八级社工师 | 4930 |
| | 九级社工师 | 4510 |
| 助理级 | 十级助理社工师 | 3960 |
| | 十一级助理社工师 | 3720 |
| 士级 | 社工士 | 3330 |
| 见实期 | 专科毕业 | 3190 |
| | 本科毕业 | 3660 |
| | 双学士、研究生班毕业（无硕士学位） | 3890 |
| | 硕士研究生 | 4320 |
| | 博士研究生 | 4920 |

（注：以上薪酬指导价位包含个人缴交的社会保险费用和个人所得税）

从 2009 年开始，深圳市每个社工岗位的购买标准提高到 6600 元，其中的 6000 元用于社工开展服务。

**（六）督导、监管和评估**

1. 督导。深圳市民政局主管领导意识到社工督导的重要性，从一开始就将督导制度纳入到社工试点中。经与中联办和香港相关管理部门及社工服务机构的反复协调，深圳市政府大致按照 1：10（1 个督导 10 个社工）的比例，从香港聘请社工督导。每名督导每月在深圳工作 10 天时间，在深圳的月薪两万元。第一批市民政系统有 33 名社工，市民政局从香港基督教服务处聘请了 4 名督导，分 4 个小组进行督导。2008 年全市社工试点推开以后，深圳市民政局分别向香港基督教服务处以及香港社研中心购买了 30 多名督导服务。基督教服务处负责民政系统的督导工作，而社研中心负责安排其他领域的督导。社工督导的方式分为个别督导和小组督导。个别督导经常需要分别到社工的用人单位去督导。为了提高督导效率，更主要的是为了培养本土社工督导，市民政局按照一定的比例考核选拔了一批督导助理和见习督导，前者为兼职，后者为专职。目前，深圳市有 23 名督导助理和 20 名见习督导。督导助理数量2010 年大幅度增加。

2. 监管。监管涉及两个方面，一是由谁监管，一是监管谁（即监管对象），前者是指监管主体，后者是指监管客体。监管客体包括社工机构及社工。监管主体包括市民政局社工办、市社工协会、区民政局及其他相关的用人单位。社工机构也同时是社工的监管主体。具体来说，对社工的监管主体比较多。首先是社工机构。社工的招聘、培训岗位安排及管理都由社工机构负责。其次是社工协会。社工协会作为社会工作的行业组织，从理论上承担着社工的注册登记和培训监管等职能。但从目前来看，社工协会对社工的监管职能几乎没有发挥，协会在很大程度上是在做民政局社工处交办的工作，不过有所侧重。其次是用人单位。根据社工与用人单位的服务协议，用人单位需要尽量为社工提供办公条件，同时负责对社工进行业务指导和工作监管。

对于社工机构的监管主要由民政局社工处及社工协会进行。但市民政局社工处与市社工协会目前对社工机构的监管工作在职责划分上还不够明确，实际监管还不是非常到位。目前的监管主要是集中在政府购买的程序运作、全市性的社工活动、社工机构的评估等。此外，市民政局邀请审计部门定期对社工机构进行财务审计。

3. 评估。在评估部分，主要从评估主体（即由谁评估）、评估客体（即评估谁）和评估方式（即如何评估）三个问题进行分析。评估主体包括社工机构、用人单位、市民政局社工处及社工协会以及服务对象等。评估客体包括社工及社工机构。目前，市民政局着重于对社工机构进行评估。

## 二、深圳市社会工作的特点

总结起来，深圳市社会工作有以下一些方面的特点：

一是领导高度重视。市委成立以白天副书记为主任，组织部长和主管副市长为副主任的社会工作人才领导办公室，主抓社会工作。

二是制度保障。市政府制订并出台了社会工作"一加七"配套文件，对社会工作岗位设置、职业水平评价、教育培训、薪酬待遇、财政支持、社工机构以及社工与义工的关系等方面都进行了明确的规范，是发展社会工作的重要制度保障。此后，市民政局相关部门又制订了社工机构指引及社工评价标准。

三是组织保障。在市民政局成立了社会工作处，同时发挥市社会工作协会的作用。一些区也纷纷在区民政局下成立或筹建社会工作科，主管社会工作事务。

四是经济保障。《深圳市财政支持社会工作发展的实施方案（试行）》对政府购买社会工作服务的经费来源及标准等进行了明确的的规定。

### 三、深圳市社会工作发展取得的成就

从 2007 年 8 月民政系统率先进行试点至今，深圳市社会工作发展较快，取得了一些成就，包括：

第一，在国内首创了"政府购买，民间化运作"的社会工作发展模式。第二，制订出台了社会工作"一加七"配套文件，对发展社会工作的相关方面进行了系统的制度性规定。"一加七"配套文件是迄今为止国内社会工作方面最全面、最系统的社会工作发展制度。第三，在国内首创了政府向多家民间社工机构购买社工服务的购买机制。第四，在市民政局成立了社会工作处，在区民政局成立了或即将成立社工科，籍以加强对社会工作的行政管理。第五，为了加速培育发展社工机构，相关部门同意区民政局或市社工协会可以作为社工机构的业务主管单位，这就扫除了民间机构注册登记的最大障碍——业务主管单位的问题，使得社工机构的注册登记变得比较容易。这在国内社会组织登记管理方面是一个重大的突破。第六，迄今为止，全市已成立了 34 家社工服务机构，社工服务机构发展速度最快、数量多。第七，在民政、教育、司法、残联和社区工作等领域开发了 800 多个社工岗位，既为不同的人群提供了专业服务，又为国内其他地区发展社会工作提供了借鉴，也为探索本土化社会工作创造了重要平台，同时还为国内社会工作专业毕业生提供了专业对口的就业岗位。第八，创立了全新的督导制度，这种制度既可在较短的时间内培养一批具备较强实务能力的社工人才，又可以为内地其他地区发展社工提供重要借鉴。第九，两年前，深圳绝大部分市民都没有听说过社工，或者把社工等同于义工，不少服务对象甚至排斥社工。但现在通过各种方式的大力宣传以及社工在各个岗位上的辛勤工作，深圳市很多市民都已经认识了社工、认同了社工、接受了社工，很多服务对象甚至已经离不开社工。第十，也是最为重要的一点，深圳的社工试点无论是成功的经验还是失败的教训，都为其他地区开展社会工作服务提供了重要借鉴。

## 四、深圳市社会工作发展中存在的主要问题

深圳市目前的社会工作发展中也面临一些问题。主要的有：

在管理方面，第一，管理组织不够完善。虽然市民政局成立了社工处，但一些区民政局尚未成立社工科，其社工事务主要由社会事务科兼管，人手不够。第二，管理人员不够专业。管理人员大都缺乏社工背景和专业知识，特别是在区、街层面。由于专业限制，社工管理人员在整体规划和管理，特别是在面对一些具体问题时不能做出及时的、合适的处理。第三，管理职责不够明确。市民政局社会工作处与市社工协会在工作职责方面缺乏明确的规定。区民政局与其他购买社工服务的相关政部门，如区残联、区教育等，还需要进一步沟通协调。不同层级的用人单位在监管社工时需要更加明确职责。第四，管理制度不够健全。"一加七"配套文件只是指导性的文件，但在具体的管理主体和监管方式、如何进行招投标、对社工的准入要求、社工的登记注册以及有关评估方式等各个方面，还没有完善的制度性规定。有些时候还是边做边看，随意性较强。

在购买服务方面，第一，以购买岗位服务为主，项目服务刚刚开始。第二，一些岗位的社工部分地承担行政事务性工作。第三，社工的办公场地和活动经费难以解决。第四，购买机制的问题。目前的购买机制还不够健全。第五，购买费用有待提高。随着社会工作者服务时间及水平和职级的提高，社工对薪酬的要求也日益提高。第六，购买费用的支付问题。由于市一级的购买费用尚未纳入财政预算，而主要是公益金购买，常常出现购买费用无法按时支付给社工机构的问题。

在社工机构方面，第一，社工机构整体运作情况参差不齐。第二，一些社工机构的负责人不懂社会工作，也没有聘请懂社工的人来管理机构。机构负责人缺乏专业知识，更主要的是其价值理念

（营利）与社工的价值理念（公益服务）存在冲突。第三，一些机构管理不够规范，而有关部门的监管不够到位。

在用人单位方面，第一，一些用人单位的领导不了解社工是干什么的，社工能做什么，因此，很难配合和支持社工的工作。第二，一些用人单位错误地认为，社工是政府派来帮助他们工作的，甚至错误地将社工看成是他们单位的一个成员。他们习惯于用行政化的方式来管理社工。第三，一些用人单位，特别是社区工作站，无法为社工提供必要的工作环境和办公条件以及活动经费。

（作者系广东省社会工作学会副会长、深圳大学社会学系主任、教授；本文提交 2009 年 12 月 17 日中共广东省委宣传部、广东省民政厅、广东省社科联联合主办，广东省社会工作学会等单位承办的"岭南学术论坛第 51 期'社会工作与社区建设'专题研讨会"）

# 创新社会工作范式亟需端正的几点认识

陈 伟

社会工作范式的创新是一个很有现实感的命题。与一些发达的国家和先行的地区相比，中国社会工作在专业化和社会化方面，有一定的差距。要缩短这种差距并在未来有所超越，亟待实现观念更新与进步，以促进社会工作范式创新。为此，下面选择几个关键性问题略陈管见。

## 一、政府主导与多元主体如何协调

从现实国情看，社会管理和社会工作，目前均处于新旧范式、模式转型当中。有专家学者提出"社会管理社会化"的观点，实质上反映了这个阶段性特点。为什么在社会管理后面要加上"社会化"呢？同理，对社会工作而言是否也需冠以社会化呢？根据本人的理解，强调社会化，也许恰恰说明在社会管理或社会工作领域，社会化的程度还不够。因此十分需要进一步凸显加强和创新。那么从社会工作的角度分析，其"范式"究竟需要何种创新，又怎么创新呢？

笔者以为，首先应把握好对"党委领导、政府负责、社会协同、公众参与"的理解。进而在创新社会工作范式的认识和实践中，协调好政府主导与多元主体的关系。所谓"协调好"，关键在两个层面：一是党委领导和政府负责的问题。要解决好这一问题意味着，各级党委和政府在社会工作领域既要摒弃"包办一切"观念，不简单沿袭过去的工作方式，同时又要在有所为和有所不为当中，创新工作理念和工作方式。二是社会协同和公众参与的问题。其要求是：当其他社会主体参与社会工作实践时，得到各级政府和社会各方的足够认同和支持；有为而不包办，参与有度而不疲软、不乏后劲。这就是创新。

另外，在现阶段创新社会工作范式，对于如何来协调政府主导与多元主体的关系，需要有一个科学的定位：即不能简单套用国外"小政府、大社会"的范式，来指引和构建社会工作范式。因为，在社会转型阶段，各种思想的碰撞、体制更迭的摩擦、机制的磨合、利益的角力都相当活跃，社会风险的触发点相对较多。在这种情况下，如果政府陡然"变小"，很有可能导致"弱政府、大社会"的失衡。这不但有碍于社会工作范式的实践探索，也对整个社会治理不利。

从理性的角度看，在现阶段建构"强政府、大社会"的范式较为现实可行。

## 二、服务功能与管理功能如何定位

这方面涉及两个层次的认识。一是政府对社工及其组织的管理体制或运行模式，如何体现服务优先。二是社工人员在为服务对象提供某些带有社会管理特征的服务时，如何"规范"服务与管理之间的关系。

首先，就政府对社工及其组织的管理体制或运行模式而言，应真正确立"寓管理与服务之中，以服务为目的带动管理"的观念。中国的社工组织及机构，尚处在初步发育或成长阶段。通过完善立法、政策支撑、有效激励等途径，加强对社工组织及机构的服务与支持的力度，为其健康发展提供更好的社会生态环境，是推动社会工作范式创新的首要前提。为此，应摒弃把管理变成控制的观念，把管理或治理放在服从于"服务"与"合作"的理念上来审视。换句话说，管理不是目的，服务才是根本。服务与管理——"谁决定谁，谁服从谁"，并非简单的排序问题，它关系到体制机制、法律政策、方法手段等一系列设计、安排、变革与运筹，也势必对社工及组织的思维与行为方式产生潜移默化的影响。

其次，对带有社会管理功能特征的社会工作，更应处理好服务与管理的关系，避免产生"异化"。例如，在社区矫正的工作方式上，应把行为矫正的心理疏导等社工服务，与柔性管理的指向内在地结合起来，淡化行政化的色彩。又如，社工人员在运用个案为案主服务时，应放下身段，以服务者而非管理者的角色出现，遵守职业操守和伦理守则，充分尊重个人的隐私权、个人尊严、个人价值，力戒以居高临下的姿态示人。在社会转型期，这些看似平常的价值理念要贯彻到日常的工作范式当中，并非易事。这实际上是一个除旧布新的过程，是一个与旧习惯不断作斗争并确立新观念的过程。如果能够朝着这个方向努力，将有助于减少"被动式"、"恩赐式"、"单方决定式"等公共服务产品的衍生，并切实形成与时代共进的社会工作范式。

概言之，社会工作范式在服务方面的创新，无论是从政府层面或者社工人员方面看，首先是"化"自己，从自身做起。

### 三、"管用"与"好看"如何取舍

当前，在加强与创新社会管理成为一个"热点"时，更应有冷静的思考。尤其在社会工作范式创新的问题上，应处理好"管用"与"好看"的关系。为了推进相关的工作，各级政府在加强社会或社区服务方面开展试点工作。这是必要的。但要防止出现把"样板"塑造成"好看"却不"管用"的形式主义。更要力戒走为搞新花样而去"创新"、"作秀"或者上下级之间相互"糊弄"的路子。每个特定的区域、社区、人群等，因情况各异，需求也不尽相同。因此，在讲共性时，务必高度关注因地制宜；在注意外在形象构造时，更要从"管用"上下真功夫，务实求真，绝不含糊。这才是创新的关键所在和本义。

## 四、即期效应与长效发展如何统筹

创新社会工作范式，不是片面追求轰动效应。既要看现实反应，更要看长效结果。中国的社区工作、社工组织的工作等，正处在一个新的历史起跳点。不仅要打好基础性工作，更要在构建长效机制上有更大的突破。一方面，社会组织、社区组织在承接和实施政府委托的服务项目时，要把现实目标和长远发展结合起来，防止短视行为。另一方面，政府对社会组织、社区组织，尤其是社工队伍的扶持，应形成良性循环机制，确立"欲取先予"的战略眼光。

## 五、顶层设计与基层创新如何协同

社会工作范式创新，离不开社会宏观管理体制的改革和创新。基层的体制机制创新到一定程度，很难突破整体条件的制约。因此，应在顶层设计和基层创新方面，形成更好的互动效应。如何强化这种互动，需要理论工作者和实际工作者、高层决策机关和基层组织深入研思，拿出更具体可行的实施方略。

（作者系广东省社会工作学会副秘书长、中共广州市委党校政治学与法学教研部主任、教授；本文提交 2011 年 6 月 21 日由广东省社会工作学会主办的"社会工作范式创新研讨会"）

# 对广东社会工作实践探索的理性审视

刘梦琴

社会工作经过短短几年的试点，近年迎来了社会工作热。目前，社工短缺严重，社工的逐利跳槽与社工职业精神相左；社会工作发展迅猛热潮和其踏实细致的专业传统形成反差。本文对此社会现象展开理性审视，希望对进一步明确社会工作发展方向，提高社会组织服务水平有所裨益。

## 一、社会工作的制度建构背景

社会工作是一种制度建构，它的目标是致力于解决个人或群体面临的社会问题，帮助社会上处于不利地位的个人、群体和社区，克服困难、解决问题并预防问题的发生，恢复、改善和发展其功能，调适人与自然、人与人之间的关系，实现社会和谐，促进社会发展。以解决社会问题为导向的社会工作，是伴随着近现代工业社会发展需要而产生的。工业化在创造巨大社会财富的同时，也带来了经济紧张、贫富差距、社会冲突和心理不适等问题。社会工作制度正是应对这些社会问题而生的。解决青少年犯罪、贫民窟、吸毒、失业、自杀、离婚、人口老龄化等社会问题，仅靠国家和政府的财力是远不够的。社会问题的治理，属于公共服务范畴。从西方发达国家公共产品供给的实践来看，公共产品（公共服务）模式经历了一个逐步完善发展的过程：从单中心管制模式（政府成为公共产品供给的垄断者）、双中心供给模式（政府和市场二元公共产品供给模式）到多中心治理模式（政府、市场和第三部门联合供给公共产品）。对于政府难以顾及、市场不愿意涉足的地带，第三部门作为"市场失灵"和"政府失灵"的补充，在一定程度上是"政府职能的替代物"，是市场失灵的"救火队"，是民间资源的"思想库"。第三部门以社会弱势群体或边缘性社会群体为服务对象，具有贴近基层的优势，具有非营利性、志愿性、公益性等特征，能够在决策咨询、政策宣传、政策实施、矛盾疏导、表达民意等方面起到桥梁纽带作用，能够灵活、高效、低成本地供给公共产品，可以更好地满足公共产品多样化的需求。社会组织和社会工作者已经成为社会管理和公共服务领域的一支重要力量。

为了加快基本公共服务均等化进程，提高社会公共服务水平，近些年政府致力于公共服务供给方式变革探索。由政府、市场、社会第三部门联合供给公共服务，并厘清各自服务边界，这将极大提高公共服务供给的效率和水平。一方面，政府包揽公共服务降低公共服务供给效率，会出现供给不足、供给过剩现象。这需要政府放权，将繁重的社会服务事项逐渐转移出来，由社会组织承接大量社会服务。另一方面，目前社会组织普遍弱小，需大力培育、扶持社会组织发展，提高社会组织的服务能力和水平。二者的良好互动形成"政府放权、民间接力"局面，逐渐提高社会公共服务水平。公共服务的"政府放权、民间接力"过程就是公共服务社会化的过程。中国市民社会是随着政府职能转型而逐渐从国家领域分离出来的社会空间，以往"市场—政府"的两极关系不可避免地被改写为"社会—市场—政府"三足鼎立共同治理的局面。随着市民社会的建立，政府掌舵不划桨，社会组织要会划桨、能划桨。

2011年7月，国家和广东省先后出台《中共中央、国务院关于加强和创新社会管理的意见》和《中共广东省委广东省人民政府关于加强社会建设的决定》（粤发文件，广东各地市、县已经或正在着手研究出台加强社会建设、创新社会管理的实施意见。这将成为未来很长一段时间指导社会建设的纲领性文件。培养发展社会组织、加强社会工作人才队伍建设、政府向社会组织等购买公共服务、推动"社会人"的"再组织化"等成为社会管理创新的重要内容。2011 年 11 月，由中央组织部、政法委、民政部等 18 个部门联合发布《关于加强社会工作专业人才队伍建设的意见》，针对社会工作专业人才队伍建设亟需解决问的几大重点问题，提出了系统的政策措施。广东一些市行动较为迅速，社会组织发展、政府购买公共服务、社会工作进社区等方面出现发展热潮。

## 二、广东社会工作实践探索

1991 年中国社会工作者协会成立，次年加入国际社会工作者联合会，社会工作起步缓慢。直到 2008 年首次全国社会工作者职业水平考试，社会工作才逐渐步入规范化、职业化的轨道。

### （一）以试点项目启动社会工作，政府购买公共服务与简政放权双管齐下

广东社会工作试点，主要在以广州、深圳、东莞、中山、佛山等为代表的珠江三角洲地区展开。最早的购买服务主要集中在残障领域的康复、司法领域的社区矫治等方面，以岗位购买为主，项目较小。2007 年 9 月，罗村作为佛山南海区的一个示范性试点街道社区，向广州仁爱社会服务中心购买社区综合服务项目。该项目首次尝试多元化的综合服务模式，以项目打包方式购买青少年、老人、家庭与社区、残疾人康复四项服务。2009 年底，广州市启动政府购买社会工作服务试点项目。广州市越秀区作为"广州市深化基层社会服务管理实验区"，在 2011 年 4 条试点街道的基础上，2012 年以全市前所未有的力度将在所有街道全面铺开家庭综合服务中心项目，推进基层社会管理改革，塑造社区服务管理格局。深圳市在 2009 年的行政管理体制改革中，各部门取消、调整和转移284 项职责和行政审批事项，逐渐与社会组织对接。2010 年 3 月，深圳市出台了《深圳市推进政府职能和工作事项转移委托工作实施

方案》，对社会组织承接政府职能进行了制度性安排。

### （二）探索多元化的社工介入社会服务方式

从目前发展来看，广东社工介入社会服务方式主要有三种形式：一是政府按岗位购买社工服务，二是政府按项目购买社工服务，三是分包一次性购买。

1. 按岗位购买社工服务。在社会工作试点中，深圳、东莞购买社工岗位较普遍。岗位购买有两种形式，一是政府部门直接聘用社工，如司法社工、妇女儿童工作社工；另一种是用人单位通过社会工作机构购买社工，社工的督导服务和人事管理由社会工作机构负责。前者可能降低用工成本，但社工督导服务无法保障，社工可能面临政府事务同化危险致使社工专业性和独立性难以保障；后者则可能增加用工成本。

2. 按项目购买社工服务。伴随着民间社会组织、尤其是社会工作机构迅速发展，政府以项目打包方式向社会组织购买公共服务越来越多。从单个的、专项的社会服务逐渐到面向社区的综合服务，从残障、司法领域的服务到工青妇等服务的领域，全面快速推进。购买方涉及民政、妇联、残联、团委、工会等多个部门。政府不但向民间社会机构购买社会服务，还创新社会管理方式，向传统群团组织（工、青、妇、残联等组织在加快社会建设、创新社会管理中定位为枢纽型社会组织）以项目购买方式购买社会服务。如2008年，省财政用1000万元向省妇联购买"广东省妇女维权与信息服务站"项目；2008年开始，中山市每年投入100多万元以"民生直通车"项目形式购买社会服务；2010年，广州市越秀区在年度经费预算中安排100万元，向越秀区残疾人联合会下属社工机构以"阳光家庭"项目形式购买残疾人服务。这些项目由政府以项目形式购买，聘用专业社工或引入社会工作方法理念工作，以项目养人，接受财政绩效考核。

3. 分包一次性购买。除了相对固定的岗位购买和较为完整的项目购买形式，还有一类较为灵活的、临时性的购买方式。由于专业优势不同，购买方拆分购买需求，将自己较难处理的部分向更为专业的机构购买个别服务。如一些街道在家庭综合服务项目中，只将难点的部分外包；一些政府部门或者社会组织对于难点问题向社工机构临时性购买个案服务或小组服务；政府在应急事件中临时购买督导和社工服务。在 2010 年信宜事件中，社工队伍进驻村落，接近群众，及时搭起政府与老百姓沟通的桥梁，在疏通群众情绪、化解社会矛盾等方面发挥了较大作用。

### （三）社工机构背景多样，数量快速增长

近两年来，社会工作机构数量快速增长，从事社会工作服务的社会组织来源较广，从事社会服务的机构背景多种多样，其中高校背景和纯粹草根的社会服务机构最多，除此而外，还有传统群团组织、政府事业单位背景的社会工作机构、街道基层成立的社会工作机构、企业成立的社会工作机构，等等。由于各机构背景不同、专业基础不同、拥有的社会资源不同，社会服务效果也不同。评价社会服务效果，可以从以下几方面来测量：首先是专业性，运用社会工作专业理念、方法开展服务的程度，有的机构其实并不专业；其次是社工素质和服务态度，这需要社工关心民情、乐于助人、脚踏实地、热情、有奉献精神，需要机构区别于街道、居委会做的群众工作，机构的角色是独立的、专业的、服务的、亲民的、非政府的；其三是链接社会资源的能力，光靠社工去提供一对一的服务是有限的，机构和社工要拥有一定的社会资源，具备一定的社会动员能力，实现资源整合利用；其四是群众工作经验和基础，这需要经验积累，刚参加工作的社工面对社区具体的、棘手的问题也是一筹莫展，目前有的机构基本由年轻学生或毕业生开展工作，加上督导服务未跟上，工作局面难以打开；其五是对社会政策熟悉程度，只有熟悉相关政策，才能综合运用，在个案转介、资源链接时才能得心应手。总结社会工作评价的五个维度可知，做好社会工作，光有专业是远远不够的。运用这一评价模式，可以找到各类机构的优劣势。

## 三、目前存在的主要问题

在社会工作发展的初步阶段，社会工作以其个性化、多样化的专业服务特色，以其亲民、热情服务的工作态度提供民生服务，受到老百姓的欢迎。例如，广州市越秀区"阳光家庭"项目对区内首批100户智力、精神和重度残疾人提供居家照顾，在项目年度评估服务对象回访座谈会上，不少人泣不成声。他们由衷感谢党和政府还据记着他们。目前社工开展的服务项目基本都是民生服务项目，是老百姓迫切需要的服务，项目的社会效果、社会影响较大。政府以项目运作方式购买公共服务，缓解了公共服务供给不足的矛盾，提高了政府办事效率。由于社会工作处于探索实践阶段，目前存在着一些问题。

### （一）认识存在分歧

近年来，公共服务领域改革进程加快，如推行基本公共服务均等化、政府购买公共服务、社会组织承接公共服务、基层社会管理制度改革等等。但一些人认识模糊，大家认识尚未统一，看法不同、态度不同、投入参与的行为各异。如对待社工进入社区提供社会服务，有的街道很重视，积极配合开展工作；有的街道处于观望中，上面要求做了，才陆续跟上；有的街道以为是打包购买服务，包袱一扔，就不怎么管了；有的社区工作人员认为，"我们已经穷于应付各种事务，你们就别给我们添事了"；有的基层干部甚至不理解为什么要外面的人来搞服务，"他们能比我们更了解居民？比我们更有经验做群众工作？"

### （二）社会组织定位问题

虽然要大力发展社会组织，但对社会组织的定位、发展方向，大家都没有一个明确的想法或认识。社会组织是否营利？社会企业与非营利机构关系怎样？社会组织和传统的群团组织有何不同？社工和社会组织归口管理部门是谁？社会组织原来有的在工商部门登记，现在转向民政部门登记，按"民办非企业"进行登记。有人以为，社工和社会组织归新成立的社会工作委员会管理。此社会工作非彼社会工作，目前在广东新成立的社会工作委员会，省级叫社会工作委员会，各市的正式名称没统一，有的叫社会建设委员会，有的叫社会管理委员会，更多的随省的叫法。社会管理、社会建设是相对于经济管理、经济建设而言的，由于社会问题高发，以往"救火"式的工作迫使政府思考和选择，从战略性、系统上着手解决社会问题，新的社会工作委员会统筹、协调、指导全局社会建设工作。"民办非企业"是非盈利机构吗？"民办非企业"要交税吗？据了解，国家已有关于非营利组织免税的政策文件，但由于非营利组织蔚然发展为近年开始，目前"民办非企业"基本按服务业交税，最大的两块是营业税和企业所得税。尤其是企业所得税，年底剩余视为企业利润，按 25% 的比例征收，社会组织对此意见较大，他们认为，年底剩余不是企业利润，也许是项目合同刚到的一笔款项（一些项目是跨年度的），年底剩余视为企业结余更适合些。目前机构基本靠政府支持、机构资金来源单一、且政府项目缺乏保障的条件下，需要机构有一定的风险储备基金，机构才能保持人才稳定，弱小的机构才能发展壮大。业内要求免税的呼声甚高。

（三）社工短缺导致社工流动频繁

由于社会工作铺开较为迅速，原有的社工人才储备严重不足，出现了较为严重的社工短缺现象。由于社工供不应求，机构之间"挖人"，社工"跳槽"不断，社工工资水涨船高，助长社工逐利行为。社工工作需要脚踏实地、需要职业的热爱和奉献精神，目前社工的逐利跳槽与社工职业精神相左；社会工作发展迅猛热潮和其踏实细致的专业传统形成反差。这将对社会工作未来发展产生较为严重的不利影响。社工队伍不稳定的另一个关键因素是政府的资金到位不及时。目前社会工作投入基本是政府财政资金，由于财政资金审批程序较长，造成资金拨付不能及时到位，机构往往需要垫付大量资金。由于机构实力较弱，只能垫付部分基本工资，造成社会工作服务行业的工资拖欠链条，影响社工的稳定。此外，社工服务以项目购买运作，项目之后是否续签？下一个项目何时开展？这中间等候时间较长，等候的时间成本目前主要由机构和社工承担，增加了社工队伍的不稳定性。机构和项目购买方项目谈判周期较长，项目与续签项目之间的投入成本也基本由机构承担，机构只能临时性缩减社工人数，这也增加了社工的不稳定。

### （四）公共服务模式问题：谁为公共服务长期买单

社会工作作为一种公共服务，近年主要由政府购买。财政能否长期负担？如果政府不投入或少投入会怎样？公共服务保障程度与一定的社会经济发展水平是相适应的。发达国家的社会服务也不全部由政府买单。政府是公共服务的主导者，但公共服务提供方式是多元的、多样性的。

### （五）社会服务评价标准问题

社会服务评价标准是社会服务的指标棒。没有硬性服务指标约束肯定不行，但在设定评价标准时需要考虑指标的可行性、科学性。目前有的地方有十分详细的评价指标体系，但指标要求太高太细，许多指标不能完成。在这样的指挥棒下，许多机构重完成指标、重形象工作而无暇沉下去做具体服务，服务实效大打折扣。有的地方评价标准粗糙随意，同样无法起到好的指挥棒作用。作为发展中国家，财政资金有限，应将有限的资金用在最有需要的地方，实现财政资金效益最大化。

## 四、对完善广东社会工作服务的政策建议

### （一）重长远发展，扶持规范并举

一方面，为了适应社会工作发展迫切需要，针对社会组织弱小状况，着力扶持、培育社会组织；另一方面，着眼于社会服务行业的长远发展，从体系上、从制度规范上设计、规范社会组织发展。首先，社工和社会组织是社会管理的重大创新内容，也是社会建设的重点领域。社工和社会组织不宜由社工委直接管理，建议归口民政部门或另设社会组织服务局。其次，建议落实非营利组织免税政

策，明文规定，免除非营利组织营业税和企业所得税。第三，公共服务下沉，社区服务贴近居民，必然要求社会组织的属地管理和服务。建议重点打造社会组织孵化基地，为社会组织提供便利服务，促进社会组织之间交流合作、共享政府服务和资源，促进资源整合。

**（二）扩大社会志愿服务，探索社会服务长效机制**

从公共产品提供方式来看，资金筹措、策划组织、具体实施等呈现政府主导、多元参与的大趋势。公共服务只由政府购买，容易形成机构对政府的依赖，形成路径依赖，不利于第三部门的发展壮大。必须大力拓展志愿服务和社会慈善捐助事业，探索非营利机构无偿、低偿、高端服务的多元化服务模式，将社工专业服务、民间志愿服务、社会慈善捐助三者有机结合，形成社会服务长效机制。在志愿服务中，引入激励机制，将零碎的志愿服务变成优势的人力资源。例如可以设立志愿服务特殊账户，以此作为志愿者就业、升职等的参考指标。可以实施志愿服务积分奖励计划，用积分换取其他公共服务，通过激励作用，提高志愿服务的参与率。这样，通过专业社工的引导作用，实现"社工＋义工"联动服务模式，逐渐形成社会服务长效机制，实现多元合作，形成社区公共服务的公众参与。

**（三）完善社会服务评价标准**

社会工作服务由于个性化、多样化特征明显，增加了评估的困难。评价标准是行业发展的指挥棒，没有评价标准等于没有发展的方向。因为定量评估的困难而放弃定量标准，只采用定性评价是不可取的。定性评价弹性大难以细化比较，需要评价指标硬性约束。同样，只有定量指标而不顾定性结果也是不可取的。社会服务因人而异，难以量化，目前评估的指标庞杂，误导机构为了完成指标而工作，而不是贴心细致地服务。笔者建议，完善社会服务评价标准，一是定性评价和定量评价有机结合；二是增加社会服务考察的维度，从专业性、服务态度、社会资源动员能力、群众工作经验、社会政策熟悉程度等方面综合评价；三是评价指标舍全面庞杂，取关键核心指标考核；四是综合各种反馈意见，及时调整评价体系。

### （四）确保项目经费及时到位，减少社工流动

首先，必须确保项目采购方经费及时到位，确保不因领导变更、工作忙碌、工作流程程序复杂等原因延迟经费拨付，严格遵循合同协议约定，从源头上避免社工工资拖欠问题；其次，缩短续签项目之间的等候时间。如果续约，应提早安排，避免出现社工和机构的"空窗期"，减少时间消耗和劳动浪费；最后，机构应未雨绸缪，在目前全赖政府采购、且以项目购买方式运作的条件下，拓展项目来源，储备适量就业风险准备金，增加员工归属感，提高员工工作稳定性。

### （五）创新群众工作服务模式

传统群众工作主要有两大块，一是工、青、妇、残联等传统群团组织，二是街道（乡镇）、社区等基层组织。这两大类组织是群众工作和民生服务的主要提供者。在第三部门承接社会服务的同时，这类组织不能边缘化。这类组织是社会建设的重要力量，需要转型升级，需要创新传统群众工作和社会服务模式，在社会管理创新中实现新突破。工、青、妇、残联等传统群团组织，利用贴近政府和群众两端的优势，以项目开展为服务抓手，提高服务效率，发挥"枢纽型"社会组织引领作用。基层群众工作人员，在基层管理体制改革中，利用熟悉群众、群众工作经验丰富的优势，通过有组织的集体培训和自主学习等形式，掌握社会工作服务方法，和社工一起工作，形成"社工＋居委＋义工"的服务模式，有效整合社区社会服务资源，提高社区公共服务水平。

（作者系广东省社会工作学会理事，广东省社会科学院公众参与和社会发展研究中心常务副主任、研究员；本文提交 2012 年 3 月 16 日广东省社会工作学会和中山大学社会学与社会工作系联合主办的"广东社会工作发展现状与挑战"主题研讨会）

# 流动人口聚居区中的社会工作介入

张桂金

## 一、问题的提出

改革开放 30 年来,农村剩余劳动力大规模向城市流动,出现了"民工潮"现象。随着经济的不断发展,中国流动人口的规模仍在不断扩大。第六次全国人口普查显示,流动人口规模已达 2.21 亿[1],并在流入地停留时间呈现长期化趋势。流动人口离开户籍登记地外出流动的平均时间已经达到 4.5 年,表明很多流动人口是"流而不动"[2]。流动人口聚居区在城市的自发形成,已逐渐成为了中国经济相对发达地区的一类普遍现象[3]。如北京的"浙江村",广州的"新疆村"和黑人聚集区。流动人口聚居区是城市化进程中的必然产物,它已经成为北京、广州等大城市流动人口生活居住的主要地区。流动人口聚居区在打破城乡隔绝为特征的二

[1] 中华人民共和国国家统计局.2010年第六次全国人口普查主要数据公报(第1号)[Z].中华人民共和国国家统计局网站,2011-4-28.该公报显示:中国大陆31个省、自治区、直辖市的人口中,居住地与户口登记地所在的乡镇街道不一致且离开户口登记地半年以上的人口为261386075人,其中市辖区内人户分离的人口[10]为39959423人,不包括市辖区内人户分离的人口为221426652人。同2000年第五次全国人口普查相比,居住地与户口登记地所在的乡镇街道不一致且离开户口登记地半年以上的人口增加116995327人,增长81.03%。按学界对流动人口的定义,市辖区内人户分离的人口是不算做流动人口的。

[2] 郭志刚.流动人口对当前生育水平的影响[J].人口研究,2010(1).

[3] 吴晓."边缘社区"探察——中国流动人口聚居区的现状特征透析[J].城市规划,2003(7).

元结构和为城市吸纳农村剩余劳动力并为其提供居住设施方面发挥了巨大的作用，但也对城市的政治、经济、社会和文化造成了深远的影响[1]。有学者称流动人口聚居区为"边缘社区"，并具体指出了流动人口聚居区内存在的主要问题，即由于政府部门和专业人士缺乏必要的关注和全面的研究，该类社区实际上已经游离于城乡的管理体系之外，并且给城市的发展和建设带来了多方面的问题和影响：社区功能布局紊乱、公共基础设施缺乏、空间景观杂乱无章、管理上存在明显缺陷和疏漏、社会问题严重、居民缺乏社会保障和文化教育水平低下。

流动人口聚居区作为中国城市化背景下一类自然衍生型的异质性社区，一方面有其积极作用，另一方面面临众多问题。这些问题的解决不仅需要政府发挥主导作用，还需要专业社会工作者的介入。流动人口聚居区的治理，除制度、体制、政策等改革调整外，还需要运用现代社会的工作方法。社会工作是现代社会建立起来的以制度保障为基础、以利益增进为目的、以道德支持为根本的系统性服务体系。社会工作与一定范围内社会问题的出现直接相关。当个人、家庭、社区遇到某种问题需要帮助时，社会工作就有了用武之地[2]。社会工作发挥专业知识、价值和技能，利用社会福利制度的理念、政策和项目为流动人口提供服务，对重塑流动人口聚居区"边缘社区"的社会形象，具有重要意义。

## 二、流动人口聚居区的社会工作需求

### （一）流动人口及其流动人口聚居区的定义

学术界对流动人口的定义繁多，这些定义的共同特征是把中国

---

[1]　翟振武、侯佳伟.北京市外来人口聚集区:模式和发展趋势[J].人口研究，2010(1)；吴晓."边缘社区"探察——中国流动人口聚居区的现状特征透析[J].城市规划,2003(7).

[2]　杨云峰.论民工精神塑造与社会工作的回应性介入[J].甘肃社会科学,2007(5).

的户籍制度纳入考虑范围之内。本文借用下面的定义，即流动人口是指在不改变常住地（相对户籍制度改革正在进行当中的中国而言则是"不改变户籍"）的目的下，带着某种目的离开常住地，跨越一定的行政辖区范围，在某一地区暂住、滞留、活动，并在一定时间内返回常住地的人口[1]。这一定义比较完整地定义了流动人口。

目前对流动人口聚居区范围界定的标准也是不统一的。有些学者将其定义为"以外来暂住人口为居民主体、以房屋租赁为主导建构方式、以城乡边缘带为区位选择的自发型集中居住区"[2]。也有学者将其定义为"在一个乡、镇、街道居住外来人口超过一万人的称为外来人口聚居区"[3]。这些定义中的外来人口跟流动人口是基本一致的，但这些定义都或多或少地存在一定的局限性，如把聚居区限定在城乡边缘地带从而把城中村这一聚居形态排除在外了，而以绝对外来人口的多少来定义外来人口聚居区其缺陷也是明显的，忽视了相对小规模的聚居区。事实上，当流动人口数量达到一定规模时，便形成一个聚居区。本文中把流动人口聚居区简单定义如下：以流动人口为居民主体的自发形成的集中居住区。

**（二）流动人口聚集区特征与"边缘社区"**

西方学者对"移民聚居区"的研究的一个发现是，移民聚居区的最大特征是它的封闭性和独立性，是独立于主流社会之外的。如 Freeman 对唐人街的研究认为，唐人街（别的移民民族聚居区也是如此）的产生，是因为不能进入主流社会的劳动力市场和经济体系；聚居区是在被隔绝之后的被迫抱团，以求自保的结果[4]。与西方移民聚居区不同的是，中国的流动人口聚居区是与城市劳动力市

[1] 刘小敏等.流动人口学[M].中国出版集团世界图书出版公司,2008:14.

[2] 吴晓."边缘社区"探察——中国流动人口聚居区的现状特征透析[J].城市规划,2003(7).

[3] 翟振武、侯佳伟.北京市外来人口聚集区：模式和发展趋势[J].人口研究,2010(1).

[4] Freedman Maurice. A Chinese Phase in Social Anthropology[J].British Journal of Sociology ,1963(14).

场和经济体系紧密联系在一起的。正是对生产工人和生活服务人员的大量需求，吸引了大量外来人口，才形成了众多的流动人口聚居区。然而，中国的流动人口聚居区亦有同"移民聚居区"相似的地方，即流动人口聚居区独立于城市主流社区之外，二者存在着区隔。与城市一般社区相比，流动人口聚居区是"边缘社区"。

造成流动人口聚居区"边缘化"的原因复杂众多，最重要和本质上的原因是城乡二元结构在城市生活中的嵌入。"城乡二元户籍制度在城市及其衍生出的各种不同的社会福利制度以及长期依据地域为载体形成的城市和乡村二元文化等将中国切成泾渭分明的两大板块，构成特有的中国式社会状态。流动人口地域空间的城市化，并没有改变二元结构的状况，而是将二元社会结构进行了急速整体搬迁，镶嵌到了城市社会生活中去，未及消化和适应的城市社区出现排斥和隔离"[1]。流动人口聚集区地域空间的城市化并不能促使其摆脱"边缘化"，它们只是"边缘社区"。

### （三）流动人口聚居区内社会工作的"缺席"与"失语"

西方社会工作者通常呼吁，不要让某一社区"移民聚居区化"，即防止它不要因为贫困，或者某一方面资源的不足，而与主流社会越来越远，成为社会的难题。社会工作者为移民聚居区提供专业服务和社会支持方面起着重要作用。然而，与西方发达的社会工作相比，中国除台湾、香港、澳门外的地区，社会工作才刚刚起步。中国城市和农村社区都缺乏专业的社会工作者，社会工作在中国社区中普遍"缺席"。流动人口聚居区更是缺乏社会工作者。

流动人口聚居区作为"边缘社区"既面临着社区层面的各种问题，如社区公共服务的缺失、青少年犯罪问题、子女教育问题、人口计划生育问题等；同时，聚居区内的流动人口作为个体或家庭时，亦面临着各种个人心理适应、城市适应、家庭纠纷、邻里纷争以及社会救助等问题。这些问题既有一般社区所面临的问题，

---

[1] 高春凤.社会工作介入流动人口城市社区融入的思考[J].社会工作实务研究,2010(5).

又有流动人口面临的特殊性问题。当前有关社区社会工作介入的研究绝大部分都是关注城市社区，而对流动人口聚居区这类"边缘社区"的社会工作介入的研究基本是空白。故而社会工作在流动人口聚居区内介入不仅事实上"缺席"，而且还造成话语的"缺席"，这对促进市民社会福利、建设和谐社区、稳定社会治安都是极其不利的。专业社会工作介入流动人口聚居区已成为当前的迫切要求。

## 三、流动人口聚集区的社会工作介入方式

国外社区建设的实践，最早可追溯到 20 世纪 20 至 30 年代，其宗旨是充分利用社会的人力资源，培养社区居民的互助精神和自治精神，动员社区居民参与改造社区生活条件的活动[1]。社会工作介入社区的方法主要有个案法、小组法和社区工作法。笔者以为，在"边缘社区"中的社会工作介入亦可采用以上三种方式，结合中国实际情况的需要，还可以采用社会工作行政介入法。

### （一）个案工作法

聚居区内的流动人口，背井离乡，来到某个陌生的城市，所面对的文化冲突、城市融合、心理适应等等问题都需要个案社会工作的介入。个案社会工作的方法起源于 19 世纪末 20 世纪初出现并盛行于英美等国家"慈善组织会社"（Charity Organization Society）中"友善访问员"对贫民家庭的探访[2]。个案工作是专业工作者在利他主义的价值理念指导下，运用科学的专业知识和技巧，以个别化的方式为感受到困难的个人及家庭提供物质和心理方面的支持，以帮助个人和家庭减低压力、解决问题、挖掘潜能，不断提高个人、家庭和社会的生活质量与福利水平的一种社会工作方法[3]。

借助个案工作方式，社会工作者可以通过引导和协助流动人

---

[1]　江赛清.论中国城市社区文化的兴起及建设思路[J].求实,2002(7).

[2]　王思斌.社会工作导论[M].北京:高等教育出版社,2004:171.

[3]　王思斌.社会工作导论[M].北京:高等教育出版社,2004:174.

口个体、家庭解决遇到的困境，如个体的孤独感问题、与城市社会的个人适应问题以及家庭纠纷等问题。通过这种方式，有助于提高流动人口获得自身解决问题的能力，培养面临各种生活困难时的心理调试能力，适应城市生活方式的能力；同时，协助流动人口纠正其因社会地位的差距而形成的消极自我评价、相对剥夺感等，培养自尊自信，实现自我效能，从而真正达到"助人自助"的社会工作目的。

## （二）小组工作法

小组工作是一种以两个或以上的个人组成的小组为工作对象的社会工作方法，它主要由社会工作者通过有目的的小组活动和组员间的互动，帮助小组成员共同参与集体活动，从中获得小组经验，处理个人、人与人之间、人与环境之间的问题，行为改变，恢复与发展社会功能，开发个人潜能，从而获得个人成长[1]。

利用这种方式，专业社会工作者可以在流动人口聚居区中发展各种小组。第一是吸纳流动人口中的志愿服务人员，组织志愿服务小组，发展成员的潜能，增强成员对聚居区的归属感和责任感，这亦有利于流动人口的社区自治。第二是兴趣小组，组织聚居区内的文娱体育等活动，丰富流动人口的业余生活。第三是教育成长小组，帮助小组成员进行相关知识、职业技能的学习；培养流动人员的健康心理；帮助成员再社会化，学习社会技巧等等，使得他们能更好地融入到城市社会中去。第四是治疗小组，帮助成员改变其反社会行为或非正常行为，如对青少年犯罪、吸毒等偏差行为的矫治，让他们重新回到社会。第五是建立自助或互助小组。目的是通过小组使成员相互支持、相互影响，实现态度和行为的转变，并解决环境适应问题。通过这些方式，流动人口可以由弱关系建立有效的支持网络，以弥补因血缘关系、地缘关系等强关系有限而引起的不足。

---

[1]　王思斌.社会工作导论[M].北京:高等教育出版社,2004:185.

### （三）社区工作法

社区工作是以社区及其成员整体为对象的社会工作介入方法。通过组织成员有计划地参与集体行动，解决社区问题、满足社区需要，并让成员建立对社区的归属感，培养自助、互助和自决的精神，加强其社区参与及影响决策的能力和意识，发挥成员的潜能[1]。

流动人口聚居区是社会工作者提供专业化服务的一个平台。社会工作者通过社区工作法，以聚居区内所有流动人口为服务对象，目标是解决聚居区内面临的一些具体问题和满足某些特殊需要，如脱贫计划，改善生活环境等。同时，亦通过这种方法，达到社区层面的"自助"与"自决"。有学者认为，社区工作者可以通过倾听流动人口的愿望表述评估其社会利益需求，了解流动人口目前所需要的社区福利保障。同时，在开展社区调查的基础上进行社区分析，掌握流动人口聚居区存在的社区管理问题，进一步发现流动人口的需要，协助并促使相关社区政策的构建和实施，建立适用于所有社区居民的社区制度安排，增加社区生活各类群体的社区情感归属和对彼此身份的认同[2]。社区工作模式多种多样，其中的地区发展、社区策划、社区照顾和社区教育是主要的策略模型。

### （四）社会工作行政方式

社会工作行政是现代社会工作的专业方法之一，已成为间接服务方法的主体。社会工作行政是一种间接社会工作，其中，政府社会福利部门或社会服务机构根据社会福利的政策、立法或决策，按照一定程序将之转化为实际服务；作为一个由诸多策略合成的过程，社会工作行政旨在保护政策对象的福利权力，发挥社会福利的功能[3]。很明显，社会工作行政是不同于社会管理和公共行政的。

---

[1]　王思斌.社会工作导论[M].北京:高等教育出版社,2004:194.

[2]　高春凤.社会工作介入流动人口城市社区融入的思考[J].社会工作实务研究,2010(5).

[3]　王思斌.社会工作导论[M].北京:高等教育出版社,2004:201.

有学者认为社会工作行政包括本质、使命、基本原则、主要项目等一系列规定性[1]。

社会工作行政主要是为改变较大群体、较多社会成员的不利地位而在管理、计划、政策层面上进行的社会工作，解决具有普遍性的社会问题，如贫困、残疾人问题等[2]。流动人口问题也是中国转型期中出现的一个具有普遍性的社会问题，因此社会工作者在介入流动人口聚居区问题时可以采用社会工作行政方法，从宏观上改变社会环境，调整社会结构，协调社会关系，动员各种社会力量和社会资源来帮助众多流动人口。

四、结语

本文仅对流动人口聚居区社会工作介入的必要性、方式进行了简单探讨。其遗留下来的很多问题尚值得深入研究，如社会工作介入流动人口聚居区是由国家主导还是民间主导，资金来源渠道和公共服务与社会工作专业服务的关系等问题。有关学者对这些问题已有相关研究[3]。总的来说，中国的专业社会工作尚处于发展初期，所依托的非政府、非市场的"第三领域"尚未真正形成，也缺少相对独立的服务空间。正如有学者指出的，中国的社会工作面临着前所未有的发展机遇，但行政性社会工作还会依政府的行政框架和经费支持承担着重要的公共服务与社会管理责任，而专业社会工作在这个框架内可能会处于相对辅助的地位。对于占主导地位的行政性框架来说，专业社会工作的地位是一种"嵌入"。它将嵌入现有的公共服务和社会管理框架之中开展专业服务，并获得嵌入性发展[4]。

[1] 范志海、阎更法.社会工作行政研究的新范式[J].社会工作,2004(7).

[2] 余国杨、李汉东.解决农民工问题需要社会工作介入[J].现代乡镇,2006(10).

[3] 关信平.加强社会工作服务流动人口的体制创新假设[J].中国社会工作,2010(2)上；杨贵华.社会公共服务发展与社会工作的介入[J].东南学术,2011(1).

[4] 王思斌、阮曾媛琪.和谐社会建设背景下中国社会工作的发展[J].中国社会科学,2009(5).

从长远来看，不管是城市普通社区还是流动人口聚居区这种"边缘社区"，专业社会工作的介入有助于社区真正实现政府与公民对公共生活合作管理的"善治"模式。在此模式下，既有助于政府从社区工作中逐步撤离出来，重建社区与政府的信任，又能提高社区自我管理、自我协调和自我发展的能力，使社区成为居民生活中能够依赖的公共服务网络。

（作者系广东省社会工作学会理事、广东省社会科学院 2010 级硕士研究生；本文提交 2011 年 6 月 21 日由广东省社会工作学会主办的"社会工作范式创新研讨会"）

【社会工作服务研究】

# 加强社会服务工作　努力提高幸福满意度

谢建社

正当"十二五"规划开局之时，中共广东省委十届八次全会提出建设"幸福广东"，得到了全社会的广泛关注。这意味着广东经济社会发展的思路正在向更为关注民生、关注群众生活质量转变。

幸福就是人们对工作和生活满意程度的一种主观感受，是一种精神上的愉悦。衡量这种感受的主观指标是"幸福指数"，它主要包含三方面内容：一是人们对工作总体的满意感；二是人们对生活所体验到的快乐感；三是人们由于潜能实现而获得的价值感。怎样才能"给力幸福"？作为全国先行先试的广东，在全国经济社会发展的格局中往往起到风向标地位，在整体提高公民的生活质量，让公民更加幸福，这将是未来5年广东发展着重解决的关键问题。

社会工作是政府提升人们幸福感的重要工作。因为，社会工作是一项助人自助的工作。它帮助社会上的贫困者、老弱者、身心残障者和其他不幸者；预防和解决部分经济困难或生活方式不良而造成的社会问题；开展社区服务，完善社会功能，提高社会福利水平和社会生活素质。因此，社会工作对于协助政府，通过专业服务，实现个人和社会的和谐一致，从而进一步提升人们对幸福的满意程度。

第一，社会工作为公民幸福提供良好的服务。中国正处于社会转型和体制转轨的双重历史进程中，推进行政管理体制改革，已经成为落实科学发展观的重要保障和突破口。政府转型的一个重要目标是，由计划经济下的管制型政府向市场经济下的服务型政府转变。于是，政府把服务群众作为终极目标。此时，社会工作就充当了政府实现人们满意度的桥梁，通过服务满足公民的基本需求，服务是公民幸福感的重要因素。特别是社会工作对遭受各种困难和不幸的公民进行帮助，保障他们基本生活的需要，使他们能够发挥自己的潜在力量，并增强适应社会生活的能力。

第二，社会工作为公民幸福提供需求的满足。幸福不应只是一种抽象的概念，或神秘的心理体验，幸福也是一种需求的满足。一般来说，在人们的物质生活达到一定的程度之后，私人消费的增加已不再是提高个人福利的主要方面，而对环保、安全、教育等方面的需求则越来越大；也就是说，当社会进入发达状态时，对那些基本公共事业的需求就变得越来越大。在一个公民需求得不到满足，而且普遍被权力和他人所占有的社会中，幸福的现实基础必然是脆弱不堪的。正因为如此，当社会工作通过服务，满足公民的社会需求；通过需求的满足，增强弱势群体的社会归属感，增强社会成员的社会公正感，增强个人的社会适应感，增强满足社会需求的幸福感。

第三，社会工作为公民幸福提供丰富的资源。在现实社会生活中，社会资源是有限的，同时由于条件的限制，于是人们对资源的需求就更加迫切。社会工作者具有整合社区资源、动员社会力量的功能，通过社会服务机构与制度，对社会资源与机会进行有效的分配，建立资源网络，并引导人们使用这些资源与服务，使人们在需要时能够充分利用资源网络，满足其需求。

（作者系广东省社会工作学会副会长、广州大学广州发展研究院副院长、教授；本文提交 2010 年 1 月 23 日由广东省社会工作学会主办的"建设'幸福广东'学术研讨会"）

# 编制实施妇女儿童发展新规划，给力"幸福广东"

王碧华

中共广东省委十届八次全会明确提出要把加快转型升级、建设"幸福广东"作为"十二五"时期经济社会发展的核心，把保障和改善民生、解决关系人民群众切身利益的热点问题，作为建设幸福广东的重点工作。这为广东妇儿工作指明了方向，提出了新的更高要求。妇儿工作关系到妇女儿童的切身利益，关系到社会和谐与文明进步，是建设"幸福广东"的重要基础性工作。没有全省广大妇女儿童的幸福，就不会有千千万万个家庭的幸福，更不会有全省群众的幸福。

编制和实施妇女儿童发展新规划，是增进广东妇女儿童福祉的制度保障，是建设"幸福广东"、造福妇女儿童的重要抓手。通过制定实施新规划，保障妇女儿童在经济、教育、卫生、福利、社会环境等领域的切身利益，保障广大妇女儿童共享改革发展成果，让包括妇女儿童在内的人民群众在经济发展过程中普遍得到实惠；制定实施新规划是落实科学发展观的要求，妇女儿童事业是社会事业的重要组成部分，通过制定新规划大力发展妇女儿童事业，实现广东经济社会协同发展，建设幸福广东。需要层次理论认为，人的需要由低到高，当低一级的需要满足之后，就会进入高一层次的需要。随着经济社会的不断发展，妇女儿童的需求日益提高和多样化，通过制定实施妇女儿童发展新规划，科学设置目标指标和制定策略措施，切实解决妇女儿童最关心、最直接、最现实的实际问题，不断满足妇女儿童的更高层次的需要，增强妇女儿童的幸福感。

　　妇女儿童发展新规划增加新领域和新指标，提高妇女儿童的幸福指数。新规划在妇女儿童优先发展领域分别增加社会保障和福利。如新妇女发展规划增加的"社会保障"领域，强调生育保险、医疗保险、社会养老保险的覆盖率和水平的提高；儿童发展新规划增加的"福利"领域，探索儿童福利由补缺型向适度普惠型转变。通过新规划建立科学的指标体系，提高妇女儿童的幸福指数。如在妇女与参与决策及管理领域，提高妇女参政比例，增强妇女的成就感和自豪感；在妇女与经济领域，消除就业性别歧视，逐步实行男女同工同酬，男女同龄退休，降低失业率，增强妇女的公平感；在妇女儿童与社会保障和福利领域，提高社会保障的覆盖面和保障水平，增强妇女儿童的满足感；在妇女儿童与法律领域，依法打击拐卖妇女儿童等侵犯妇女儿童人身权利和财产权利的违法犯罪活动，预防和制止家庭暴力，增强妇女儿童的安全感与和谐感等。此外，妇女儿童发展新规划还依据每个领域的主要目标制定相应的策略措施，保障目标指标的实现，使增进广东妇女儿童福祉的新规划落到实处，为建设"幸福广东"给力。

　　（作者系广东省社会工作学会副会长、广东省人民政府妇女儿童工作委员会办公室调研员；本文提交 2011 年 1 月 23 日由广东省社会工作学会主办的"建设'幸福广东'学术研讨会"）

# 义工社会服务制度化：社会保障制度的辅助支柱

杨 英

## 一、义工及义工制度化

义工为义务社会服务工作的简称。它指的是人们利用休息闲暇时间，为社会上需要协助的公益、公共机构及需要寻求帮助的人群提供无偿服务与支持的活动。当前，社会上已在逐步推开的义工领域主要包括有护送、知识传授、功课辅导、探访、文化艺术、康乐、体育、环境保护、劳动、心理辅导、医疗护理、资讯科技技术支援及协助国际会议等。服务对象包括：儿童、青年、老人、病患人士、弱智人士、戒毒人士、释囚人士、新移民及相应需提供协助服务的公益及公共机构等。

由于中国社会有着极为浓厚的助人为乐的优良传统，因而有着倡导及发展义工事业的良好社会环境与基础。1993 年底，共青团中央决定实施中国青年志愿者行动至今才近 10 年的时间，全国的义工活动便已得到了长足的发展。据有关方面的不完全统计，早在 2000 年 6 月份，全国累计已有 8000 多万人次的青年向社会提供了超过 40 亿小时的义工服务。

义工制度化是指通过立法鼓励公民积极参与义工，并指定一个政府部门负责对义工活动进行组织与管理，以使义工活动发展有序有效且成为推动社会高质发展的一股重要的辅助力量。多数西方发达国家均通过义工制度化来推动义工活动的发展。中国的香港便于1970 年成立了义务工作发展局，积极承担义工事业的枢纽角色，致力于推广、组织及发展持续的义工服务，为香港缔造文明及关怀社群作出了重要贡献。

## 二、义工制度化可以有效地提高中国的社会保障水平

义务社会服务活动是一项立足于社会关注、国家关心、公民能为的社会公益事业，它可以帮助有特殊困难的社会成员，推动社会保障体系的建立和完善；消除贫困和落后，消灭公害和环境污染，普及科学文化知识，促进经济社会协调发展和全面进步；建立互助友爱的人际关系和良好的社会公德，推动全社会的精神文明建设。其中的互助功能，对于中国目前还处在初级发展阶段的社会保障制度来说，更具重大的补充及辅助作用。具体分析如下：

改革开放以来，中国的社会保障体系建设了长足的发展，其表现是养老保险、医疗保险、失业保险及工伤保险等四张保险网已全面铺开，全国有 319.2 万农村人口得到最低生活保障，保障金额 7.3 亿元（含实物折款）。此外，各地也已普遍将最低生活保障金列入当地财政预算，支持省内欠发达市、县以及省属企业职工的最低生活保障，全国城镇最低收入标准以下的居民中有 1123 万人得到最低生活保障救济。

然而，由于中国面向现代化的社会保障制度的历史欠帐过多且目前可用于支撑这一制度的资源较为有限，故其社会保障体系尚存在着覆盖面小及功能弱的特点，其表现：一是领取失业保险金人员占全部失业人员（包括显性及隐性失业人员）的比重、参加基本养老保险及基本医疗保险的人数占全社会总就业人口比重都比较低，现已享受最低生活保障的农村人口占农村总人口的比重仅为 0.36％，占应保人数的 12.28％。另有统计表明，上海接近 18 万户私营企业中，参加社会保险的仅 1.35 万户，占比不到 10％，参保人数占私企雇员的比重不到 5％。二是国家和企业承担了主要社会保险责任，家庭保障和商业保险则注意不够，而财政及企业在可以预见的

时期内，又难以集中足够的资源投入于大幅度提高社会保障水平。

中国社会保障体系的上述问题在很长的时间内均难以解决的。因此，在社会保障制度以外寻求更多的资源支持，自然便成为提高中国社会保障水平的一种不可或缺的基本思路。

上规模的义工服务对社会保障制度具一定程度的替代性及补充作用。有关统计分析资料显示，深圳现全市参与过义工服务的市民超过200万人次，注册义工平均每人每年服务时间超过50小时，非注册义工或短期参与义务服务的义工每年服务时间超过270万小时。广州现有志愿者也已有几十万人，按照除掉节假日外一个人每年工作260天、每天工作8小时来计算，全市义工的服务时间相当于2278个人全职地为社会提供服务。由此可见，若能设计及实施有效的义工服务制度，鼓励并引导更多的公民投身到义工服务领域中，将可在现行的社会保障制度之外形成另一支为社会上弱势人群提供有效的援助服务的支柱。因此，为提高人民的生活保障水平，国家除需要加快社会保障制度建设、高度重视发展商业保险及大力发展农村及社区合作医疗等等外，还可以通过加大推动义工服务制度化的步伐，促使义工服务成为社会保障体系重要有益的补充。

## 三、推动义工制度化的政策建议

为迅速将义工服务发展成为中国社会保障体系之外的另一支重要的辅助力量，笔者建议加快义工服务制度化的步伐。义工服务制度化的核心是对这种社会活动的规范、组织及鼓励进行立法，具体的内容如下：

一是以援助社会弱势群体作为义工服务的主要定位。从高效配置社会资源以提升社会保障水平的角度出发，将义工社会服务的力量主要定位在为社会弱势群体提供援助服务方面，以使义工所提供的社会服务能较迅速地发展成为能对社会保障制度起辅助作用的重要的补充力量。

二是颁布有关政策激励公民积极投身义工事业。目前，广东在全国率先通过立法实现公务员晋升和考核的"义工一票否决"制，规定公务员每年累计完成义工时间不得少于 20 小时；在校大学生参加义工可以纳入学分制管理，毕业阶段必须修满规定义工时间方可拿到学位证。为鼓励更多的公民投入义工社会服务事业，立法时除运用传统上所使用的精神奖励的方法对在义工服务方面有贡献的公民进行嘉奖外，还可以将义工社会服务活动与社会互助结合起来，设计并出台有关具社会援助性质的具实质性的回报政策，以有效调动公民投身义工社会服务事业的积极性。这方面的具体考虑是，对义工服务者的义工数量及质量状况进行评估、登记及累计，并作为其获取义工回报的基本依据，以便在该义工需要社会援助的时候，能按一定的标准无偿获取义工回报。

三是指定民政部门作为义工社会服务的组织管理机构。义工活动是一项极为复杂的系统工程，其运作能否有序地进行及其工作能否能落到实处，无不与管理有密切的关系。为组织与管理好义工事业的发展，应指定民政部门为义工事业的主管机构，以统一进行义工注册，接受义工服务申请，开展义工远程培训，推介及拓展义工服务业务，评估义工绩效及管理义工服务档案数据库等。

（作者系广东省社会工作学会副会长、暨南大学经济学院教授；本文系作者 2007 年 10 月 16 日在"广东省社会工作学会成立大会暨首届社会工作与企业社会责任论坛"上的发言）

# 残疾人社会工作发展思考

江明旭

残疾人作为一个特殊的社会群体，是社会工作的重要对象。近几年，广东省在珠江三角洲地区率先推进社会工作试点工作，将残疾人联合会和残疾人服务机构纳入实施单位，开展残疾人社会工作服务。

## 一、目前广东残疾人社会工作服务的两种主要形式

### （一）购买岗位派驻形式

即根据实施单位（用人单位）配置社工岗位数量，由民政部门作为购买方，向服务提供方的专业社工机构支付社工费用，再由专业社工机构派出社工到实施单位（用人单位）提供服务。深圳、东莞都以这种形式为多。东莞市民政局购买东莞市大众社会工作服务中心 21 名专业社工服务，分别派驻市残联所属市残疾人专门协会、残疾人社区康复指导中心、残疾人辅助器具服务中心、残疾人康复中心、残疾儿童教育中心、残疾人托养中心等六个服务点。专业社工主要为有需要的残疾人提供三大类服务：个案服务方面，直接提供个案咨询、需求评估、服务建档、心理辅导、资源链接与整合、服务转介等；小组服务方面，开展情绪管理、人际交往、疾病预防、就业辅导等支持性小组活动；社区服务方面，主要开展家庭随访、社区宣传等倡导性活动。经过两年的探索，社工已基本能够结合残联业务找准定位，取得初步的成效。一方面，在残联人手相对紧缺的情况下，一定程度上满足了残疾人个性化、多元化的服务需求；另一方面，在专业人士相对不足

的情况下，为残疾人服务注入了社工专业化、柔性化的理念和方法，促进了残联系统专业化水平的提高。

**（二）服务项目"打包"形式**

岗位派驻式的发展模式，因其人手有限、服务局限的弊端，注定只能成为社工发展中的补充和过渡模式。对于广大残疾人的需求，采取批量化的项目打包的方式更可取。比如江门市蓬江区街道直接向市利民社会工作综合服务中心购买"居家养老（助残）服务"项目，区残联向市利民社会工作综合服务中心购买"堤东街残疾人需求调查"项目。东莞长安镇也率先以项目打包的形式，运作了为残疾人提供日间照料、庇护就业的残疾人服务项目。这种方式的长处在于服务批量化，服务过程可监督，服务效果便评估，且保证社工的专业性。

## 二、社工岗位派驻形式存在的主要问题

**（一）社工人力单薄、服务效果局限**

派驻式的社工模式，决定了一个服务点的社工数量有限，相对需求庞大的残疾人群体来说，就显得人单力薄，导致人均社工服务的残疾人数量有限、服务内容有限，且受派驻单位局限，难以为残疾人提供全方位、持续跟进的服务，这些都大大限制了专业社工服务残疾人的效果。

**（二）社工人员变动、流动大**

受购买合同到期、人力单薄等因素影响，派驻社工难以保证队伍的稳定性，难以避免个别人员的流动和整体人员的变动。这就造成用人单位与社工需要重新磨合、新社工需要重新适应，特别是服务对象被迫需要重新建立专业服务关系等负面后果。

**（三）个别用人单位对社工重视不够，社工难以发挥作用**

个别用人单位认为，社工是政府安排的免费工作人员，没有将社工安排在合适的岗位上。

## 三、广东残疾人社会工作服务的发展方向

### （一）改变岗位配置方式

对于残疾人服务机构等类型的社工重点服务机构，应直接规定其编制内社工专业人员（持证）所应配置的数量，由其自行向社会招聘，社工人员工资福利由单位财政渠道解决。政府重点为民办残疾人服务机构购买社工岗位服务。

### （二）积极推动社工服务项目"打包"购买形式

具体步骤是：首先，由残联系统收集广大残疾人的服务需求，科学分类各类需求，并将这些类别化的服务需求转化为价格明确、服务数量和服务质量要求清晰的可量化的服务项目；其次，由残联按照有关程序向政府就服务项目申请项目经费；再次，由政府或政府委托残联公开向社工机构招标服务项目；最后，由残联牵头组织对服务项目实施情况进行专业服务效果、经费预算使用的服务评估。

（作者系广东省社会工作学会副秘书长、广东省残疾人联合会维权部部长；本文入选 2011 年 6 月 21 日广东省社会工作学会主办的"社会工作范式创新研讨会"）

# 政府购买社会工作服务的三个"神话"

郑广怀

2010 年以来，在广州市家庭综合服务中心（原称"社区综合服务中心"）建设强力推进的大背景下，在社会管理服务创新的进军号角中，政府向社会工作机构购买服务成为专业社会工作发展的主要推动力。本文拟从政府购买社工服务的理据、条件和运作检讨现有政府购买社工服务的问题。

## 一、理据的"神话"：权宜之计

政府为什么要购买社工服务？从国际经验来看，其理据不外乎如下几个方面：一是立法授权。例如美国有些州的法律规定，某些服务领域，如老年、精神健康、酗酒与吸毒、食品分配、特殊儿童等，政府机构不得自身提供服务，必须与非政府组织或企业签订合同，由它们提供服务。问题是在当代中国，无论在中央政府，还是地方政府，都缺乏购买社会服务或社会工作服务的立法，相关政策文件只是非常笼统地鼓励购买社工服务，至于具体向谁购买、购买何种服务、政府和非政府部门承担的比例为何都未能以法律形式固定下来。二是意识形态。国外政府购买服务的兴起是与民众对政府的不信任和对非政府组织优点的肯定紧密相关的，右派认为向非政府组织购买服务可以解决政府直接提供服务的高成本低效率的问题，左派则认为购买服务可以扩大使用者的选择，推动公民参与，以更灵活的方式向服务使用者提供差别化的富于创意的服务。问题在于，当代中国尚缺乏非政府组织和市民社会蓬勃发展的社会环境，在限制还是发展市民社会的问题上，高层尚未取得共识。三是理性决策，即政府向非政府组织购买服务是理性决策的结果。它假定政府官员既有能力也有意愿系统地评估外部购买服务和直接提供服务的相对成本和收益，基于对两者的相对的优缺点的客观评估作出合适的选择。问题是，在政府购买社工服务大干快上的时候，在领导要求要全面推开的时候，有多少地方政府或街道办事处在购买服务前做过相关的系统研究和评估呢？

事实上，目前的购买社工服务既不是立法授权，也非意识形态和理性决策，它只是一种权宜之计。对政府而言，面对日益增加的社会不满，需要社工作为一种"专业"的力量来充当"维稳的急先锋"、"坏政策的救火队"和"临时安抚措施的执行者"；对社工机构而言，在资金限制面前（如公募和外资的限制），政府购买服务的资金成为社工机构的唯一强心剂。权宜之计导致购买服务的规则和预期目标与现实状况严重不符，导致参与者以一种游戏的方式来应付购买服务中荒唐的难以完成的要求（如每名社工一年需完成多少节个案辅导，多少节小组活动），而这些荒唐的数字化的要求恰恰是地方政府面子和政绩的需要。

## 二、条件的"神话"：无真正市场竞争，无公共管理能力

政府购买服务必须有两个前提条件：一是在当地社会服务市场中存在真正的竞争；二是政府具有足够的公共管理能力来保证合同有效执行。目前的政府购买服务采用竞标模式，要求政府在众多投标者之间选择最低价的服务提供者。但该模式需满足如下三个条件才适合使用：一是存在市场竞争，即存在较多的负责任的有能力的独立的竞标者；二是足够的组织资源，即政府部门和非政府组织有足够的时间、人力和专业知识投入到长期而复杂的合同过程，包括从服务规划到监管和评估；三是确定性，即政府的资金、客户或服务需求、服务技术都非常明确。回到中国的具体情境，以广州为

例，虽然目前机构数量不断增多，但未必独立，有的拥有高校背景，有的甚至是街道办或政府部门、群团组织自己注册成立的，而且大多服务能力不足。同时，政府和社工机构都缺乏相应的组织资源投入到长期的合同履行过程。另外，无论是政府投入资金的多少、还是服务技术和服务需求都处于高度的不确定性中。

从政府公共管理能力来看，西方国家普遍经历从国家提供社会服务到服务外包的过程，即使是购买服务大行其道的今天，政府自身仍然提供一定比例的专业社工服务。这保证了政府对社工服务理念、技术和过程等的具体了解，使得政府具备较充分的经验和能力来监管合同是否真正得到履行。换言之，你如果自己不提供服务，你怎么评估别人提供得好不好？问题是，中国政府自身几乎没有提供过任何专业社工服务，目前的策略又是整体服务外包，试问政府有何能力真正监管合同的履行、评估服务的质量？

### 三、运作的神话："伙伴"还是"伙计"

政府购买服务的本质是国家扮演"使能者"的角色，体现在行政上，就是政府出资人与服务提供者的角色开始分离（以前是合二为一的），政府的公共责任局限在政策与规划、财政、规制、监管和审核等层面。具体服务由非政府组织（包括商业组织）提供。因此，在个人社会服务提供上，非政府组织的角色不是政府角色的补充，而是对政府的替代。问题是，在当下中国的现实环境中，政府部门在购买服务的运作过程中总是习惯性地将社工机构当成自身的下属机构或补充力量，经常要求社工机构主动向其汇报工作，配合政府某时段的中心任务（如创建文明城市、创建卫生城市、创建安全社区、迎接领导视察等）。换言之，购买服务双方基于合同的平等关系已经在实践运作中异化为不平等的权力关系。某种程度上，本应作为政府"伙伴"的社工机构已经沦落为政府的"伙计"，而且还是个"编外"廉价的伙计。

　　社工机构成为政府的"伙计"最终将导致"去志愿化"（devoluntarization）的发生。专业社会工作是基于志愿主义（voluntarism）发展起来的，个人或团体根据其自由意志与兴趣，以帮助他人，改善社会为宗旨的志愿行动构成了社会工作的起源。去志愿化则意味着社工机构对政府的依赖、倡导的弱化和被政府吸纳。事实上，人们不难观察到，在购买服务的过程中，当下很多社工机构的行为更像企业，它们在政府购买服务的过程中学会了营销、先发制人、投官方所好等市场策略，而社工促进社会公平正义的基本立场正逐渐被遗忘。

　　（作者系广东省社会工作学会理事，中山大学社会学与人类学学院社会学与社会工作系讲师，博士；本文提交 2012 年 3 月 16 日广东省社会工作学会和中山大学社会学与社会工作系联合主办的"广东社会工作发展现状与挑战"主题研讨会）

# 就业市场压力下如何提高学生适应性

## ——以广东某校 2006 级社会工作部分实习生为例[1]

顾江霞

大学扩招之下大学生数量急剧增加，加剧了人才市场的竞争，大学教育中职业技能培养占据越来越重的位置。作为应社会需求产生的专业——社会工作，尽管现阶段政府逐步将其纳入到体制内部发展，但是专业的社会认同度未得到普遍提高的情况下，社会工作专业的大学生如何面对多样化的就业市场需求？如何适应社会环境？本文从社会工作学生所处的实习机构需求和学生的专业能力发展的角度出发，来探讨就业市场压力下实习生的社会适应性问题。

在 2009 年 4 至 6 月底，笔者担任广东某校 2006 级社会工作专业在某机构实习的 10 名本科生的学校督导。在此期间，笔者批阅实习生的实习日志或周记、实习报告，每半个月与实习生面谈 1 次，一共 4 次，到实习机构约见机构督导两次，并通过电邮、Q 群等与机构督导及实习生沟通。本文以此为基础展开分析。不过，本研究的不足很明显，即本研究依赖实习生的叙述和笔者的解读，缺乏精确的量化资料来进一步解释实习生适应性行为，从而使得本研究的严谨性不够。

[1] 本文是广东省社会工作学会顾问、中山大学人类学与社会学学院罗观翠教授主持的 2007 年国家社会科学基金项目"中国社会工作人才队伍培养的战略与对策研究"的成果之一，项目编号为 07BSH020。非常感谢实习机构社工陈誉和 2006 级社会工作专业 10 名实习生（孔木兰、欧惠仪、刘伟强、卜敬浩、罗瑞珍、陈扬、姜思羽、刘巧贤、卢晓东、赖宇剑）所给予的信任，他们给了笔者很大启发，使笔者得以分享他们实习期间的经验。当然，文责由笔者承担。

## 一、研究视角：优势视角

社会工作作为实践性很强的专业，实习是社会工作学生专业成长的一个教学环节。社会工作实习资源不足的情况下，实习生可能面临什么样的实习境遇？实习生如何理解学校的实习安排？实习生是否有足够的潜力来培养自己的专业思维能力？这里所说的社会工作专业思维能力是指学生对社会工作理念及方法的反思性、批判性，有意识地培养自身专业领悟力或觉察力，能够运用社会工作的视角去思考自身或案主系统所面临的问题。那么，作为成年人的大学生如何面对陌生的实习环境呢？他们的应对策略是如何发展的呢？本文以优势视角中抗逆力（resilience）的研究为出发点，分析实习生在遇到压力时如何调适自身，发挥自身的潜力和挖掘资源，促使自我成长。

从学生成长过程来看，有不同的理论尝试说明学生行为的习得过程和发展途径。社会学提出社会化理论，认为人是社会情境的产物。行为主义理论提出"刺激—解释—反应"来解释人的行为产生机制。Flavell 提出在"元认识"发展模式，认为，当个体设定认知目标时，会根据本身的元认知知识拟订认知策略去完成它，在过程中所产生元认知经验再影响认知目标、认知活动及认知知识，如此循环互相影响，使得个体的元认知能力逐渐发展成熟。

George Vaillant 认为抗逆力是个人的"自我纠正倾向"、"可以弯曲而不折断或被弯曲时可以反弹的能力"。Dennis Saleebey 认为，抗逆力是发源于人们在抗争逆境之中而获得的七种特征和能力。这七种构成抗逆功能的可能要素包括幽默感、洞察力、独立性、关系、创造性、道德和首创精神。当人们与在生活中遇到困难作斗争时，其中的一项或几项就会得到发展。它们自己也是发展性的，每一项都会随着时间的推移逐步成熟和复杂化。每个人都有对生命周期进行自我纠正、自我矫治的潜力，但并非运行于真空之中，只有当他生活的环境能够提供机遇和支持，能够提供保护和创造性的因素时才能实现。优势视角取向的实践意味着：作为社工所应该做的一切，在某种程度上要立足于发现和寻求、探索和利用案主的优势和资源，协助他们达到自己的目标，实现他们的梦想，并面对他们生命中的挫折和不幸、抗拒社会主流的控制[1]。

Howard Goldstein 认为，优势和抗逆力的模式不是忽略我们所称的人类的黑暗面。如失败感、无助感和自尊也不是被判断为一种瑕疵，而是一个可能的起点，在此案主（或我们自己）可以开始在心理、人际和道德方面探索他们在何处无法达到他们的或社会的个人责任、成长和自我实现的标准。优势视角鼓励和意味着一个扩展的和包容的理解模式。

社会工作实习生在发展自己的专业能力过程中，实习之前就面临很大的挑战。首先，在高等教育大规模扩招后，学生普遍遭遇到一个在大学中匿名化生存的高风险性，即没有人真正关心学生的发展，即使在社会工作专业，同样如此。在就业市场的压力下，大学越来越重视职业教育。特别是本研究中的学校，属于二类本科首选院校，学校定位在教学型院校，培养应用型人才。任课教师面临繁重的教学和科研任务，专职辅导员及其他学校职员同样处理繁杂的事务。以笔者所在的学校为例，在校师生比为 1：20，所在的社会工作专业师生比在 2009 年下半年将达到 1：34。实习生所需要的老师支持非常有限。其次，从实习机构来看，能够担任社工实习生督导的机构员工比较缺乏。即使有资深社工担任督导，学校还没有建立购买机构督导服务的机制。最后，从实习生来看，实习生通常会等待学校安排好实习相关的一切，并没有意识到自己的责任。有学者认为，心理咨询员的个人成长是助人成长的必要前提，咨询员要不断地自觉与自省，加强日常的自我训练[2]。对于以助人自助为核心理念的社会工作专业，同样如此。

---

[1] [美]Dennis Saleebey.优势视角—社会工作实践的新模式[M].李亚文、杜立婕译.上海：华东理工大学出版社，2004：4.

[2] 蔺桂瑞.心理咨询员的个人成长[J]中国青年政治学院学报，2002 (2).

如此，当实习生一旦进入实习机构时，就会发现，自己面临的压力超出了自己的想象。那么，在这种情况下，实习生如何发展自己的抗逆力？如何发挥自己的潜力？实习生生活的环境能否提供机遇和支持？这些生活环境主要是实习生所处的系统，包括实习机构、学校同学、老师、家人等。

## 二、实习过程描述

社会工作专业学生与其他专业学生一样，当进入实习阶段时，学习、工作与生活场境发生变化，面临着挑战。如何熟悉工作环境？如何与实习机构员工建立关系？如何获得认同？这些问题一再萦绕在实习生的心头。先来看下本研究中实习生实习机构的情况。

该实习机构是挂靠在某报社下的一个以少年儿童为目标人群的机构，包括亲子教育机构"成长空间"和杂志社两大部分。"成长空间"提供小朋友情商课程、亲子沟通工作坊及各种兴趣班或技能培训班。"成长空间"目前招聘有两位社会工作本科毕业生负责部分课程，外聘有其他儿童教育专家开办特定课程。杂志社每月出版两本杂志，一本是面向3至12岁小朋友的杂志，一本面向父母旨在促进亲子教育的杂志。杂志社分为采编活动部、发行部、行政部等。采编活动部主要是处理办公室工作、写稿及处理读者稿件、举办活动等；发行部会联系其他部门定期在不同的学校和某购书中心开展杂志义卖活动、筹办杂志评鉴会、小记者培训班、分包、外送及邮寄杂志等，另外聘有校外辅导员开展学校工作。不同部门的工作人员工作内容经常有交叉的地方。

### （一）实习早期：实习工作内容明确和实习补贴的争取

本次学校安排的实习时间是从4月20到6月20日。在正式实习之前，已有同学提前1至3周的时间，每周末去实习机构做些杂务，开始慢慢了解实习机构情况。学校跟进督导在第一次与实习生谈话[1]时发现，实习生最为担心的主要是两个方面的内容，即实习工作内容模糊和实习后勤保障不足。

一是实习工作内容明确过程。从实习工作内容上来看，实习机构正式开始前没有对实习生管理、培训和支持的计划。在学校跟进督导与实习机构沟通后，实习机构将实习生分到3个部门。"成长空间"有4位学生，实习生的角色是做课程老师的助教，包括家长报班信息咨询、上课协助老师维持秩序、课后跟进家长意见等。采编部有两位学生，实习生的工作内容主要是编写杂志社所需的稿件，如游戏设计、新闻报道，另外还需协助处理日常工作行政事务等。发行部有4位学生，实习生的工作内容包括和发行部的同事一起在不同的发行点开展活动、收集信息、分包、外送及邮寄杂志等。杂志社分别委派不同的职员在业务上带领实习生，以使实习生能够达到机构要求。在以后的实习中，不同部门的实习生所遇到的挑战差别很大。

二是实习补贴的不足。从实习后勤保障来看，主要是实习补贴待遇问题。"成长空间"实习生在周末做课程助教，每天会有30元补贴。其他岗位的实习生没有补贴，但可以报销与工作相关的外出交通费；另外，如果稿件发表的话，能够领取相应稿酬。学校每周给实习学生20元交通补贴。实习学生从学校到实习机构坐公交车通常要花一个多小时，每天的交通费用是8元（可以办理公交车月卡，也需要80多元），午餐费用5至8元，实习生的开销较大。这为日后实习生在计算自己实习收获和付出之后产生的剥夺感埋下伏笔。调研发现，实习机构为实习生提供运用专业知识的平台，但是社工督导缺乏，使得实习生专业成长不足。在当前体制下，学校督导或机构督导均有繁重的任务，较难脱身出来使其专注于学生专业

---

[1] 这次谈话的程序是：首先，遇到的问题是什么？"一个问题一张纸"，请写下来。其次，将问题归类。再次，就归类的问题，团队成员互相协助，尝试回答。这里非常感谢香港基督教服务处区洁盈为学校督导提供的督导培训。

成长。学校未能支付合理的专职或兼职的社工督导费用，也致使社工实习生对实习中产生的诸多问题无所适从。由此看来，社会工作实际上是投入成本相当高的专业。

**（二）实习中期：不同部门的实习生所遇的挑战不同**

在实习开始时，由于实习生对社会工作认同、职业生涯设计等不同，实习工作的投入也不同。但是，实习生都希望通过专业实习能够获得成长。在随后的实习过程中，不同部门实习生的感受发生分化。不过，实习生反映处理行政事务的能力都有提高，比如办公室打印机、复印机的使用、EXCEL 等办公软件的使用、开发票等。这些进步尽管看起来很细小，但是对于实习生来说，每一点进步都是那么值得欣喜。

对在"成长空间"的实习生来说，由于面向小朋友直接提供服务，尽管是辅助性的工作，但实习生有更多机会学习儿童教育专家的知识和经验，而且有更多机会与服务对象直接打交道。实习生关于服务对象的知识增加很快。实习生实践小组工作和社会工作行政的机会最多。对采编部实习生来说，要求实习生写新闻稿和处理办公室的工作，接触小朋友及家长的机会相对少。实习生反映有两点比较突出，一是要提高自己的新闻写作能力，二是要去适应办公室政治。然而这两点开始时均遭到实习生抗拒。实习生认为自己不是中文系或新闻系的学生，却来做采编的工作；社工教育强调对人关怀、照顾的成长环境，但是实习机构要求的却是冷冰冰的工作任务，要求实习生突破自己的舒适区。但是，要达到学校专业实习的要求，必须要面对这种处境。实习生发展出很多策略来面对这种问题。一方面，了解杂志社审稿制度，努力按照机构要求写稿。事实上，社会工作是个多面手的工作。另一方面，努力了解同事工作方式和沟通风格，以适当保护自己的原则处理办公室政治。对发行部的实习生来说，挑战最大。发行部的工作总的目标很明确，即建立、扩大和巩固杂志社的发行网络，但是工作弹性很大，对工作人员的主动性和创造性要求很高，需要工作人员有很强的沟通能力。如果说"成长空间"的实习生按机构规划好的内容按部就班地开展工作的话，那么，发行部的实习生就是要规划自己的工作内容、工作方式，以争取机构目标的实现。

实习生反映的问题集中在两个方面，一是杂志社的工作目标与社会工作专业目标不一致，二是实习生无法整合原有的专业知识到现在的工作中。首先，就目标来说，实习生认为发行部是以杂志销量为目标，最终目标是盈利，而社会工作专业目标是"助人自助"，最终目标是推动服务对象成长。其次，就专业知识发展来说，实习生认为个案、小组、社区等工作很难运用到实习工作中。实习生认为工作中杂务太多，但当问及各人所负责的工作在整个机构运作中所起的作用时，发行部的实习生开始并不能回答。确实，实习生杂务较多，实习生职业发展规划未得到正视，如果自己不争取机会的话，个人专业发展的实习目标较难实现。实习生认为"自己与社会工作越来越远"，产生很强的挫折感。

那么，如何提供支持的环境促使其调整呢？一方面，实习生逐渐认识到机构为本的实习安排的局限性，在无法调岗的情况下，并没有消极地面对工作，而是以坚强的态度面对挑战，实习生劝自己"为了老师也好，为了学校也好，为了自己也好，我是会尽力完成我的工作。"另一方面，实习生努力运用所学知识开展工作，比如沟通、同理心等方面的知识与服务对象对立关系，扩展工作。事实上，实习生是有机会运用到小组工作（如小记者培训班）、社区工作（在学校或其他地方开展杂志义卖等）的方法来开展服务的。

**（三）实习后期：工作内容难度加大带来的挑战**

随着实习生逐渐熟悉工作内容，实习机构所给的工作任务难度也逐渐加大，给实习生的自由度也相应增加。在实习后期，成长空间实习生尝试自己带领小组、并积极策划工作坊；采编部的实习生单独采编或提出策划案；发行部的实习生逐步地独挡一面，如负责某次义卖活动、开展某次主题课程小记者培训等。这些不断挑战实习生的能力，促使其获得不同程度的成长。事实上，机构肯定了实习生的努力。在实习临近结束时，实习机构尽管对实习生评价不一，但明确表示希望实习生能够留下来继续工作。不管如何，实习生的投入会影响到机构同事对实习生的态度。"成长空间"机构督导反映实习生很用心地实习，非常认可实习生的努力，机构员工甚至帮助实习生向机构决策层争取较多的实习补贴。

### 三、实习生适应性困境与抗逆力发展

在实习过程中，实习生面临学校、机构、自身原有的生活习惯的挑战。其中，实习生慢慢明晰学校、机构对自身的需求，逐渐找到自身定位。在这个过程中，实习生努力适应新的环境并非易事，实习生的身体、人际关系、行为方式及心理情绪上出现压力症状。而这种症状正是实习生发展抗逆力的机会，实习生表现出令人赞叹的自我发展能力。

#### （一）实习生对实习机构需求和学校需求的辨别过程

实习生在实习之初对学校实习安排依赖性较强，通常对实习机构抱有很高的期望，这种期望伴随着对自己应对即将到来的工作压力的担心。实习生思考问题也是以自身专业能力有机会得到发展为出发点，即"我通过做什么工作使自己得到成长？我怎样可以获得更多关于服务对象的知识？"考虑问题的核心是实习生自身的成长——"我的成长"。但是一旦开始实习，实习生就发现，整个实习环境实际上并不是以实习生为本，甚至不是以服务对象为中心，而是以机构为本的实习环境。

一是实习生当前处于以机构为本的实习环境。实习机构并不是所有的员工都了解社会工作是什么，甚至机构中负责在工作上带领实习生的员工也不清楚到底社会工作是什么，更不清楚如何发挥社会工作的专业所长为机构服务。当实习生表现出做某些具体事情的

才能时，实习机构的员工就会持续性要求实习生做这些事情，而实习生就会抱怨一再重复某些事情而没有成长。实习生实习时需要专业指引，这时发现，不管是学校督导还是机构督导，在现有的体制安排中，均不能尽到"专业指引"的职责。实际上，以机构为本的实习环境是以机构需求满足为实习生的首要目标。

二是学生处于被动实习与学校管理控制境地，自主性有限。首先，实习契约用来明确学校、实习机构、实习生的权利和义务关系。学校希望实习生在写作实习契约过程中，明确实习机构宗旨，了解实习期望，端正实习态度。但是，学校在有限的实习机构可供选择的情况下，实习契约较难保证实习生的权利（如专业成长的和适当补助的权利），很易变成学校和机构管理实习生的文件，或者形同虚设。本研究中实习机构负责人认为学校这些要求没有必要。事实上，实习契约对于学校、机构并没有约束力。其次，实习启导报告是为了促使学生了解实习机构动作方式及机构亚文化，但是实习生在融入实习机构过程中也遭遇到排斥，并不是每个机构都很宽容而又负责地对待实习生。在现阶段社会工作处于发展时期，优质社会工作专业服务机构提供的实习岗位少之又少，实习生除了本身专业学习外，还肩负着不断挖掘资源，开拓社会工作服务市场的任务。再次，拿实习日志或周记来说，学校一方面通过写作促使学生整理资料；另一方面，促使学生思考。但是，当实习生没有把实习日志或周记作为自我成长和沟通交流的工具时，实习生在写作过程中感受到身体的疲劳、在实习环境的孤独以及心理的压抑，觉得无处可逃，充满了无助感。同学之间的倾诉、互相支持变得越来越重要。学校督导繁重的教学科研任务，使其投入的时间非常有限，未能及时疏导这些情绪，这也丧失了促使学生专业成长的机会。最后，从作为实习总结的实习报告来看，在实习报告中，有的实习生会隐藏自己对专业、对社会的批判甚至质疑，强调自己通过实习获得了学校期望的成长。也就是说，实习总结中学生并没有将深层次的反思表达出来，而是将问题轻轻带过。换句话说，当学生意识到学校、机构在应付自己时，学生也在发展应付学校、机构的策略。

由此可见，在大学教育形式化的同时，大学缺乏对于人本身的关注、反思及促进，大学丧失了追求真理的精神，社会缺乏支持理想实现的土壤，社会工作专业发展流于肤浅。大学教育世俗化并不等于庸俗化，实用化并不等于急功近利化。社会工作尽管有社会控制功能及加重社会偏见的风险，但也有促使个人解放和社会宽容的使命。

### （二）实习生压力症状及抗逆力发展

实习生在实习期间的工作生活节奏和学校的学习生活节奏不同，其压力症状表现很明显。从生理上来看，实习生都感到实习很累，主要是由于上班路程远、一开始并不能适应实习工作岗位的严格要求、较难适应办公室政治等原因。从人际关系上来看，实习生渴望得到别人的关爱和认可。这表现在实习生在犯了小错误后，实习机构员工的表现引起的实习生情绪反应。从实习生行为习惯的调适来看，实习生学着处理实习压力。

不管什么特点的实习生，按照优势视角的原则来看，都具有无穷的潜力。个体的抗逆力是自然选择的过程，但是这并不意味着可以采取放任不理的态度，来看抗逆力的产生、发展。从优势视角的社会工作实践来看，如果个体有适当的机遇和支持，能够积极面对挫败，抗逆力也就得到发展。

## 四、小结：当前处境下实习生抗逆力培养途径

从前述分析来看，实习生应对实习环境有不同的策略。当实习生生活环境提供机遇和支持时，能够面对挫折，发挥自身的潜力。培养个体的抗逆力，以积极的心态面对生活，是非常重要的。那么，在当前处境下，如何培养实习生抗逆力？笔者认为，综合考虑就业市场压力和个人发展的要求，有两个可能的培养途径：一是学

校以学生成长为中心，加强与实习机构建立合作伙伴关系。二是实习生社会工作思维能力的培养。展开来说，首先，从学校出发，与实习机构建立更协调的实习工作联系，最好能够挖掘资源聘用兼职或专职督导。在实习前，学校给予学生实习机构更多的信息或者要求学生收集更多的实习信息，澄清学生的实习期望；机构在招聘实习生时，给予明确的实习工作岗位描述、工作能力要求、实习工作待遇等。在实习结束后，学校举办答谢会、颁布优秀督导证书、出版或结集实习生工作总结等，进一步加强与实习机构的合作关系。其次，从实习生出发，在实习生普遍认识到就业市场的压力下，学校提供有助于学生职业生涯规划的资源有限的情况下，实习生对自身的成长同样有责任，传统"等、靠、要"的思想需要改变。就社会工作专业来说，社会工作者自身的稳定性非常重要，社会工作者同样需要帮助自己成长。社会工作专业的学生更需要不断积累实践经验，培养自己探索真理的旨趣。

（作者系广东省社会工作学会理事、广东商学院人文与传播学院讲师；本文提交 2009 年 12 月 11 日广东省社会工作学会主办的"广东社会工作人才队伍建设模式探索研讨会"）

# 【企业诚信问题研究】

# 企业诚信与企业品牌建设

许雁雁

随着改革开放深入发展，中国经济迎来了一个又一个增长高峰。在看到取得举世瞩目成就的同时，也应该看到市场经济膨胀式发展的背后，是社会经济发展不平衡带来的种种社会堕距。造成中国企业诚信危机的直接动因就是在利益最大化的原则驱使下，企业在眼前利益与长远利益的博弈中选择牺牲诚信而追逐眼前利益。在企业诚信缺失的背景下不难想象企业品牌建设的道路是何其短暂和艰辛。本文就中国企业诚信与品牌建设的现状、成因和发展路径进行分析论述，但求这一纸拙见不至偏倚。

## 一、中国企业诚信与企业品牌建设的现状

这里从企业诚信危机和企业诚信建设取得的成就两方面来透视中国企业诚信的亮面和暗面，并在此基础上概括中国企业品牌建设的现状。

### （一）中国企业的诚信缺失问题

中国企业诚信缺失在生产领域、销售领域和企业之间都有出现。以生产领域为例，一是炮制虚假概念，蛊惑消费者。对一些高科技行业企业而言，一个新的概念似乎就代表了技术的领先和产品的独特，但其中很多往往是虚假和错误的概念，例如前些年出现的所谓"健康空调"、"数字电视"玩的都是一些概念，一方面有些概念根本就不成熟就急于抛向市场，另一方

面有些技术缺乏相关技术部门的鉴定，并不能带给消费者实际的利益。二是偷工减料，欺骗消费者。小企业、小作坊盛行模仿和造假，一些大企业却擅长偷工减料，降低成本，心存侥幸。三是假冒伪劣商品泛滥。在 2000 年全国打假联合行动中，查获的假冒伪劣商品达 70 多种，从食品、药品、卷烟，到化妆品、棉花、服装，再到家用电器、汽车配件、钢材、计算机、航天飞机零部件等应有尽有。

### （二）中国企业诚信建设的成就

中国企联于 2005 年 7 月至 2006 年 7 月通过问卷、企业座谈、实地调研等方式，对 513 家企业的诚信建设情况进行了调查研究，依据调查数据可以看出中国企业诚信建设取得的成就主要有以下六方面：一是企业诚信建设环境得到改善。企业诚信建设是企业问题，也是社会问题。随着中国经济社会发展，中国各地方、各部门积极建立社会信用体系，企业诚信建设环境得到了较大改善，诚信行为受到大力褒奖，失信行为受到一定扼制。主要表现在三方面：社会信用法制环境不断完善；社会信用奖励和惩戒机制逐步建立；信用服务市场不断发展。经过 10 多年的发展，信用服务业在中国已经成为一个新兴的行业。二是企业诚信建设不断加强。目前，企业诚信建设已经突破了道德规范的范畴，转变成为企业新的管理职责，多数企业把诚信纳入了发展战略，明确了诚信建设的目标，建立了诚信管理体系。由于国际新经济伦理运动和社会责任运动的推动，企业诚信目标的确立明显与企业的国际化水平相关，在国际资本市场上市的国内企业都制定了诚信建设目标。同时，国有企业和跨国公司成为推动企业诚信建设的重要力量，这些企业大都成为国内企业诚信建设的先行者。三是信用管理普及程度有所提高。四是职业道德管理逐步展开。五是企业社会责任履行受到重视。六是诚信管理创新取得一定进展。

### （三）中国企业品牌建设的现状

改革开放 30 多年，中国涌现出一批优秀企业，拥有一些自主品牌，如海尔、联想、美的等。这些企业的创立、发展凝聚着中国社会主义市场经济实践的勇气和智慧，也凝聚着改革开放道路探索的艰辛和血泪。不可否认的是，中国的企业品牌建设与国际发达水平相比还有很大差距，在国际竞争中"中国制造"的品牌附加值往往不高，像海尔这样的品牌不是太多而是太少。同时应该认识到品牌建设是一项长期的工程，一个国际知名品牌的锻造往往需要一代甚至几代企业人持续的毕生努力，而中国还只是站在起点上。因此，要营造适宜企业发展的环境，借鉴百家之长，巩固基础，方可有精进之日。

## 二、中国企业诚信危机和品牌弱势的成因

从上文分析中可以看到中国企业诚信存在的严重危机，接下来针对中国企业诚信危机的成因做出详细分析，深入挖掘其形成的直接原因、社会原因和根本原因。

### （一）直接原因

笔者认为造成中国企业诚信危机的直接原因就是在利益最大化的原则驱使下，企业在眼前利益与长远利益的博弈中选择牺牲诚信而追逐眼前利益，也可以说是企业价值观的逐利性。市场经济条件下，企业作为经济利益的主体，其最终目的是追求利润的最大化，诚信建设也离不开对赢利的追求和对社会成本的权衡。中国相当一部分企业欠缺符合市场经济要求的企业核心价值观。惟利是图、金钱至上的经营理念支配了企业的行为，利令智昏，使其丧失了职业道德。另外，企业信用法制的不健全也使中国的企业诚信危机雪上加霜。当前，中国已实施的法律中，《民法通则》、《票据法》、《担保法》、《反不正当竞争法》等都有诚实守信的法律原则，但从整体看，有关企业信用体系的规范授信、平等授信、保护隐私等方而还

没有相应的法律、法规，无法对企业的各种失信行为形成强有力的规范和约束，有法不依和执法不严的现象相当严重。如一些地方的基层法院受当地政府的行政干预，在司法中存在随意性和不公正性，损害企业债权人的利益。

（二）社会原因

新旧体制转型过程中，市场制度和产权机制的不完善。改革开放以来，中国实行了以市场经济为导向的经济体制改革，企业逐步成为市场竞争的主体，市场机制在资源配置中逐步取得主导地位。但是在改革过程中，由于新旧体制的摩擦和市场监管的权利真空，转型期不成熟的市场制度成为企业信用缺失的导火索。出于对经济利益的追求，许多经济主体置信用于不顾，肆意损害消费者的利益，逃废债务，拖欠贷款及任意毁约，严重扰乱了市场经济秩序。据统计，目前中国每年订立的经济合同大约有 40 亿份，但合同的履约率仅有 6% 左右。与此相应，企业上当受骗，经济纠纷频繁发生。在市场经济体制下，经济交易的实质就是产权交换。明确的所有权制度和公平合理的交换是市场游戏运行的前提。目前，国有企业逐渐成为相对独立的经济主体，但是由于企业和银行的产权改革都没有到位，大多数国有企业仍然要靠银行信用维持，造成亏损严重，信用恶化。即使当前中国在进行市场化改革，相当多的决策者的利益与他所决策的企业的信誉之间也没有长远的关系，对未来收益也不具有分享权，追求眼前的利益就是决策者最优的选择，从而失去诚信的动机。

（三）根本原因

众所周知在西方大多数国家是几乎不存在假冒伪劣产品的，究其根源是这些国家在基督教信仰的文化背景下建立起一种深入全民文化意识的信用体系。相比之下，中国虽然没有严格意义上扮演相应角色的宗教，但儒学思想倡导的诚信伦理一直是几千年来中国传统文化的精髓要义之一，它同样在社会构建和发展中起着重要作用，也一度是中国商业的安身立命之本。那为什么近年来关于中国企业诚信的丑闻屡见报端呢？思索再三，笔者认为是源自社会失范。在当前这个社会转型期，原有的准则和规范失去了控制人们行为的权威和效力，即旧的平衡被打破，新的平衡又未完全建立起来，由此催生出各种各样的困难和问题，企业诚信危机便是其中之一。必须尽速建立起新的社会平衡和重建社会道德坐标，这样才能从根本上解决企业的诚信危机。

## 三、中国企业诚信与品牌建设的发展路径

下面从企业诚信与品牌建设的关系、品牌价值与企业发展以及应对企业诚信危机促进企业良性发展三方面来明晰中国企业诚信与品牌建设的发展路径。

### （一）企业诚信与品牌建设

企业诚信水平决定着企业的生命，持续诚信经营可以使现代企业在消费者心目中建立起良好的口碑。企业诚信这一无形资产不断得到积累和升华，其能量在未来的企业经营中就会逐渐释放，成为企业持续发展的后劲，与企业经营环境等硬件优势一起造就现代企业强大的市场竞争力。企业品牌建设需要持久稳固的企业诚信基础做地基，两者紧密相关，而品牌所能带来的企业价值是无法衡量的。企业经历了价格竞争、质量竞争和服务竞争之后，已进入到了声誉竞争的阶段。诚信是企业最重要的无形资产，是一种生产力，是最好的竞争手段。德国现代著名的经济学家、社会学家马克斯•韦伯（Max Weber，1864-1920）曾无数次强调诚信就是金钱。在发达的资本主义国家，很多企业的无形资产远远超过其有形资产。耐克、戴尔等公司几乎没有自己的生产企业，有的只是一个优秀的品牌。可口可乐的品牌价值就高达 680 亿美元。从产品经营，到资本经营，到信誉经营，这既是经济发展规律的客观要求，更是企业经营境界不断提升的必然结果。

## （二）企业诚信与品牌价值

品牌是一种信息，是经营者与自己沟通的手段，是认识商品的途径。对于经营者而言，脱离了与目标顾客的关系，品牌只是自己商品或服务的名称和标识，只有获得了目标顾客的认同，品牌才具有了鉴别和保护商品的作用，同时也便于自己在广告、推销和促销方面的目标顺利实现。通过目标顾客的认同，经营者可以培养目标市场对品牌的偏好，从而提高市场竞争力，并创造出为自己的商品或服务实行差别定价的机会。而获得这种品牌价值的关键是提高顾客满意度、培养消费者对品牌的忠诚。要做到这一点，需要达成一种稳固的信任，这信任则来自企业日积月累的商誉。一旦企业具备了相当的品牌价值，就会为企业带来长远效益和增强企业抵御风险的能力。但比起建立品牌价值，维护品牌价值往往需要更大的努力。

## （三）建立和完善中国企业诚信的策略

综合考虑各种相关对策，可以选取如下策略：一是树立企业诚信的理，建设诚信文化。要在企业内部创造一种诚信至上的文化氛围，使全体员工时时处处关注诚信，并把不断加强企业诚信的可能性付诸实践。二是构建以产权为基础的企业信用体系。在市场经济条件下，政府必须尊重私有企业的财产权，承认私有企业及其所有者的合法存在，承认并保护他们的财产，赋予他们公平合理的法律地位。三是建立和完善社会信用体系。在社会信用体系建设过程中，应该有效发挥政府的作用，由政府牵头，成立专门机构负责信用体系建设的组织与协调，建立个人与企业的证信系统。四是完善诚信法律、法规和失信惩罚机制。中国企业信用体系，必须制定信用法律法规，尽快形成较为完整的信用法律体系。

总之，诚信经营对于一个企业的成长来说，看起来不是最直接的因素，但却是最持久的决定因素。资金的多少，技术的高低，优质的产品，完善的服务，往往依托于企业诚信的文化底蕴，但是增强企业诚信，提高企业价值决不是一朝一夕的事情，中国企业诚信失真的现象也决不是通过一两次打假战役就可以解决的问题，这是一项长期而艰巨的全民工程，需要全社会的长期共同努力。

（作者系广东省社会工作学会理事、中华人民共和国国家统计局广东佛山调查队综合法规科科员、法学硕士；本文提交 2008 年 12 月 26 日由广东省社会工作学会、中华长城和平教育促进会联合主办的"2008 广东社会工作学会年会暨企业社会责任、诚信高峰论坛"）

# 企业诚信与和谐社会建设

范刚刚

诚信是中华民族的传统美德，也是儒家文化的核心思想，对社会的稳定与健康发展起着至关重要的作用。市场经济是信用经济，信用是市场经济的基础，它要求人们在精神、道德领域弘扬诚实守信。企业作为市场经济的主体，其诚信问题直接关系到市场经济的发展与社会的安定团结。本文从企业诚信对社会的推动作用出发，结合企业诚信的现状分析，探讨建立合适的企业诚信制度，构建和谐社会。

## 一、企业诚信概述

### （一）诚信与企业诚信

诚信是中国传统的商业道德。早在战国时，对商业活动就有"市价不二，国中无伪"的要求。在商业发达的明清之际，商家无不标榜诚信，也大都以儒道经商。企业诚信是指企业在市场经济的一切活动中要遵纪守法，诚实守信，诚恳待人，并以信取人，对他人给予信任。企业诚信是企业在市场经济中取得成功的基础，是企业无形资产的重要组成部分。

### （二）企业诚信的作用

企业诚信的作用主要表现在这样几方面：一是增强企业组织功效；二是改善企业的市场关系；三是促使市场主体降低交易成本，提高经济效益；四是有助于社会整体道德水平的提高。

### （三）企业诚信的评价标准

目前国际上通常对企业的信用评价是将商业银行对企业信用风险的测试转化为对企业财务状况的测评，从企业历史财务使用状况资料中寻找线索，从而总结出信用分类规则，建立使用评估模型。国内关于企业信用分析、评价的研究也始终是学术界与企业界探讨的一个重要问题。通过引入外国的评价方法，结合中国的实际情况，经过多年的探索完善，也发展出不少理论和模型。但是迄今为止也没有公认的、统一的方法与模型。应该结合各方面的因素，协调各方面的利益和影响，综合考虑，深入分析，全面评价企业的诚信状况。

### （四）企业诚信的现状

中国市场经济体制经过改革开放以来的探索与实践，到今天已经初具规模，企业诚信作为社会诚信的重要方面，也在不断地得到健全和完善。从总体上来看，全社会对诚信的重要性的认识尚停留在相对较低的层次，相对客观的权威性也还没有树立，主要体现在：在全社会未能形成有效的监管体系，监管部门相对繁多，而统一的监管部门和规则缺乏；立法不完善，没有统一的标准，因此难以起到激励和监管的实际效果；产权关系混乱；而且监管机构本身的独立性和公正性有待增强；也缺乏可信的记录资料。企业诚信建设与社会诚信建设的发展历程大致相同，正有待于随着社会主义市场经济体系的完善而进一步发展。

## 二、企业诚信对推动社会和谐的作用

### （一）和谐社会的内涵

和谐社会是以社会为载体，以内和外顺、同舟共济、政通人和、稳定有序为主要特征，实现社会内部各个子系统或要素全面、协调、自由、充分发展，良性互动，整体优化的社会理念。社会主义和谐社会应包括党群关系和干群关系的和谐，社会各阶层和各利益集团之间关系的和谐，区域、社会之间关系的和谐，各民族之间关系的和谐，以及经济、社会、人、自然环境的全面协调发展等多个方面。

既要强调人与人之间的和谐，又要重视人与自然之间的和谐；既要达到内部各阶层、各利益团体之间的和谐，又要争取外部世界格局的和谐发展；既要培育微观的各个社会组织细胞的和谐发展，又要促进宏观的整个社会的和谐发展；既要经济、政治、文化等各子系统内部的和谐，又要形成各子系统之间的和谐关系，共同发展。

### （二）和谐社会与企业诚信的逻辑关系

一是和谐的理念与企业诚信的内在统一。建立企业诚信制度是规范社会主义市场经济秩序的要求。市场经济是法制经济，也是信用经济。在市场经济条件下，资源主要以市场机制为基础进行配置。二是企业诚信是和谐社会的前提。首先，诚信作为具体的道德约定，是社会主义市场经济得以发展的内在要求。其次，如果将发展社会主义市场经济纳入到整个社会历史的发展领域来看，诚信意识所规范的道德约定又指向可持续发展。最后，诚实守信作为新时代重要的道德规范，其最终诉求直接指向和谐社会的构建。

## 三、建立企业诚信制度以促进社会和谐

目前在中国市场经济活动中所出现的某些不讲商业道德、坑蒙拐骗、拖欠货款以及制假售假等违纪违规行为，有的是企业组织内部管理制度的问题，有的是企业外部的制度缺失。所以应该从企业的内部和外部两个方面着手去深入分析企业诚信问题，坚持以人为本、多方协调，建立能够满足企业和社会发展的企业诚信制度，构建诚信企业，和谐社会。

### （一）构建企业诚信的内部途径

一是建立企业诚信管理制度。企业的信用管理是企业管理的一个重要组成部分，包括对应收账款和商品销售的管理，对与企业发生业务的客户信用状况的调查、征信和管理，它是企业正确筛选客户、合作对象的有力保证。建设企业诚信体系主要包括建立健全客户资信管理制度、企业内部授权制度、应收帐款监控制度以及加强对中间商的评价和

管理。二是加强对企业诚信的内部监督工作。有效的监督是构建企业诚信体系的一个重要组成部分，也是阻止企业产生信用危机的一道屏障。企业管理层以及各部门都应该高度重视，以身作则，打造一道坚固的防火墙，为企业的发展和创新扫清障碍，创造良好的环境。三是打造企业的品牌诚信。企业的品牌是企业产品质量管理、诚信企业文化、员工素质等的综合体现。因此，企业一定要把精力集中于加强产品质量管理，致力于提高企业的生产技术水平，营造诚信企业文化。

### （二）构建企业诚信的外部途径

一是完善产权制度改革，建立现代企业制度。只有从法律上对企业产权做出明确界定并就此实施有效的法律保护，人们才能基于对长远利益的稳定预期更加注重企业信誉问题。二是健全与企业诚信建设相关的法律制度。要依靠法律的力量，把规范市场经济上升为法律行为，对任何破坏市场秩序的行为包括政府行为，都应当追究相应的法律责任，尤其是要对不能履行契约的当事人要有明确规定，以增大不守信用的代价和成本。三是建立社会诚信监督机制。这是防范信用失常的有效措施。

诚信是中华民族的传统美德，企业作为社会经济组织的细胞，它的诚信不仅关系着企业的生存和发展，还关系着人民的生活、社会的发展以及和谐社会的构建。但是在现阶段，法律制度的缺失、产权关系的混乱、市场经济对人们的冲击使得诚信在企业间面临着重大的挑战，企业诚信制度则是解决问题的关键。因此必须把建立这一制度作为一项系统工程来抓，充分利用行政、法律和经济以及传媒等一切手段，打造诚信企业，建设和谐社会。

（作者系广东省社会工作学会理事、国信证券有限股份公司广东省佛山市南海区大沥营业部项目经理、经济学硕士；本文提交2008 年 12 月 26 日由广东省社会工作学会、中华长城和平教育促进会联合主办的"2008 广东社会工作学会年会暨企业社会责任、诚信高峰论坛"）

# 以诚取信　以信取胜

## ——企业诚信的价值及现状浅析

刘凤至

## 一、　企业诚信的理论价值

在社会主义市场经济中，企业诚信尤为重要。因为企业是市场经济活动的主体，而市场经济又是信用经济，企业在市场经济中是否信守诚诺，对经济活动是否能够顺利进行起着举足轻重的作用。

**（一）诚信是企业的立身之本**

诚信是市场竞争中企业的安身立命之本，企业只有坚持诚实守信、真诚处世、注重信誉才能在激流勇进的现代市场竞争中立于不败之地。

**（二）诚信是企业的合作基石**

诚信是时代的需要，是社会主义市场经济的基础。社会主义市场经济强调商品交换和价值规律，而交换双方须以诚信为前提，才能建立相互平等的经济关系和社会关系。企业的经营者要有长远的战略眼光和发展规划，要树立可靠、稳定、守信的企业形象。在企业发展遇到困难时要讲合作，企业发展顺利时更要讲合作；对自己有利时要想到合作，对自己不利时，为了长远利益更要合作。而合作的基础就是诚信。

**（三）诚信是树立企业品牌的基础**

诚信不仅产生效益和物化的社会财富，还可以产生和谐和精神化的社会财富。从表面上看，品牌主要建立在质量、科技含量和先进文化的基础上，实际上，品牌还内含着企业员工的责任和质量意识，企业内部的协作精神和精心服务于社会的态度等诚信品质。对用户和顾客不负责任，一味为赚钱而生产，就必然失去生产过程及其产品的诚信内涵，永远创造不出名牌。可见诚信是奠定品牌可持续发展的基础，也是决定一个品牌能否赢得市场的重要砝码，品牌失去诚信，终将行之不远。企业品牌价值的基础是诚信，失去信用的品牌，将变得苍白而空洞。

## 二、 中国企业的现状不容乐观

现代市场经济是法制经济，也是诚信经济。标志着成熟市场经济的诚信这种道德资源，已成为许多成功企业竞争的对象，引起越来越多的人的关注。

### （一）企业在诚信方面取得的成绩

改革开放以来，在中国的经济和社会发展取得举世瞩目成就的同时，也涌现出一批讲诚信、重品质的好企业。"没有诚信就没有百年"，发誓要做中国百年企业的海信集团在拿到中国人民银行为其颁发的3A信用证书后，仍朝着自己的目标矢志不渝地前进着；广西建工于1998年提出"对政府和出资者负责，对业主和用户负责，对企业员工负责；确保国有资产保值增值，确保员工生活改善和提高"的"三个负责、两个确保"企业宗旨，经过数十年的实践将讲诚信、负责任的理念铭记在心，在各级领导班子的领导下，以高度负责的态度、勤奋务实的工作作风，推动集团企业改革发展不断取得新的突破。

### （二）有喜有忧，忧甚于喜

在取得成绩的同时，同样也看到了诚信缺失现象犹如毒瘤一样正日益严重地侵蚀着国家和社会的肌体。在中国市场经济向纵深方向发展之时，诚信正在遭受着可怕的亵渎与破坏。据统计，中国每年因不诚信造成的经济损失接近6000亿元。目前，中国市场交易中因信用缺失、经济秩序问题造成的无效成本已占中国国内生产总值的10%至20%，直接和间接经济损失相当于中国年财政收入的37%，国民生产总值每年因此减少两个百分点。而最严重的后果是破坏了市场经济的基础，动摇了投资者的信心。

第一，拖欠款比较严重。据"外经贸企业信用信息跟踪调查"数据可以看出，有 76.2% 的被调查者认为中国有拖欠贷款、借款、税款的问题。而在众多诚信缺失问题中，32.3% 的被调查者认为中国现在的拖欠款问题是最为严重的企业诚信问题。企业之间失信赖账，商业信用日趋萎缩。在现实中收到款不交货、收到货不付款、你拖我欠的现象层出不穷，致使企业因大量呆账坏账而破产。第二，产品质量引起人们的质疑。目前，消费市场不断出现"假、冒、伪、劣、坑、蒙"等现象。第三，违约情况屡见不鲜。有 63.2% 的被调查者认为中国存在着严重的违约行为，特别是近些年来，违约现象更是频频发生。据工商部门不完全统计，目前中国全年签订合同 40 亿份，标的 140 万亿元，平均合同履行率只占 50%。第四，虚假广告繁多，信息不对称现象严重。2001 年"中国企业经营者问卷跟踪调查"数据表明：有 27.3% 的被调查者认为企业有披露虚假信息的行为，分别有 23.5% 和 11.1% 的被调查者认为，企业利用消费者的信任心理，存在着质量欺诈和价格欺诈行为。

## 三、 采取积极措施应对企业失信行为

诚信是企业在长期实践中形成的主体品质和主体精神的积淀。而诚信管理是企业的生命，是成熟市场经济形成的标志。"人无信不立，市无信不稳"。面对当前中国企业的失信现象，加强诚信管理势在必行。而建立健全企业诚信管理机制、加强企业诚信文化建设、加大失信打击力度，成为加强诚信管理的重点。

### （一） 建立健全企业诚信管理机制

政府是有序市场经济的设计者和维护者，因此政府应积极发挥其在信用建设中的主导作用。完善相关法律，建立符合现代市场经济要求的信用制度。江泽民同志曾说过，没有信用，就没有秩序，市场经济就不能健康发展。所以必须对市场进行信用规范，建立失信惩罚

机制，做到"闯红灯者受罚"，加大企业或个人失信的成本，迫使其行为趋向守信，在制度和法规上保证诚信者能够得到应有的回报，失信者承担其行为造成的损失及舆论的谴责。同时，充分运用现代信息网络，建立现代企业诚信状况公开制度，逐步实现部门间和全社会的信用信息资源共享。对诚信水平过低的企业进行曝光，促使其加强诚信建设. 建立并逐步完善企业信用评估与认证系统，规范企业信用标准。提升诚信企业的知名度，将失信企业列入"黑名单"，从而防止一些企业的短期行为，督促企业加强诚信管理和提高信用水平。

**（二） 加强企业诚信文化建设**

企业诚信文化是企业在长期经营过程中形成，并为企业内部广大员工所认同的价值观、道德规范和行为准则。企业诚信文化具有导向功能和凝聚功能。建设诚信文化，有利于市场主体形成共同的价值观和行为准则，有利于形成良好的市场经济秩序。所以企业要将"经营讲诚信、履约守信誉"的文化定格在管理者、延伸到企业全员、渗透到社会全民，形成"守信光荣，失信可耻"的企业文化氛围。

**（三）加大失信打击力度，打破市场失灵条件下的"囚徒困境"**

博弈论说明，在市场经济中，一个"经济人"的选择总是取决于相关的"经济人"的选择。当一个经济人不守信而取得更高额利润时，其他人为了获取竞争优势自然也会放弃守信。如果政府对失信的打击力度不够，很容易纵容失信行为，使其泛滥。所以明确奖惩制度，增加失信成本使其达到无利可图的程度，对讲诚信的企业及员工给予必要的奖励及鼓励，能够促使人们向诚信方向发展，在全社会营造一种诚实守信、信誉至上的良好信用环境。

（作者系广东省社会工作学会理事、广州市荔湾区汾水中学中学二级教师、法学硕士；本文提交 2008 年 12 月 26 日由广东省社会工作学会、中华长城和平教育促进会联合主办的"2008 广东社会工作学会年会暨企业社会责任、诚信高峰论坛"）

# 企业诚信的灰色多层次评价体系构建

卢丹丹

企业诚信是指企业在与自己相关的其他行为主体（包括政府、企业、个人）交往活动中诚实，遵守承诺，获得其他行为主体信任的范畴。社会经济的繁荣来源于诚信的市场经济环境，企业的发展速度、发展前景取决于自身的诚信关系状况。因此，建立企业诚信体系的评价指标体系，帮助企业清醒地认识自身的诚信水平、及时发现诚信关系中存在的问题、积极改善诚信状况，对于企业和社会经济发展有着极其重要的意义。本文在理论研究的基础上，总结前人的研究成果，对建立企业诚信体系评价体系进行了新的探索，提出企业诚信体系的灰色多层次模型。

## 一、 企业诚信体系构建的意义和指标选择的原则

定量方法是一种通过对社会现象的数量特征、数量关系与数量变化分析的一种方法，其功能在于揭示和描述社会现象的相互作用和发展趋势。随着科学技术的发展定量分析方法在经济中的应用已成为一种必然趋势，同时在企业诚信体系中的应用也越来越广泛。按照企业实际的经济活动流程，从企业诚信体系的构建对企业诚信体系进行剖析，可以为企业诚信评估寻找一种新的视角与方法。

### （一）企业诚信体系构建的意义

一是帮助企业认清自身发展中的企业关系能力，找出优势和不足，克服不足因素对企业发展带来的不利影响，积极利用优势加快企业的发展。二是建立企业诚信体系有利于完善社会主义市场经济体制。加快推进符合现代市场经济发展要求的企业诚信体系建设，才能促进统一、开放、竞争、

有序市场体系的形成。三是为社会建立刚性的诚信约束机制提供理论方法，依靠一整套完善的诚信管理方法与应用技术，营造诚信经营的市场氛围，建立完善公开、公平、公正的市场竞争机制，促进诚信企业的发展和整个社会诚信水平的提高。四是建立健全企业诚信体系有利于企业进入国际市场。从国际惯例看，只有先通过著名的评估机构的信用评价，企业才能进入国际市场，因此，建立企业诚信体系有着非常重要的作用。

### （二）企业诚信体系指标选择的原则

在进行诚信体系指标选取时应遵循以下原则：一是科学性。企业诚信体系的设计概念要确切、含义要清楚、指标的选取要合理，计算范围要明确、计算方法要科学。二是系统性和整体性。要综合考虑制度安排、组织形式、运作方式和技术手段等多个环节，尽可能从不同角度对企业诚信关系发展中的影响因素进行剖析，进行系统地设计。三是层次性。由于构成企业诚信体系的各个指标可分为多个次级指标，次级指标对上一级指标产生作用，因而具有层次性，而次级指标的选取也应注重系统性。四是可行性和可比性。在设计指标体系时，首先应考虑指标是否可行，是否便于企业间的横向比较以及纵向比较，还要注意指标定义是否清晰度、数据是否可靠，各个指标所涉及的经济内容、空间范围、时间范围、计算口径、计算方法是否可比等。五是动态性。由于社会经济形势、有关法律法规可能发生变化或有适宜的调整，因此企业时刻处于不断发展变化的环境之中，所以企业诚信体系指标的选取也应根据企业的环境和发展特点适时作出调整。

## 二、 企业诚信指标体系的构建

这里首先总结前人对影响企业诚信的因素的分析，再结合理论构建出企业诚信指标体系，将影响企业诚信的因素分为内部因素和外部因素，两个因素分别包括 7 个和 5 个二级指标。

### （一）企业诚信影响因素分析

对于影响企业诚信的因素，很多学者都对此做了理论研究分析。

潘东旭经过一系列的案例研究和理论研究分析后，认为管理者因素、法律制度、产权制度三个方面影响企业诚信，其中，产权制度由企业家选拔机制、企业文化、领导者因素三个方面构成；法律制度由社会文化、地方保护主义、信息不对称三个方面构成；产权制度由行政管理体制、公司发展战略、企业规模三个因素构成。[1] 而张铁男、马涛、魏升军则把企业诚信建设的因素分为：企业诚信建设内部影响因素和企业诚信建设外部影响因素——企业产权制度、企业诚信文化、产品质量、企业信用管理部门构成了企业诚信建设的内部影响因素；企业征信、企业诚信评价、企业失信惩戒构成了企业诚信建设的外部影响因素。[2]

### （二）企业诚信指标体系构建

在综合前人研究的基础上，笔者给出企业诚信因素模型如下图所示：

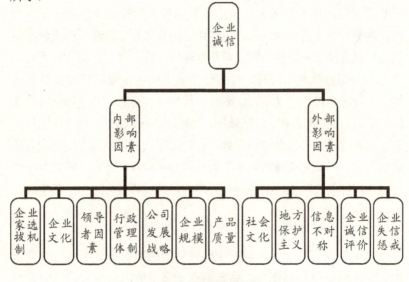

企业诚信因素模型图

[1] 潘东旭、冯本超.基于结构模型的企业诚信影响因素分析[J].企业经济,2004(4).

[2] 张铁男、马涛、魏升军.黑龙江省企业诚信体系建设分析[J].商业经济,2007(10).

　　笔者将影响企业诚信的因素分为内部影响因素和外部影响两个方面。内部因素由企业家选拔机制、企业文化、领导者因素、行政管理体制、公司发展战略、企业规模、产品质量 7 个指标；外部因素包括：社会文化、地方保护主义、信息不对称、企业诚信评价、企业失信惩戒 5 个组成部分。

## 三、 企业诚信建设的灰色多层次评价模型

　　本文采用基于灰色系统理论的灰色多层次分析法，该方法将灰色关联理论和层次分析方法有机地结合，充分发挥了两种方法各自的特点和优势，是一种直接多层次的评价方法。和其他方法相比，灰色多层次分析法具有以下优势：（1）是因子间发展态势分析；（2）是以定性分析为基础的定量分析；（3）对于数据量的大小没有严格要求；（4）原始数据分布类型不限；（5）计算方法相对简便。[1]

　　灰色多层次分析法的步骤如下：

　　首先，构造初始数据矩阵并对其进行无量纲化处理

　　考虑由 n 个指标构成的评价系统，系统有 m 个方案待评定，第 i 个方案的 n 个指标组成集合：

$$v_i = \left\{ x_{i1}, x_{i2}, \cdots, x_{in} \right\}, \ (i=1, 2, \cdots\cdots, m)$$

其代表评价对象，称为子序列。再给定相应的母序列：

$$v_0 = \left\{ x_{01}, x_{02}, \cdots, x_{0n} \right\}$$

研究这 m 个子序列与母序列的相对关联度。

　　其次，计算灰色关联系数

　　定理：对给定的子序列 $v_{ik}$ (i=1, 2, ……, m, k=1, 2, ……, n) 和母序列 $v_{0k}$，令：

　　[1] 高洪伟、佟为明.层次分析和灰色关联相结合的现场总线评价方法[J].哈尔滨工程大学学报,2008(12).

$$v_{ik} = \frac{\min\limits_{i}\min\limits_{k}|x_{0k}-x_{ik}| + \rho.\max\limits_{i}\max\limits_{k}|x_{0k}-x_{ik}|}{|x_{0k}-x_{ik}| + \rho.\max\limits_{i}\max\limits_{k}|x_{0k}-x_{ik}|} \quad (1)$$

则 $v_{ik}$ 是 $x_i$ 对于 $x_0$ 的相对关联系数。其中的取值范围为 [0, 1]，由此式可得关联系数矩阵：

$$H = \begin{vmatrix} r_{11} & r_{12} & \cdots & r_{1m} \\ r_{21} & r_{22} & \cdots & r_{2m} \\ \cdots & \cdots & \cdots & \cdots \\ r_{n1} & r_{n2} & \cdots & r_{nm} \end{vmatrix}_i$$

在进行多层次决策时，每层次的关联度是由权重系数乘以关联系数来实现的，得到一个层次的关联度后，将其作为下一个层次的原始指标，再求得下一层次的关联度，以此类推直至最高层。

再次，确定指标权重并计算灰色加权关联度

根据层次分析法（AHP）确定层次中各指标的权重 $R = [R_1, R_2, \cdots, R_t]$，其中，t 表示该层中指标的个数。关联度由下列公式计算：

$$\rho = RH \quad (2)$$

利用公式（2）求出基层指标的关联度，然后把这一层计算的关联度结果 $\rho$ 作为下一层次的原始指标，重复计算，直至求出最高层关联度。

## 四、余论

本文对建立企业诚信体系评价指标进行了新的探索，对企业诚信体系的定量研究作了新的尝试。首先，在指标的选取上，根据经济学理论结合前人研究的基础上通过深入分析影响企业诚信体系的主要因素，最终确定了企业诚信指标体系。其次，在对影响企业诚信的主要因素进行深入分析后，对企业诚信体系的模型设计作出了有益的探索，将灰色关联理论和层次分析方法有机地结合，形成了灰色多层次评价模型，是一种更加优越、完善的评价体系。该指标体系及其分析方法具有较高的参考价值和广阔的应用前景。

　　（作者系广东省社会工作学会理事、广东省佛山市南海农商银行办事员、经济学硕士；本文提交 2008 年 12 月 26 日由广东省社会工作学会、中华长城和平教育促进会联合主办的"2008 广东社会工作学会年会暨企业社会责任、诚信高峰论坛"）

# 企业诚信的实现途径

刘 东

长期以来，学界一直十分注重对企业诚信问题的研究和探讨。对于企业诚信的实现途径，学者们多从软性的道德规范和硬性的制度管理两个维度进行分析。在目前市场经济经济发展初级阶段，笔者认为企业并非"生而诚信"，企业的诚信是规则、制度使然，来自于市场规则。本文试从社会制度设计（宏观）和企业制度建设（微观）这两个层面探讨实现企业诚信的有效路径。

## 一、社会制度的设计与完善

作为诚信制度体系的宏观层面，社会制度体系设计和完善的主导力量只有也必须是政府。政府规制的本质是通过增大失信成本和提高守信奖励：一方面，政府要加大企业的失信成本；另一方面，对守信的企业应该积极采取各种措施鼓励。

### （一）明晰产权归属问题

国有企业产权明晰，才能成为真正的所有者，才会重视重复博弈的后果，从而逼迫自己不得不诚信，进而成为诚信的载体。反之，产权不清，就会形成企业的短期行为，丧失维持企业诚信的动力。也就是说，企业诚信的建立，是以企业必须拥有清晰稳定的产权关系且产权关系能够转让与交易为前提的，而目前的国有企业还无法做到这一点。

### （二）为民营企业提供宽松的体制环境

首先，按照所有经济成分公平发展的原则，为民营企业发展提供平等的发展条件与机遇。其次，扩大民营经济的市场准入范围。在经营领域、经营资格、主体条件、经营范围、经营方式、登记手续以及出口经营权等方面给予民营企业与国有企业一样的权利。再次，在信贷、直接融资方面为民营企业创造必要的融资环境。

## 二、建立完善法律规范体系

中国处于计划经济体制向社会主义市场经济体制转轨的过程中，故存在着与诚信相对应的法制不完善的问题。

首先是立法滞后，主要表现为缺少与信用制度直接相关的立法，没有形成一整套完善的惩治失信行为的法律体系，从而不足以对社会的各种失信行为形成强有力的法律约束。其次，案件执行困难，案件执行率低，据统计，2002 年中国法院判决的经济类案件 236 万件，但得到执行的只有 90 多万件。尤其对契约关系的维护、对债权人的保护不够，导致失信者"神气"，守法者"受气"。一个重要原因在于缺乏对企业财产进行监控的法律依据，目前中国对企业的资产如何进行监控却没有明确的法律依据，法院判决执行难与难以找到执行财产有很大的关系。

因此，要从中国国情出发，抓紧构建以《信用基本法》为龙头、由多部配套和相邻的法律、行政法规、部门规章和地方性法规组成的结构协调、功能合理、层次分明、动态开放的信用法律体系。同时，各职能部门要把"严格执法"放在首要位置，积极履行职责，实现监管到位、处罚到位，追究到位，加大企业的失信成本的同时对守信的企业采取各种措施进行鼓励。

## 三、建立完善的社会征信体系

积极借鉴国外在征信系统建设方面的先进经验，建立一套符合中国国情的征信系统是目前中国诚信制度建设工作的重中之重。目前，主要发达国家的征信体系大体有以下五种成熟的模式：

**（一）中央信贷登记模式**

这种模式以欧洲大陆一些国家如德国、法国等国为代表。这种体系是以中央银行为核心，以银行信贷登记为主体的征信管理体系。其特点是由政府出资建立包括企业信贷信息和个人消费信贷信息的全国数据库网络系统，信用信息服务机构是中央银行的一个部门，银行依法向信用信息机构提供相关信用信息。

**（二）市场化模式**

这种模式以美国、英国为代表。美国成立了一批市场化、专业化、科学化的信用服务公司，向社会提供以信息为主的有偿服务，包括信誉调查、信誉评估、资信咨询等。政府基本不参与企业诚信管理，只是通过制定相关的法律法规，保护参与各方的权利及其他利益。

**（三）协会和第三方管理模式**

日本建立了以银行协会与商业性诚信管理机构相结合的征信管理体系。这种体制是以第三方为基础和前提，企业和政府积极参与的一种模式。

**（四）政府经营模式**

指由中央政府直接出资组建征信公司，并对其进行直接控制管理。中央政府利用行政权力，强制性地让局部主体把数据贡献出来，迅速组建覆盖全国的信用信息数据库。

**（五）加强对媒体舆论监督权力的保护**

美国的 Freedom House 以及其他国际组织从 1972 年开始对多个国家新闻自由的程度和资本市场的发展进行研究，发现资本市场的发展程度与新闻媒体的言论自由程度有着很强的正相关性。

## 四、企业制度的建设与完善

企业是实施诚信的载体，无论外部制度如何设计，最终的作用对象都落实在企业上。因此，企业自身的制度建设对于企业诚信的影响更为直接，更为明显。在企业诚信制度的建设方面，企业家的品格、企业战略目标的设定以及企业文化建设对于企业诚信的影响较为明显。

### （一）重视企业家品格的示范作用

松下幸之助认为企业的素质很大程度上取决于企业家的素质，因为企业家的诚信对企业员工乃至整个企业组织都起着关键的示范作用和影响力，从某种意义上讲企业诚信主要取决于企业家的诚信，而且企业家诚信与员工诚信还有很强的互动性。林恩·夏普·佩因（Lynn Sharp Paine）也指出：由组织领导首先示范很可能是建立和维持组织信誉最重要的因素。通常，拥有大量权利的个体行为对塑造公司的伦理姿态关系重大，因为他们的行为能够传递的信息比写在公司伦理声明中的信息要明确得多。

### （二）将诚信原则融入企业战略目标之中

就企业战略与伦理的关系而言，一个正确的、科学的企业战略决策，必定具有深刻的伦理内涵或拥有积极进步的伦理道德作支持，如果没有或缺乏伦理底蕴，这样的企业战略决策就有可能给企业带来危害。因此，应将诚信观念根植于企业战略中，在企业战略中明确企业的伦理目标。追求利润是企业的责任，讲诚信道德同样是企业的责任，两者兼得是摆在企业战略决策者面前的惟一正确选择。

### （三）不断加强企业诚信文化的建设

文化是共同的心理过程。通过塑造诚信的企业文化制度，积极地塑造企业内部的诚信价值观，建立高层管理人员与一般员工之间的"共信圈"，影响公司员工的价值取向与行为方式，形成一种共同的理念和心理过程，可以提高内部控制制度的执行效率和效果，弥补内部控制制度的某些缺陷与不足，使内部控制制度始终处于有效运行状态。

综上，对于中国而言，通过制度设计和完善，形成与现代市场经济相适应的诚信环境及传统的是一项泽被万代的伟业，也是一项长期、艰巨的任务。对此，不应当存有毕其功于一役的幻想，企冀收到立竿见影之效，而必须寄希望于长期的努力。积极从社会制度和企业制度内外两方面着力，不断完善现有的制度体系，实现制度创新，是实现企业诚信的必由之路。

（作者系广东省社会工作学会理事、广东省广州市萝岗区人民政府办公室干部、法学硕士；本文提交 2008 年 12 月 26 日由广东省社会工作学会、中华长城和平教育促进会联合主办的"2008 广东社会工作学会年会暨企业社会责任、诚信高峰论坛"）

# 企业诚信与企业家群体的成长

江 濛

## 一、企业诚信

企业诚信是企业的一种无形资产，一种稀有资源，是企业在生产经营活动中必须遵守的道德规范。

### （一）企业诚信的重要性

市场经济是信用经济，诚信是市场经济的灵魂。市场经济的功能，就是通过价值规律的作用，促进各种社会资源配置的优化，使稀缺资源得到最充分、最合理的利用，更好地满足人们的需要。而这一切都必须以诚信为前提。没有参与市场经济的各个主体的诚实守信行为，优化资源的配置就是空谈。西方经济学之父亚当·斯密（Adam Smith，1723-1790）早在18世纪中期提出，自爱、自律、劳动习惯、诚实、公平、正义感、勇气、谦逊、公共精神以及公共道德等，所有这些都是人们在前往市场之前所必须拥有的。从信用经济的角度看，现代市场经济须臾离不开信用。

### （二）中国企业目前存在的各种诚信缺失现象

一是制售假冒伪劣问题突出；二是企业合同欺诈等违法行为严重；三是企业虚假信息泛滥；四是劳工权益屡屡被侵害；五是一些企业为了自身利益，不计后果，恣意污染环境，中国的生态环境为此付出了巨大代价；六是企业克扣、拖欠工人工资的现象十分普遍，降低劳动报酬、延长或变相延长劳动时间剥削工人的问题屡见不鲜，企业不缴、少缴员工社会保险费的现象屡屡发生；七是企业偷逃税行为猖猕；八是企业进行权钱交易、商业贿赂的问题突出。凡此种种，都是不讲诚信、不讲道德、不讲法律的结果。一个社会如果只是崇尚财富而漠视诚信、道德和法律，只能是一个畸形的社会。

### （三）企业诚信缺失的危害性

一是企业诚信缺失导致交易方式落后，增加企业交易成本，制约交易范围的扩展，不利于企业的可持续发展；二是企业诚信缺失破坏了企业正常生产经营活动，导致投资不足，不利于增加市场有效供给和扩大内需；三是企业诚信缺失造成市场经济秩序混乱，正常的市场信号受到扭曲，使得政府宏观经济政策难以发挥应有作用；四是企业诚信缺失极大地扭曲人与人之间的正常关系，使社会公众对文明社会美好信念产生动摇。

### （四）中国企业诚信缺失的原因

一是产权主体缺位。产权界定不清，是导致企业诚信缺失的制度根源。产权不明的直接后果是造成所有者缺位，因而经营者只追求权利而逃避责任，只要利益而不承担风险，只求眼前利益而不顾长远利益，最终导致其经营行为的短期化，一旦经济主体不注重对长期利益的关注，企业诚信的基础也就被摧垮了。二是社会缺乏现代市场经济条件下的诚信理念和诚信道德规范。在市场经济条件下，市场机制日益发挥作用，相应的"市场失灵"、"市场缺陷"逐步显现，加之中国诚信管理体系不完善，相应的法律法规和失信惩罚机制不健全，使得许多企业没有认识到诚信在整个企业管理中的重要作用，没有正确认识诚信与企业可持续发展的辩证关系，没有树立起"守信光荣，失信可耻"的诚信道德评价和约束机制，企业诚信缺失就成为社会普遍现象。三是法制不健全，执法不严的问题十分严重。中国的《民法通则》、《合同法》、《反不正当竞争法》、《刑法》等法律中虽有诚实守信的法律原则，但由于不具体，不足以对各种失信行为形成强有力的法律规范和约束。在执法方面，有法不依、执法不严的问题相当严重，在客观上助长了不讲诚信的风气。

### （五）加强中国企业诚信建设的措施

一是加快产权制度改革，建立现代企业制度。要实行政企分开，明确政府与企业的责任，避免政府对企业日常经营活动的干预；要按照"产权明晰、权责明确、政企分开、管理科学"的现代企业制度要求推进产权制度改革，实现产权关系明晰化，完善公司经理层的激励与约束机制，只有这样，经营者才会追求企业的长远利益，做到诚信经营。二是培育与现代市场经济相适应的企业诚信文化。首先，要广泛开展舆论宣传，使企业认识到诚信是其赖以生存和发展的最基本条件，从而自觉提高诚信意识，坚持守法经营。其次，组织企业管理人员和职工学习《商业银行法》、《合同法》、《反不正当竞争法》、《消费者权益保护法》、《劳动法》等法律法规，提高企业的法律意识，指导企业走诚信发展之路。三是打造诚信政府，重塑政府诚信形象，为建立企业诚信制度创造良好的外部环境。政府要从建设市场经济的全局出发，切实转变职能，实行政务公开，依法行政，加强行政执法监管力度，努力树立诚信政府的形象。

## 二、中国的企业家群体

### （一）企业家在企业诚信的建设中所扮演的角色

一是创造者。在企业诚信建设的过程中，企业领导者起着主导的作用。领导者将他的思想、观点、理念通过言传身教全力灌输推行，使之渗透到组织运行过程和全体员工的心中，再通过长期的经营实践，推动共有愿景、信念行为准则的完善，最终可以确立为企业真正的诚信文化。二是推动者。企业领导者若能够真正认清企业诚信的巨大作用，那他就肯定会在企业诚信建设上下大功夫。没有企业管理者的主导和支持，企业文化建设容易流于形式，决不会开花结果。三是布道者。领导者要在企业内部员工中宣贯，同时对外弘扬，提高全社会对企业诚信的认同度。

### （二）中国的企业家群体

在中国，企业家的社会责任意识仍相对薄弱，能自觉履行社会责任的企业家也为数不多，社会责任缺失的情况较为严重。究其原因，有如下几个方面。

首先是外部原因。一是政策环境的限制。中国企业所处的整个宏观环境尚存在许多不足，政策相对缺失、法制尚不健全等等，使企业和社会的发展仍存在方方面面的不平衡。这种不平衡，导致企业在履行社会责任时，可能缺乏驱动或受到种种束缚。二是错误舆论的影响。少数企业家做了好事之后，却可能遭到社会对善举的曲解、怀疑，被误解为行善是为了"作秀"、"赎罪"、"骗取利益"等，种种非议使这些企业家的善举得不到善报，这严重挫伤了企业家行善的热情。

其次是内部原因。一是道德良知缺损。个别企业家"为富不仁"，物欲膨胀，只求个人满足，不知回报社会。二是传统底蕴肤浅。很多的企业家社会责任的缺失，很大程度是因为缺乏民族道德传统的底蕴积累。他们只把自己当"经济人"，而不把自己当"社会人"，因而其行为表现出相当的功利性，缺乏与其他社会成员的情感沟通和对称性关爱。

## 三、 通过企业家群体的成长促进企业诚信的建设

### （一）诚信经营时企业家最基础的社会责任

企业家社会责任是指作为特殊群体的一群社会个体所应承担的与之相关联的社会义务。它包涵了企业家首先作为一个社会个体的公民、经营管理的企业及作为特殊群体三个层面的社会义务。首先，企业家是组成社会的个体——"公民"中的一员，因此应承担作为公民应承担的社会责任。其次，企业家经营管理着某一个或多个企业，对企业拥有决策权，其社会责任更多地体现在企业社会责任上，维护消费者、员工、债权人、社区、政府、环境等利益相关

方的利益。再次，企业家在法律和道德范围内创造财富，除增加了自身所拥有的财富，通过税收、产品、就业等也会增加社会财富。

### （二）效益为本，道德为根

企业家的世界观会影响一个企业的生存与发展。三鹿奶粉事件很大程度上暴露了个别企业家"道德缺失"和"惟利是图"。从相关部门到整个社会，推动企业家"道德造血"工程，建立起一个体现公平与正义的经营秩序，极为必要。所以，企业家在注重本企业经济效益的同时，不能忽视道德层面。在重视企业诚信建设的前提下提高生产效率、降低成本提高本企业的竞争力才是可取的发展道路。

### （三）企业家应该以创造利润为基础，兼顾公益

社会责任有着理性的层次之分：达到环保指标，追求产品质量，提倡公平价格，保障员工基本权利，这些是市场经济下一个企业家应该尽到的"本分"之职。对于其他社会责任，诸如慈善、公益等等，企业家可以从企业发展角度酌情考虑，如果想通过慈善获得社会声誉，从而实现企业更多的盈利目标，这本身应该说无可厚非。

### （四）企业家应打造"共赢池塘"

企业家履行社会责任，应追求多方共赢。一个负责任的企业家必须要助推企业履行好经济效益、环境效益、社会道德三个层面的社会责任，实现企业与股东、消费者、员工、社会大众等利益相关者的多方利益。

（作者系广东省社会工作学会理事、普华永道中天会计师事务所有限公司广州分所审计员、经济学硕士；本文提交 2008 年 12 月 26 日由广东省社会工作学会、中华长城和平教育促进会联合主办的"2008 广东社会工作学会年会暨企业社会责任、诚信高峰论坛"）

# 【附录：重大活动纪实】

# 广东省社会工作学会成立大会在穗举行

罗繁明

2007 年 10 月 16 日上午，广东省社会工作学会成立大会暨首届社会工作与企业社会责任论坛在广州东方宾馆隆重举行，这次大会云集了广东地区社会工作相关组织的负责人、省社科院和各高校专家学者代表，在穗知名企业代表及一线社会工作者代表共 100 多人。

全国人大常委、原广东省省长卢瑞华同志到会讲话表示祝贺。省领导李容根、汤维英和蔡东士来信来电表示祝贺，勉励大会要为实现科学发展、建设和谐广东作出应有的贡献。

大会选举出了丁美方等 101 人为理事，选举刘小敏为第一届广东省社会工作学会会长，选举罗繁明、张兴杰、贺立平为常务副会长，选举罗繁明为秘书长。

大会提出今后主要任务是围绕党的十七大精神，在建设和谐广东、深化广东社会工作研究过程中发挥生力军作用，为广东社会工作领域的制度建设、组织建设、社会服务、社会诚信发挥专长和中介组织作用。

大会随即召开了首届社会工作与企业社会责任论坛，著名社会学学者、经济学家、企业家林伟雄、蔡禾、范英、杨英和谢建社等悉数登场，就广东社会工作与企业社会责任发表了精彩演讲，博得了在场观众的阵阵掌声。

出席本次大会的还有省民政厅、省民间组织管理局、省社会科学院、中山大学、华南农业大学、暨南大学等单位的负责人及各行业代表。

（作者系广东省社会工作学会常务副会长兼秘书长、广东省社会科学院研究员）

# 广东省社会工作学会举办"社会工作专题报告会"

井 凤

2007 年 12 月 29 日下午，由广东省社会工作学会与广州大学社会学系联合举办的社会工作专题报告会在广州大学行政西楼二楼演讲厅举办。本次报告会特别邀请了美国史密斯女子学院社会工作系主任 Joan Granucci Lesser 教授、美国福特汉姆大学社会服务系系主任 Mariene Cooper 教授、美国春田学院社会工作系终身教授 Ann W Roy 以及中山大学人类学系副教授程瑜到会做专题报告。报告会由广东省社会工作学会副会长、广州大学社会学系主任程潮教授主持，广东省社会工作学会会长刘小敏、广州大学公共管理学院院长胡潇就专家们的到来发表讲话。参加此次报告会的领导还有广州大学副校长陈永亨、广东省社会工作学会常务副会长兼秘书长罗繁明、广州大学人事处处长林清才、广东省社会工作学会副会长谢泽宪、广东省社会工作学会副秘书长蓝玲等等。此外，广东省社会工作学会的部分理事、广州大学社会工作系的部分师生也参加了报告会。

报告会首先由 Ann W Roy 教授作了题为"美国医疗服务危机"的报告。她从三个方面对"美国医疗服务危机"这一专题进行了讲解，一是指出当前美国医疗服务发展不容乐观，大量的美国人口处于无保险状态，医疗成本快速上涨。二是指出当前美国医疗卫生政策运行不良，大约有 1/3 的医疗费用被行政部门所消耗。三是指出社会工作者针对医疗服务支付问题提出了"单一支付者"（single-payer）方案，即：在整个医疗系统中，医生、医院以及其他医疗服务提供机构的开支、薪酬等全部由单一的资金来源予以支付。

J. G. Lesser 教授作了题为"检视创伤：自我心理疗法和叙事疗法在老龄妇女小组实践中的应用"的报告。她指出检视创伤对于老龄人口的重要性，说明自我心理疗法和叙事疗法在老龄妇女小组实践中的主要功能，详细描述了自我心理疗法和叙事疗法的主要技巧。

Marlene Cooper 教授作了题为"自杀对独立社会工作者的影响"的报告。她提出"SAD PERSONS"自杀量表，指出性别（Sex）、年龄（Age）、抑郁 (Depression)、以前的自杀尝试 (Previous attempt)、酗酒（Ethanol abuse）、理性思考能力的丧失 (Rational thinking loss)、社会支持的缺乏 (Social support lacking)、自杀计划 (Organized plan)、无配偶 (No spouse) 以及疾病 (Sickness) 都会影响人的自杀行为。

最后程瑜副教授作了题为"殊途同归：人类学理论在社会工作中的实践"的报告。程瑜认为人类学与社会工作存在某种程度上的契合点，人类学中的田野研究与社会工作中的个案研究和社区研究具有相似之处，而人道主义、参与和发展的价值观趋向是人类学和社会工作所共同遵循的。最后他就自己所研究的课题具体而形象地展示了人类学理论在社会工作中的实践。

4 位专家两个小时的精彩报告博得了在场所有人士的阵阵掌声，高潮迭起。在自由交流时间，台上与台下更是达到很强的互动，报告会取得圆满成功。

此次社会工作专题报告会是广东省社会工作学会自成立以来首次举办的中外学术交流会。这次学术交流是一次大胆的尝试和实践，将有利于学会与国际社会工作界的交流与合作，加快学会在社会工作领域中的发展，提升学会在全国的影响力。

（作者系广东省社会工作学会理事、广东省社会科学院法学硕士）

# 广东社会工作学会举行企业社会责任、诚信高峰论坛

李康尧　蔡婷玉

2008 年 12 月 26 日，由广东省社会工作学会、中华长城和平教育促进会主办，广州市儒仕咨询服务有限公司承办的 2008 广东社会工作学会年会暨企业社会责任、诚信高峰论坛在广东迎宾馆举办。来自相关领域的专家学者、社会工作者、企业家等近 200 人出席了会议。

会议由常务副会长罗繁明主持，大会顾问张磊、会议名誉会长田丰、郭德勤等领导出席论坛。广东省社会工作学会会长、广东省社会科学院副院长刘小敏代表学会对学会成立一年多来的工作进行了回顾和总结，并对 2009 年的工作提出了展望和设想。

刘小敏表示，广东社会工作学会成立一年多来的开局是良好的。但是作为一个新生社团，在个人和团体会员发展、自身制度建设、确定优先发展方向等方面还存在很多未如人意的地方，需要在今后的实践中逐步解决。

刘小敏指出，广东社会工作学会在新的一年将在加强学术研究、加强实践探索、加强组织建设、加强学术推介、加强财务建设等方面狠下功夫，以积极的姿态，不断增强学会的权威性、学术性、广泛性、群众性，争取把广东社会工作学会建成国内知名学术团体。

论坛还针对 2008 年以来，因山东胶济铁路事件、三鹿奶粉事件、深圳龙岗大火事件、孟连 7·19 事件等，导致社会诚信机制遭受重创

的议题进行了讨论。与会学者一致认为，必须政府、学界、企业等共同努力，防范诚信机制缺失给社会和人民带来的极大不幸。一些企业也借助本次高峰论坛，表示要肩负起企业的社会责任并坚守企业诚信，唤起社会对企业的诚信信心，重振企业的发展之路。

常务副会长张兴杰、副会长郑梓桢、程潮、谢建社等在会上汇报了所在会员单位 2008 年工作情况和 2009 年工作设想。名誉会长范英、副会长谢泽宪、广东省皮具商会执行会长陈富荣、深圳市社联社工服务中心董事长、总裁严书翔等在论坛上作了专题讲演。

论坛结束后，还召开了会长扩大会议（副秘书长以上领导参加），议决增补南华工商学院院长易江为本会副会长、会费收取标准、申办本会 2009 年度论坛或小型研讨会等事项。

（作者李康尧系广东省社会工作学会理事、广东省社会科学院机关团委书记、工程师；蔡婷玉系广东省社会工作学会理事、广东省深圳医学继续教育中心教务科科长助理）

# 广东社会工作人才队伍建设模式探索研讨会综述

许雁雁

　　2009 年 12 月 11 日上午，由广东省社会工作学会主办、广东商学院社会学系承办的"广东社会工作人才队伍建设模式探索研讨会"在广东商学院实验楼隆重召开。本次研讨会，汇聚了来自广东省相关部门领导和业内权威专家学者以及关注广东社会工作队伍建设的各界人士 50 余人。本次论坛的主题为"广东社会工作人才队伍建设模式探索"，旨在探讨如何促进广东社会工作人才队伍建设模式的发展和完善。研讨会上，广东商学院副校长雍和明教授、广东省社会科学院副院长暨广东省社会工作学会会长刘小敏研究员、广州市民政局社会工作处杨海清处长分别致辞。广东商学院人文与传播学院院长涂争鸣教授、广东商学院应用社会学与心理学系主任童远忠教授、广东商学院应用社会学与心理学系郭景萍教授分别担任本次研讨会不同阶段的主持。

　　围绕论坛主题，各位专家学者发表了激情洋溢的演讲。中国社会学会副会长、广东省社会工作学会顾问、中山大学社会学与人类学学院院长蔡禾教授作了题为《社会工作人才队伍的知识结构与职业发展》的演讲。他提出社会工作人才队伍的知识结构应该包括理论思考（社会工作理论、社会福利理论）、政策思考（社会政策分系、社会工作行政）、技能训练（项目设计、评估、方法）三个部分，而非只重技能培养不重理论学习和政策反思。他主张通过社会工作的专业化和职业化来促进社会工作人才队伍的职业发展，并提出了一些切实可行的对策措施。广东商学院应用社会学与心理学系荣誉主任谢泽宪副教授作了题为《新型社会工作专业人才的锻造》之演讲。她言辞铿锵、字字珠玑，对中国现行社会工作人才培养机制做出深刻的反思，明确主张面对新的形势应该跳出福利国家的两难困境，使民间社会工作机构实现可持续发展，探索适合中国国情和全球时势的发展道路。郭景萍教授作了题为《社会工作人才培养的三个机制——政策、市场、学校》的报告。他主张通过"向上看政策——社会工作人才培养的方向机制；向外看市场——社会工作人才培养的需求机制；向内看自己——社会工作人才培养的产出机制"这"三看"来搭建政策、市场、学校三位一体的社会工作人才队伍建设平台。广州大学社会学系周利敏副教授作了题为《扩散论：大陆社会工作教育研究的新范式》的演讲。他认为"扩散论"能提供研究大陆与西方社会工作教育关系的新范式。大陆社会工作教育在经历"典范转移"过程之后，应逐步迈向"去中心化"、"多元性"、"主体性"、"在地性"和"本土性"，尤其要关注"自主性"和"扎根化"这两个基本议题。另外，中山大学社会学与人类学学院贺立平副教授、华南农业大学公共管理学院社会工作系主任卓彩琴副教授和广东工业大学社会工作系主任朱静君副教授分别结合本校实际，谈了其各具特色的培养经验和创新模式。最后，战斗在社会工作第一线的汶川地震区广东社会工作站站长、首席督导刘静林教授和深圳鹏星社会工作服务社副总干事汪彩霞女士分别介绍了她们所在的社会工作机构开展工作的情况和产生的社会反响，让我们看到了社会工作实践中丰富多彩的一面。

省社会工作学会常务副会长兼秘书长罗繁明研究员对研讨会作了总结。本次研讨会涵盖了社会工作理论探讨和实践探索等多方面的内容，使与会者在加强社会工作人才培养和拓展社会工作实务等诸多方面深受启发。本次研讨会成功地打造了一个高层次、高含金量的社会工作交流平台，碰撞出许多思想火花，促进了社会工作的发展，简朴不失庄重、热烈不失祥和，是一场名副其实的学术盛宴。

（作者系广东省社会工作学会理事、中华人民共和国国家统计局广东佛山调查队综合法规科科员、法学硕士）

# 岭南学术论坛第 51 期"社会工作与社区建设"研讨会综述

薛永贤

为纪念《中华人民共和国城市居民委员会组织法》颁布实施 20 周年，进一步促进我省城乡社区建设的良性发展，由省委宣传部、省民政厅、省社科联联合主办，省社会工作学会、省城市社区建设研究会、省民政厅基层政权与社区建设处联合承办的第 51 期岭南学术论坛"社会工作与社区建设"专题研讨会于 2009 年 12 月 17 日下午在省民政厅四楼会议室隆重召开。省社科联党组书记、主席田丰研究员，省社科联顾问、省社会工作学会名誉会长范英研究员，省社会科学院副院长、省社会工作学会会长刘小敏研究员，省民政厅张元醒副厅长，省委宣传部理论处杜新山处长，省民政厅基层政权和社区建设处聂元松处长，以及来自全省的专家学者代表和民政系统各地市负责同志近百人出席了本次论坛。

论坛分为开幕式及获奖论文作者代表发言、专家专题演讲两个阶段，分别由聂元松处长、刘小敏会长主持。在前一阶段，首先由田丰主席、张元醒副厅长、杜新山处长先后代表主办单位致辞，由论坛组委会宣读城乡社区建设理论研究优秀论文获奖名单并向获奖作者代表颁发证书，与代表亲切合影留念；然后，深圳市民政局基层政权和社区建设处处长邓小敏、梅州市民政局副局长巫碧芬、佛山科学技术学院梁绮惠副教授、深圳市宝安区新安街道党工委书记欧瑞志、中共广东省委党校段华明教授等五位代表先后就深圳与新加坡社区治理机制比较、社区管理和发展思路、佛山市"村改居"

社区政策、新安街道社区建设模式、广州市社区建设制度等问题作了精彩的发言。省社科院郑奋明研究员、省社科联范英研究员、华南理工大学唐孝祥教授、省社科院刘小敏研究员、省社科院张勇副研究员分别对邓小敏、巫碧芬、梁绮惠、欧瑞志、段华明的发言作了精辟客观的点评。在后一阶段，中国社会学会副会长、中山大学社会学与人类学学院院长、省社会工作学会顾问蔡禾教授，省社科院信息中心主任、省社会工作学会常务副会长兼秘书长罗繁明研究员，深圳大学社会学系主任、鹏星社会工作服务社总干事易松国教授，广东商学院谢泽宪副教授，中山大学资深社会工作专家、省社会工作学会常务副会长贺立平副教授等学者先后就广东省社会工作高等教育发展与社会工作职业化、社会工作组织创新模式构建、深圳市社会工作的特点及问题、"反思性实践教学模式"的探索与新型社会工作人才的锻炼、社会发展的三阶段与社会工作的介入等问题进行了热情洋溢的演讲。

最后，刘小敏研究员对专家演讲作了简要点评，并对论坛进行总结。他指出，本次论坛是联办单位为纪念《中华人民共和国城市居民委员会组织法》颁布实施 20 周年而举办的一项很有意义的研讨活动；听了理论与实践部门代表充满激情、理性、幽默而又具深度的演讲，获益良多，感受非常深刻。他最后强调，希望广东社会工作领域的理论研究和实际工作者在《中华人民共和国城市居民委员会组织法》颁布实施 20 周年取得巨大成就的基础上，继续解放思想，开拓创新，为建设和谐社会、推动社区建设和社会工作科学发展而不懈奋斗。

（作者系广东省社会工作学会理事、广东省惠州市惠城区委组织部调研科科员、法学硕士）

# 学会召开"建设幸福广东"学术研讨会

2011年1月23日下午，2010年度广东省社会工作学会年会暨"建设幸福广东"学术研讨会在广东省社会科学院1号楼8楼会议室隆重举行。研讨会由张兴杰常务副会长主持。会长、副会长、正副秘书长、常务理事及理事等共30多人参加了会议。

2010年度广东省社会工作学会年会由罗繁明常务副会长主持。广东省社会工作学会会长、研究员刘小敏同志发表了题为《加强学术研究 建设幸福广东》的主题报告，回顾总结过去一年学会所做的工作、取得的成绩以及存在的一些困难与问题，提出2011年的学会工作设想和工作要求，指出学会未来发展的方向；同时就加强组织建设相关事宜提请大会讨论通过。

经与会全体代表表决通过，会议决定增补广东省社会科学院社会学与人口学研究所所长、研究员赵细康，中山大学社会学与社会工作系副主任、教授张和清，省妇儿工委办公室调研员、教授王碧华等三位专家为学会副会长，罗繁明同志的学会法人代表及秘书长职务转由赵细康担任，学会秘书处由广东省社会科学院信息中心转移至广东省社会科学院社会学与人口学研究所；增补广东省社会科学院社会学与人口学研究所副所长、研究员梁理文，广东省社会科学院社会学与人口学研究所研究员左晓斯为学会常务理事，增补左晓斯研究员为学会副秘书长；增补张桂金、燕云霞、邵筠、王延涛等4位广东省社会科学院社会学与人口学研究所研究生为理事。刘小敏会长还为团体会员单位理事以上人员颁发（补发）证书，并与代表合影留念。

各团体会员代表也在年会上就 2010 年度工作分别作了简短的汇报。随后，大家围绕"什么是幸福"、"如何衡量（测量）幸福"、"如何建设幸福广东"、"建设幸福广东的必要性及可能性"等话题进行了热烈探讨。研讨会上，与会单位代表畅所欲言，提出许多新颖、有价值的观点和看法。

"幸福广东"这一概念是省委书记汪洋在省委十届八次会议上提出的，随即引起社会各界的强烈反响。本会常务副会长、中山大学社会学与人类学学院代表贺立平教授从正在进行的研究工作详细介绍了社会工作在建设"幸福广东"中可发挥的重大作用。广州市委党校代表陈伟教授从应然与实然的关系、客观与主观的关系、政府评价与公众评价的关系、部分与大多数人的关系、静态与动态的关系这五个方面阐述了建设幸福广东的五重关系。省社科院代表刘梦琴研究员认为：幸福这一概念比较抽象，测量比较困难，测量结果也可能会存在争议，因此，测量幸福时，要把握原则，实现"四个统一"：个体与社会的统一、主观与客观的统一、静态与动态的统一、相对于绝对的统一。华南农业大学公共管理学院的代表王建平教授分四个部分谈了建设幸福广东何以可能、何以可为。他认为，幸福具有社会学与心理学双重含义，因此是主观与客观的统一；人类需求本身具有阶段性，因此幸福是一个阶段性、时间性的概念；同时，幸福本身具有跨文化的相对性。从这一理论基础出发，建设"幸福广东"具有客观可能性：经济的快速增长为建设幸福广东奠定了客观的物质基础、岭南文化的务实性，为发展理念上的调整起到了先导的作用。广东许多工作都是先行一步，如改革开放到现在的社区建设、社会工作的开展等等，"幸福广东"也要先行一步、政府的工作目标不断向民生方面加强，提出建设幸福广东是一个执政理念上的巨大进步；但是，建设幸福广东也存在着发展的瓶颈和障碍，首先，现有市民社会发育不成熟，在中国现有的政府主导的体制下，任何一个公民的幸福并非政府可以提供的；其次，谁幸福、谁不幸福、谁更幸福，这是一些相比较而存在的概念，这其中牵扯到利益调整的问题；再次，如何兼顾不同群体的幸福，幸福广东不是少数人的幸福，也不是个别群体的幸福，应是全社会公民的幸福。在追求幸福时，我们要防止：给幸福、被幸福；在指标体系的制定上要避免重蹈覆辙，而且追求幸福是一个长远的过程，并非一劳永逸的事情，要避免急功近利。王建平教授就如何调整和完善社会工作者队伍为建设幸福广东做贡献，提出了一些想法：一是理论追求上要明确；二是要注意本着合作与开放的态度，多学科交流；三是配合社区建设，提高建设的质量；四是要以人为本，尊重个人感受；五是要完善社工机构建设，不断加强机构人员的的专业素质和服务质量，完善社工机构的管理机制；六是注意社工需求评估问题；七是社工在研究、发展的过程中要注意公共政策导向，并不断引导公共政策的调整和完善。这些想法和建议赢得了与会人员的高度认同。广东商学院代表谢泽宪和童远忠教授就社会工作在幸福广东中的地位发表了演说，具体讨论了房价与幸福感的关系。中共广州市委党校常务副校长王永平研究员作了总结发言。他引用老子、孔子等的一些理论来阐述"幸福"以及广东提出建设"幸福广东"的意义，并就学会如何适应社会需要，发挥作用提出了几点建议：一是要在"福文化"的研究上有所突破；二是要多办一些实事、善事、好事，助人是福，福从善中来；三是完善政策，某些地方要改变现有政策，从政策上体现党对人民群众的关切。

　　本次年会和研讨会得到团体会员单位和会员的大力支持和积极配合，取得圆满成功。因此，会议还初步决定，分别于2011年上半年和下半年举办研讨会。

　　（作者张彦霞系广东省社会工作学会理事、广东省清远农村商业银行职员、法学硕士；左晓斯系广东省社会工作学会秘书长，广东省社会科学院社会学与人口学研究所所长助理、研究员）

# "社会工作范式创新研讨会"综述

张彦霞

2011 年 6 月 21 日，由广东省社会工作学会主办的"社会工作范式创新研讨会"在广东省民政职业技术学校 6 楼会议室隆重举行。会议由学会会长、广东省社会科学院副院长刘小敏研究员主持。出席会议的还有常务副会长、广东省社会科学院信息中心主任罗繁明研究员，常务副会长、中山大学社会工作教育与培训中心主任贺立平副教授，副会长兼秘书长、广东省社科院社会学与人口学研究所所长赵细康研究员，副会长、中共广州市委党校常务副校长王永平研究员，副会长、广东省民政职业技术学校邓小兴校长，以及其他副秘书长以上代表和相关工作人员，到会近 30 人。副会长、共青团广东省委青少年研究中心主任曾锦华提交了书面材料。与会学者就社会工作范式创新问题展开了深入的研讨，发表了许多新颖、有价值的观点和看法，激荡了思维，形成了共识。

邓小兴在发言中介绍了广东省民政职业技术学校的基本情况，对与会专家学者表示欢迎，并就社会工作范式创新问题发表了看法。他认为，探讨社会工作范式创新问题很有意义，符合中央创新社会管理模式探索的要求；这一主题的选定，反映出学会领导非凡的政治敏感性和过人的聪明才智。

刘小敏代表学会对广东省民政职业技术学校积极承办本次研讨会表示感谢，并汇报了本次会议的筹备情况。他认为，今年初中央就加强和创新社会管理问题作出战略部署，广东也提出了"建设幸福广东"的重大命题，并正就即将出台的《加强社会建设的决定》

征询各方意见建议，社会工作是社会建设的重要范畴，探讨社会工作范式创新问题意义重大，对于加快广东社会工作发展、"建设幸福广东"具有重要的推动作用。

罗繁明从范式的概念出发，对广东社会工作的发展发表了看法。他认为，范式是一种较为成熟的、社会公认的行为方式，理论上讲，是一种固定的、已确认的、像公式一样的模式。近年来，广东社会工作进行了许多有益的探索，发展潜力巨大，势头强劲。广东的社会工作模式，最早是深圳的"政府购买岗位服务"模式，广州在吸取深圳经验的基础上，进行了"政府购买项目服务"的模式探索。广东省社会工作学会作为广东的一级学会，有使命、有责任在实践的基础上总结广东社会工作的发展模式，并在理论上推动广东社会工作的范式创新，为广东加强社会建设和建设"幸福广东"作出应有的贡献。他还提出了几个思路：一是实践上抓几个点，好好扶持一下，并总结经验，增强广东社会工作的影响力；二是组织专家学者以学会的名义在重要学术期刊发几篇文章，提升学会的社会名气；三是多搞活动，壮大学会队伍；四是正确认识和对待政府购买服务，不要只想方设法向政府要钱，而应主动积极做一些事情，推动广东社会工作的发展。

贺立平就什么是范式、如何理解社会工作范式谈了自己的看法。他说，社会学家库恩在《科学的革命结构》中提到"范式"，"范式"是从英文翻译而来，有必要正确界定这一概念。范式在中国也就是范例的意思，是较为学术化的提法，既包括理论方面的探索，也包括实践方面的流程。社会工作范式创新，在某种意义上说就是理论和实践的一种改变。当我们联系社会工作思考时，下一步应该是变革，但要做到思想观念、具体模式、操作方面的变革需要时机和条件。总的来讲，只有观念在变化，范式在创新，变革才会到来。他希望这次研讨会的召开，能够对社会工作范式的变革产生一定的推动作用。

赵细康认为，范式是一种模式、方式，范式创新也即模式、方式的改变。他提出要把社会工作上升到理性的高度去思考，认为社会工作就是一种服务，而且是一种非营利性的公共服务。因此政府作为公共服务的提供者，介入进来是理所当然的，然而政府购买服务是分层次的，要区别对待。他指出，只有理性认识社会工作，正确界定社会工作的方向、模式，社会工作的定位才能更加清晰，才会越来越活。

王永平指出，加强社会工作范式创新是社会建设的"急中之重"。他认为，加强社会工作范式创新，定位准确意义重大，是社会健康发展的迫切需要，是国家和谐稳定的内在要求，是探索广东特色社会工作模式的必然选择。对于社会工作范式创新的实施路径，他建议要在理念思路创新的基础上，重点在体制机制、政策法规和方法手段等方面推进创新探索，同时重点加快发展方式转变，坚持有所为有所不为，从广东的具体实际出发，走特色化的发展之路。他还建议，学会要以广东加强社会建设为契机，深入实际，深入调研，深入研究广东社会工作实践中存在的问题，总结和创新广东社会工作实践探索的经验，积极为省委、省政府积极建言献策，提供可行性参考建议，提升学会的知名度和影响力。

副秘书长、省残疾人联合会维权部江明旭部长结合自己的实际工作，介绍了江门市利民社会工作综合服务中心的运营情况。该中心是依托江门市残联康复医院开办的公办民营机构，相关场地、设施等都是残联无偿提供的。虽然成立时间不长，但发展很快，势头很好，社工发挥很大作用，受到社会各界的广泛欢迎和好评。他进一步分析了其中的原因，认为主要在于以下两个方面：一是所依托的医院是医保定点医院，所提供的医疗服务可以报销，因此能吸引较多人入住；二是残联能够提供无偿支持，并为其购买服务，如无障碍改造、公疗站等，使其发展有保障。此外，江部长对社会工作"实践在先、理论滞后"的观点也颇为认同。目前广东许多地方都在进行社会工作试点探索，政府购买服务还存在很多问题，他呼吁，学会的专家学者一方面要积极探讨，总结做法、经验，形成模式进行推广；另一方面要在总结中发现问题，及时进行改进，推动广东社会工作的发展。

副秘书长、中共广州市委党校政治学与法学教研部主任陈伟副教授认为，创新社会工作范式亟需端正几点认识：一是在社会管理服务中，要协调好政府主导和多元主体的关系；二是要定位好社会工作的服务功能与管理功能；三是要处理好社会工作范式创新"管用"与"好看"的关系；四是创新社会工作范式，不要只追究轰动效应，要统筹好即期效应与长效发展的关系；五是创新社会工作范式，离不开宏观管理体制的改革与创新，要在顶层设计与基层创新之间形成更好的协同互动效应。

副秘书长、广东商学院社会工作系郭景萍教授就社会工作的外包服务模式提出了四点建议：一是要依托政府购买；二是要依托社区购买；三是要依托实体包括医院、学校、法院等购买；四是要依托第三方组织如 NGO 购买。江门模式很好地将社区、政府、家庭和医院结合起来，建立了一个综合性的社工网络，做得较为成功，值得总结、推广。

省社会工作学会副会长、省残联助理巡视员叶丽容派出的代表省残联康复中心社会工作部负责人梁露尹对怎样建设高素质社工队伍发表了看法。她认为，建设高素质社工队伍，除了现阶段高校的理论教育外，还需要建立一种师徒模式，也就是高校要与机构等建立合作紧密网络，高校给学生提供实习机会，而这些机构要担负起责任，为学生在实习期间创造更多实践的机会，帮助他们更好的适应社会发展的需求。

会议还讨论通过了有关学会发展的若干事宜。一是由于赵细康副会长近期当选为广东省环境经济与政策研究会会长兼法人代表，不便再担任本会秘书长兼法人代表，经与会代表讨论并表决，决定由省社会学与人口学研究所左晓斯研究员担任学会秘书长兼法人代表；增补广东省社会科学院青年学术研究中心副主任李娟助理研究员、省残联康复中心社会工作部负责人梁露尹、省民政学校现代服务部社会工作专业讲师及社会工作师范邕、广东省社会科学院社会学与人口学研究所研究生王荣欣、卢九妹、雷宸亚、赖雪华、李卓娅为学会理事；会员单位符合条件的人员包括研究生都可以增补为学会理事。二是关于学会研究基地挂牌问题，与会代表一致认为十分必要，应该尽快开展相关活动，并在如何开展咨询服务工作方面达成了共识。三是拟于 2011 年下半年在中共广州市委党校举办一次研讨会。

会议结束后，与会代表前往广州市社会工作人才建设试点单位广东省假肢康复中心进行了参观，听取了中心负责人热情洋溢的汇报，在实践中感受广东社会工作的蓬勃发展。

（作者系广东省社会工作学会理事、广东省清远农村商业银行职员、法学硕士）

# 胡锦涛主席视察中大社工服务中心纪实及感言

贺立平

一

2011 年 8 月 13 日上午 11 点 08 分，中共中央总书记、中华人民共和国主席胡锦涛在中共中央政治局委员、广东省委书记汪洋、中共中央委员、中共广东省委副书记、省长黄华华、中共广东省委常委、中共广州市委书记张广宁、中共广州市委副书记、广州市市长万庆良等领导的陪同下，进入中大社工服务中心位于越秀区北京街的项目点视察。

胡主席缓步进入中心大厅后，稍作停留，中心的工作人员及在场的服务对象热烈鼓掌，大声高呼："总书记，您好！"胡主席示意后，在工作人员的引导下，走向大厅的右侧。在康复训练区的展板前，胡主席听取了张广宁书记的简要介绍，张广宁书记向胡主席汇报了广州市社会服务管理创新的基本思路后，重点讲了广州市在社会服务方面的创新。至此，张书记将话题引到胡主席所视察的中大社工服务中心的北京街项目点。

在边听介绍边察看周边的活动设施后，胡主席走过大厅前台，并与在前台值班的中心工作人员一一握手。越过前台后，胡主席快步来到了长者日托区，看到胡主席过来，老人们在社工的带领下，又一次鼓掌，并问候。看到老人家正在玩以色列麻将（一种老年人的益智游戏），胡主席兴致勃勃地与他们聊起来，询问老人们的生活情况，问他们喜不喜欢中心所提供的服务。

离开游戏桌后，胡主席又受到了在附近做"八段锦"健身操的高龄老人的热烈欢迎，这些老人大都是七八十岁，最大的有 90 岁，他们身体还都健康。见到胡主席，老人们一起围了过来，胡主席与这些高龄老人一一握手寒暄，并问老人家是否每天来中心参加活动，中心的活动他们是否感兴趣，他们能否在中心得到很好的照顾。在得到非常肯定的回答后，胡主席微笑表示满意，然后老人们回到原来位置上坐定，示范性地做了几招动作。看到这些高龄老人还能在社工组织下进行健身锻炼，并且是那样地投入，胡主席非常高兴。离开长者日托区之前，胡主席再次与每位长者握手，并嘱咐他们保重身体。

在经过中心的办公区时，胡主席仔细察看了挂在墙上的中心组织结构图，边听边浏览了中心的六大类服务内容。

在越过几个功能区后，胡主席来到"社区学堂"，那里正在进行教导居民如何进行垃圾分类，有社工讲解，配有电脑投影演示，还有实物模型实操演练，因此，这一功能区域的居民学习进度很快。胡主席进入后，在场所有居民起立欢迎主席的到来。胡主席简单了解居民所从事的活动后，要在场指导垃圾分类的社工向他讲解一下，社工于是认真地向胡主席作了如何进行垃圾分类的讲解和演示。听完讲解后，胡主席笑着问在场的居民："你们听懂了她所讲的吗？"然后，动手与大家一起进行垃圾分类，现场气氛十分活跃。胡主席在这一区域与中心的工作人员及参与活动的居民互动时间最长，也最热烈。

在大家的欢送掌声中，胡主席来到了"三点半学堂"，这个名称的意思是，小学一般三点半就放学了，这时家长还没有下班，因此，放学的孩子没有照顾，中大社工服务中心急家长之所急，开设了"三点半学堂"服务，学生放学后，可以来中心，中心将组织丰富多彩的有益学生身心的活动。胡主席现场所看到的是一组名为"变废为宝"的活动，桌上摆满了各种各样孩子们已经做好或者还没完工的作品，这些作品都是孩子们在家里收集的废纸、废塑料瓶、废塑料吸管等，在社工的引导下，经过孩子们共同讨论和构思，最后做成一件件非常精美的作品。通过这些活动，孩子们理解了环保的概念，懂得了团队合作，提升了创造能力，也丰富了课余生活。看到这些漂亮的作品，胡主席大加赞赏，现场的一位小朋友将自己刚做好的"小蛮腰"模型送给了胡主席。胡主席愉快地接受了这位小朋友的"礼物"，并询问她多大了，在哪所小学上学等。

在这个区域，除了"三点半学堂"外，还有一个功能是"社区饭堂"，在吃饭时间，这个区域是为辖区内的高龄老人提供配餐服务的。隔着一扇玻璃门就是为老人配餐服务的"社区厨房"，胡主席对此很感兴趣，立即与正在工作的厨师打招呼，厨师连忙取下口罩，走出来与胡主席握手，胡主席说他所从事的服务很辛苦，厨师回应说："能为社区长者服务是我的福份"。

离开这一功能区域后，胡主席进入了本中心的最后一个功能区——慈善超市，在这里有政府向辖区内困难群体提供的实物援助，有社区党员群众捐献的物品，也有居民拿来进行"换购"的物品。通过这样一个平台，资源在社区进行了流通，爱心得到了发扬，困难得到了帮助。看完最后一个功能区后，胡主席非常肯定在社区内在居民身边提供这种服务的模式，在听到这个300来平方米的服务中心能够提供60多种服务后，大加赞赏，并鼓励中心工作人员再接再厉把服务做得更好。

大约在11点25分，胡主席在工作人员与服务对象的热烈掌声中离开中大社工服务中心。他在中心停留的时间大约有15分钟，这比我们以前的预计长多了，原先我们以为，主席只是在中心"走一圈"，与中心工作人员与服务对象打打招呼，没想到主席不断与中心的工作人员与服务对象互动，不时发问了解中心的运作情况，了解服务对象的情况，与工作人员与服务对象热情握手，还饶有兴趣地参与了部分活动。

## 二

中大社工服务中心能够得到各级领导的重视，能够有机会得到胡总书记的视察，是中山大学的光荣，也是广东省社会工作学会的光荣。中大社工服务成立以后，坚持走"品牌、品质、品位"以及"跨越、超越、卓越"的发展道路，在真正投入运行一年多的时间里，坚持做精品，引起了从地方到中央各级领导和媒体的重视和关注。在今天迎接胡主席视察之前，中大社工服务中心已经接待了各级领导和同行来访近千场次，也许正是这一年多来近千场次的积累，才造就了今天胡主席来视察的机会！

中大社工服务中心是由中大社工专业的几位老师牵头一起来创办的，我只是创办人之一，在成立之初，我们就对这个机构抱有很高的期望，因为她诞生于中山大学，是中大社工专业老师集体谋划的结果，也因为她叫做"中大社工服务中心"，我们在功能方面，将这个机构定位为服务、研究、运营、倡导四位一体，在目标上，我们希望打造中国一流的社工机构品牌。

中大社工服务中心成立于2009年6月，这一年算是"成立年"，我们花了太多的精力办理成立手续，思考成立之后该怎样办好这个中心。2010年，应该是中心的"开创年"，这一年我们走进了社区，在社区立了足，比较顺利地展开了工作，并且得到各级领导和社会的广泛关注。现在进入了2011年，我们又提出了"管理年"的思路，希望在这一年中，将中大社工服务中心的管理提高到一个新的高度。明年是中心的"质量年"，在有了阵地抓好管理之后，我们希望在质量方面能有大的提升。到2013年，也就是中大社工服务中心第一个五年计划的最后一年，希望是中心的"发展年"，经过前面4年的积累，至此，应该能有一个全面的发展，这里的发展，不仅仅是指数量上的扩张，也包括质量上要有新的突破。

今年是中大社工服务中心的"开创年"，笔者在今年初出版的中心年报上写下这样几句话与中心所有员工共勉：

　　第一句话是"社工要立品"。社工实践在中国虽然零零星星有一段时间了，但总体来说还是一个新生事物，要让社会承认和接受，没有"品"是不行的。这里的"品"有"品牌、品质、品位"的意思，首先做社工要有品牌意识，社工更多的是一种立足于社区的事业，社区事务繁杂琐碎，如果没有品牌意识，即使做了很长时间，也不一定被大众所认识，这就像苹果中的品牌"红富士"，如果她没有名字，只是叫苹果的话，这种苹果永远只能是普通的苹果了。当然，光有了"品牌"还不行，还得有"品质"，品牌只是方便人们第一眼记住，要让人欣赏，还要有好品质，当然，如果要让人觉得有价值，让人收藏，那就要上品位了。社工要成为社会不可或缺的一部分，从长计议，上品位是必须摆上议事日程。

　　"立品"不是一件平常的事，所以要"立品"也需要有"不平常"的战略，这个战略对中大社工服务中心来说，应该体现一个"越"字，即"跨越、超越、卓越"。中心成立至今只有两年，按部就班式的发展肯定不能适应目前形势，因此，要采取跨越式的发展思路，要敢于战胜和超越自己，从而达到卓越境界。

　　上述"三品"和"三越"是中大社工服务中心不得不走的路，也是我们必须要采取的战略，我们将这些称为"品越"战略。

　　第二句话是"社工需有道"。做社工难，在中国做社工更难。这里的"更难"，是指"万事开头难"，社工在中国才起步，一切都在探索之中，这是我讲的"更难"的地方。但"难"不等于"不可能"，在中国做社工，在今后相当一段时间内，"难"是常态。要由"难"变得"不难"，非常重要的一环就是要注意方式方法，也就是我所讲的"道"。做社工是要有"门道"的，有的人很快就掌握了"门道"，其诀窍在于其心中有"大爱"，如果她热爱服务对象，她就会有动力去找解决困难的办法，如果她珍爱社工事业，她就会全身心地投入其中，并乐在其中。这个"道"是在"大爱"的引导下才能找得到的，所以，要做好社工，需要有道，而这"道"产生于心中有爱，即因爱而生道，道法大爱就是这个意思。

第三句话是"社工谋创新"。社工要做的事情主要是提供社会服务，提供服务的主要场所在社区，而这些社区的服务又是繁琐和不断变化的，如果社工没有创意，就不可能满足不断变化的服务需求。最近，中央强调创新社会管理，提出将政府的行政管理和居民自治结合起来，这一观点无疑是正确的。如果要进一步创新社会管理，需要新的思路，政府行政管理，是政府对社会的管理，作为社会而言，是别人管理自己；而居民自治，则是自己管理自己。这些思路都是从管理的主体出发的。其实，管理也可以有其它角度来考量，如从管理模式入手，通过服务实现管理。政府为居民服务，有机构来为居民服务，也是一种管理。行政管理的目的是被管理者能接受管理，服务的目的是让服务对象接受服务，如果服务对象能欣然地接受政府或者机构的服务，这是更加"温柔"和"高明"的管理，是一种更高层次的管理，这种通过服务实现管理应该算是更高层次的社会管理。

（作者系广东省社会工作学会常务副会长、中山大学副教授、中大社工服务中心理事长）

# 社会工作与社会主义文化大发展大繁荣
## 研讨会综述

卢九妹

2011 年 11 月 2 日下午，由广东省社会工作学会和中共广州市委党校联合主办的"社会工作与社会主义文化大发展大繁荣"学术研讨会在中共广州市委党校勤学楼五楼报告厅隆重举行。会议由广东省社会工作学会会长、广东省社会科学院副院长刘小敏研究员主持。会议从文化社会学的视角，将社会工作与当前国家强调的文化大发展大繁荣相联系，强调社会工作的重要作用，对社会工作在文化发展平台下的责任担当进行了深入探讨。

广东省社会工作学会副会长、中共广州市委党校常务副校长王永平研究员在致辞中强调本次会议不仅是社会工作各界通力合作的学术交流活动，更是宣传贯彻十七届六中全会精神的体现，对于深入学习会议精神有着十分重要的作用。他同时强调，广东省社会工作学会在促进社会工作的研究与教学、社工事业、接纳社工和志愿者方面所做出了很大努力，取得积极成效。在总结性发言中，他再次强调了深入学习十七届六中全会精神的重要意义，指出要将会议精神贯彻到实际工作当中去，并提出了社会工作与文化发展的几点思考：一是社会工作与文化发展紧密相连不可分割；二是社会工作者应积极参与文化发展；三是社会工作本身可以创造文化，应建设中国特色的社工精神、志愿者精神。另外，他还结合当前的热点事件以及传统道德，强调指出了文化发展的核心是道德、理念问题，社会工作应该将其渗透到自身的发展建设中，弘扬中华民族的优秀精神；与此同时，社会工作也应规范、专业、科学，不仅要继承优秀的历史传统，更应在新时代融入新的理念，重在落实，贵在创新。

广东省残疾人联合会副理事长张永安阐述了残疾人文化对于全社会文化发展的重要作用，并认为残疾人事业的发展也是人权保障、人民主体地位提高的充分体现。他指出，随着社会的发展，残疾人事业对于推动制度政策调整、通用设计理念的发展都将起到重要的推动作用；而在残疾人事业发展过程中积淀下的自强不息的精神也将有助于全社会的进步。

广东省社会工作学会常务副会长、广东省社会科学院信息中心主任罗繁明作了题为《论社会工作者在文化大繁荣中的责任与使命》的发言，解读了文化建设与社会建设的关系，文化发展与人的全面发展的关系，阐述了关于促进文化大发展的几点思考，并认为解决社会效益与文化产业之间的矛盾需要政策的支持。

广东省社会工作学会副会长、广东省社会科学院社会学与人口学研究所所长赵细康则结合个人的经济学专业背景讨论了在中国制度尚不健全的国情下社会工作在开展中所面临的几点问题：一是弱势群体无支付能力却存在大量需求，急需社会组织提供服务；二是中国社会服务的职业化在国际上面临着争议，如在非营利组织中存在的腐败问题；三是社会工作的定位不明确；四是社会组织的治理应该采取何种形式。

广东省社会工作学会副会长、广东省人民政府妇女儿童工作委员会调研员王碧华教授就妇联在社会工作方面的做法对妇联参与社会工作进行了探讨，指出妇联在社会工作方面有别于一般的社会组织，主要做法一是按人群需求设计服务项目；二是促进公共服务社会化；三是依托妇联、专家、社工的合作共同发挥作用；四是省政府将妇女儿童工作办公室纳入妇女儿童工作发展规划，确保社会工作内容落到实处。

广东省社会工作学会副会长、广州大学社会学系主任程潮教授认为，社会工作提供的综合项目服务体现了文化服务，并以中山大学与萝岗区合作的社工服务为例，描述了社会工作在介入公共文化服务的表现，说明了其具有公益性、草根性、附带性、常态性等特点，体现了社会工作承担文化服务的责任。

广东省社会工作学会副秘书长、广东商学院郭景萍教授从统一模式与个性特征、社会需求与社工人才的紧缺、政府主导与民间运作、资源投入与社会效益、普惠制与重点群体五个方面阐述了街道家庭综合服务中心的五大关系。

广东省社会工作学会副秘书长、中共广州市委党校政治学与法学教研部主任陈伟教授阐述了社会工作与观念定位实体的需要注意的十对关系，包括主导与协同、管理应用与服务、实效与虚空、价值与技术、助人与自助、本地人与外地人利益等，并对社会工作在实际操作中的几点注意事项给出了建议。

中共广州市委党校哲学与文化教研部主任李仁武认为社会的发展需要文化的支撑，缺乏文化的支撑会造成社会认知及制度的缺陷，而参与社会服务是每个公民应尽的义务。这就需要充分认识文化的政、治经济属性；认识文化所面临的挑战，把握文化全球化带来的机遇，警惕西方价值观对核心价值的冲击；认识文化建设的使命、责任；另外还强调了"文化维稳"的观点。

中共广州市委党校公共管理教研部主任黄丽华副教授通过在调研中接触街道综合服务中心，认为由于政府在其运作中承担的责任过大造成文化服务难以落实，并针对这些问题提出了几点建议：综合中心的定位不明确，使得其承担的责任与具体服务的内容不相匹配，应明确定位，以个案为主，优先目标应定位好；政府购买服务对社会组织的运作是否有帮助有待考量，应该设定相对的规范；社工中心的工作人员待遇低难以支撑其提供服务的专业性，最好可以吸引企业、慈善组织，不能只依靠政府的经济支持。

最后，学会会长刘小敏研究员对会议作了小结，认为会议取得圆满成功，并对各位代表的积极参与和深入探讨表示充分肯定，对积极筹备会议的广州市委党校有关领导和学会秘书处工作人员表示感谢。

（作者系广东省社会工作学会理事、广东省社会科学院 2011 级硕士研究生）

# "广东社会工作发展现状与挑战"
## 主题研讨会综述

王荣欣

2012年3月16日下午，由广东省社会工作学会和中山大学社会学与社会工作系联合主办的广东省社会工作学会2011年度年会暨"广东社会工作发展现状与挑战"主题研讨会在中山大学社会学与人类学学院社会学与社会工作系一楼报告厅隆重举行。年会由学会常务副会长、中山大学社会学与人类学学院社会学与社会工作系贺立平副教授主持，会议审议通过了学会会长、省社会科学院副院长刘小敏研究员所作的年度工作报告，听取了部分会员单位的工作汇报；研讨会由中山大学社会学与人类学学院社会学与社会工作系副主任张和清教授主持，中山大学社会学与人类学学院社会学与社会工作系讲师郑广怀博士作主题发言，与会者围绕主题进行了热烈的讨论。中国社会学学会副会长、省社会工作学会顾问、中山大学社会学与人类学学院院长蔡禾教授莅临会议指导。

蔡禾教授代表中山大学社会学与人类学学院，对各位与会代表表示欢迎。他认为，现在是社会建设发展的好时机，社会工作将大有作为。他还指出，广东的社工发展很快，但仍有很多需要完善的地方。现在推行的政府购买服务应该充分肯定，但不要企望能够一步到位，要逐步完善它使之规范化。专家、学者应该研究怎么做好社工工作，而不仅是考虑金钱。社工机构可以各具特色，各成一派，但要有共同的价值追求。中山大学社会学与人类学学院社会学与社会工作系的杨罗观翠教授、贺立平副教授、张和清教授督导社工的方式就有不同，但可以追寻背后的理念。

刘小敏研究员作了题为《深化理论实务研究 促进广东社会工作》的 2011 年度工作报告。他提到，2011 年度学会主要做了五个方面的工作：一是召开 2010 年度年会暨建设幸福广东研讨会；二是召开社会工作范式创新研讨会和社会工作与社会主义文化大发展大繁荣研讨会；三是加强社会建设、社会管理的理论与实证研究；四是推广我省社会工作的先进单位和先进个人典型；五是加强学会内部建设和外联工作。他还介绍了 2012 年度学会五个方面的工作设想：一是在开好 2011 年会及今天研讨会的基础上再举办一次主题研讨会；二是强化问题意识、本土意识和专业意识，深入开展其他常规性研究；三是集中精力做好 2012 年的换届工作；四是逐步解决好学会的运作经费问题；五是做好学会的其他常规性工作。

学会副会长、省社会科学院社会学与人口学研究所所长赵细康研究员和学会秘书长、省社科院社会学与人口学研究所所长助理左晓斯研究员在发言中介绍，省社会科学院社会学与人口学研究所 2011 年形成了 15 份专报，都得到中共中央政治局委员、省委书记汪洋的批示；执笔完成了全省公共服务均等化标准、全省养老事业发展十二五规划、全省妇女儿童事业发展十年规划、全省残疾人事业发展十二五规划等标准、规划初稿；参与了省社会工作委员会部分相关工作。2012 年，因刚刚从广东省社会建设规划（框架）研究课题全国性竞标中胜出，除做好为省委省政府服务的社会学领域的决策咨询研究外，做好规划研究以及初稿撰写将成为 2012 年工作的重点之一。

学会副会长、中山大学社会学与社会工作系副主任张和清教授介绍了中山大学社会工作系的教学和科研情况。他指出，中山大学实现教学、科研和社会服务三位一体，倡导行动研究、提升实践经验；存在问题主要是师资仍然不足，师生比不足，老师基本是连轴转。他呼吁，广东应该关注社会建设与人才储备不成正比、本土人才匮乏的问题。

学会副会长、广东商学院人文学院社会工作系主任童远忠教授介绍了新在系 2011 年的工作情况。他指出，该系确立了以服务为导向的学生培养模式，社工专业成为省级特色专业。他还介绍乐翔社会工作服务社参与政府购买服务项目的运作情况。

学会副秘书长、中共广州市委党校政治学与法学教研部主任陈伟教授汇报了中共广州市委党校 2011 年度社会工作相关科研情况，提出需要理顺与街道办事处的关系，促进社会协同和公众参与。

郑广怀博士作了题为《政府购买社工服务的三个神话》的主题发言，从理据、条件和运作三个方面详细分析了政府购买服务存在的问题与不足。理据方面，当下政府购买服务立法滞后，与意识形态不相符，缺乏理性决策，将购买服务当作临时性的治理工具；条件方面，市场存在竞争，政府尚不具备评估的能力；运作方面，存在虚假竞标，资金缺乏，某些指标难以置信，政府与社工机构存在不平等关系等问题。他认为，这些问题可能会导致社工服务"去志愿化"，迫使社工机构转型而依附于政府。他主张回到社会工作的三个维度：社会所有、社会所治和社会所享。随后，与会专家学者就广东社会工作存在的问题和面临的挑战进行了深入的探讨，为广东社会工作的健康发展提出了许多有价值的建议。

刘小敏研究员在发言中指出，郑广怀博士的主题发言具有深厚的专业基础、宽广的时代视野和顽强的探索精神。他同时提醒大家，不要完全用西方模板来看待中国现实，要相信中国社工发展具有光明的前景，只有大声疾呼和持之以恒的努力才能建构起符合中国实际的社会工作发展格局。

学会常务副会长、省社科院信息中心主任罗繁明研究员认为，政府购买服务存在的最基本问题是：政府操之过急，没有经过人大立法程序，制度上还没有理顺；社工机构良莠不齐，没有形成专家、政府和群众组成的第三方评价体系，也没有设定准入门槛，工作很难做好。他指出，公共产品应该惠及所有人，保证公平。

贺立平副教授指出，主题发言非常超前。对现实自己也有些困惑。他感到政府购买服务中存在的问题不解决，将来可能会出事。但出事不可怕，暴露问题才能解决问题，解决了问题才能走向规范化。

学会副会长、省残联党组成员、副巡视员叶丽容认为，民政厅没有设定社会服务购买准入门槛，有可能形成社工机构先将项目拿下、再进行瓜分的怪圈。她提出政府购买服务应该努力走向规范化。

学会副会长、中共广州市委党校常务副校长王永平研究员指出，社会工作重在基层，基层管理重在实用，但并不否认创新。

学会副会长、广东商学院人文学院社会工作系谢泽宪副教授认为，社会管理是政府的重大决策，但是政府购买服务在招标、接标过程中存在严重问题，会伤害第一代社会工作者的心。

学会副秘书长刘明德先生指出，现在改革开放已步入深水区，政策扭曲变形往往引发社会矛盾频发，社会工作者不仅要从事救助弱势群体的服务，而且应该在化解社会矛盾方面发挥重要作用。

张和清教授谈到，与上海官办 NGO、深圳购买岗位不同，广州探索出了政府购买服务的新路。广州借鉴香港家庭综合服务中心的经验，2012 年市区两级财政将安排 2.6 亿元，在全市 132 个街道每个街道投入 200 万元用于政府购买社工服务。欧美的社工服务发展了 100 年，香港也发展了 70 年，中国大陆则在政府主导下，实现了社工服务的快速发展。他在研讨会总结发言中指出，现在是社会工作发展的关键时期，应该呼吁行业自律，社工服务不能背离公平正义的价值观和伦理情怀，不然会导致劣币驱逐良币；社工发展应该是多元的而不是单一的；为保证社工机构坚守独立性、专业性和价值理想，应该从政府、基金会和企业等多方面开辟资金来源；必须培养对社工专业的敬重之心，必须倡导社工研究中的敬业与探索精神，确保社工按照人民群众需要的方向发展，否则社工的发展有可能成为一场闹剧。

（作者系广东省社会工作学会理事、广东省社会科学院 2011 级硕士研究生）

# 社会工作：有春华必有秋实[1]

刘小敏

　　非常感谢主办方邀请我出席今天的盛会，让我得到一个向全国各兄弟省市区同仁学习交流的机会。在此我谨代表广东省社会工作学会，对来自全国各地的同仁表示最热烈的欢迎！对本次会议的召开表示最热烈的祝贺。借此机会，我谈几点粗浅的想法。

— 

　　刚才广州市人大常委会党组陈伟光副书记在致辞中谈到了前些年社会工作艰难的局面，这使我想起了雪莱的那句诗："冬天到了，春天还会远吗"。中国尽管在 20 世纪 80 年代开始就已启动社会工作教育进程，但社会工作理论研究和实务拓展长期步履艰难。就在几年前，广东一些高校培养的社工专业大学生，对口就业率不到一半，那时我真有处在冬天里的感受。

　　2006 年，我和民政部在广东唯一的社会工作职业水平评价专家、中山大学社会工作系贺立平副教授在武汉参加一个学术会议，散步时聊起当时的社会工作，在分析后达成了"冬天到了，春天还会远吗"的共识。基于这样的共识，回来后我们找了广东省社会科学院信息中心主任罗繁明研究员、华南农业大学公共管理学院院长张兴杰教授等一拨同仁精心策划、认真筹备，到 2007 年，终于在广州东方宾馆成立了全国第一家省级社会工作学会，我当选为会

――――――――
　　[1]　本文系作者以广东省社会工作学会会长身份应邀出席2012年5月20日在广州市社会科学界联合会、广东岭南职业技术学院（广东岭南教育慈善基金会）、广州市社会工作学会、广州粤穗社会工作事务所联合主办的"全国社会工作服务机构第二届联系会暨全国社会工作服务机构经验交流峰会"的即席发言。

长，罗繁明、张兴杰、贺立平当选为常务副会长。

事实证明，我们的判断是正确的，现在广东高校培养的社工专业大学生，对口就业率几乎达到百分之百，全省各地社工人才奇缺，包括经济发达的珠江三角洲，同样是在社工人才奇缺。今天我们完全可以自豪地说：中国的社会工作，已经走出冬天！

二

刚才主持人——广东省社会工作学会副会长、广州市社会工作学会常务副会长兼秘书长、广州大学公共管理学院副院长兼社会学系主任谢建社教授说，社会工作的春天已经到来。我完全赞成这个判断。

这里向大家简单介绍一下广东社会工作发展概况。继省社会工作学会成立之后，先是省民政学会更名为广东省社会工作协会，尽管其内涵仍然覆盖全部民政工作，但从名称上确实凸显了专业化社会工作的地位；然后是广东省民政厅成立了专门的社会工作处，并于 2009 年培育孵化和成立了广东省社会工作师联合会，这是专业化的社会工作机构与行业组织；2011 年，广东还成立了社会工作委员会，社会工作委员会是省委新设的工作部门，尽管其内涵覆盖全部社会建设实务，但不仅从名称上确实凸显了专业化社会工作的地位，而且从其成立以来的运作情况看也确实把专业社会工作发展摆在了非常重要的位置。近几年来特别是 2011 年以来，广东的社工队伍和民办社工机构发展很快，已遍布珠江三角洲地区并开始渗透到粤东、粤西、粤北等经济欠发达地区，发展规模以广州为最大。据不完全统计，截至上个月（2012 年 4 月），广东已有通过全国社会工作者职业水平考试的社工 8718 名，位居全国首位；广东各地开发的社工岗位主要集中在公益服务性事业岗位、城乡社区和民办社工机构等平台，正在一线提供社工服务社工已达 3000 名以上；全省已培育发展 160 家以上民办社工机构，在广东提供服务的香港社工督导已超过 150 名。

最振奋人心的是，2011 年 8 月，中共中央总书记胡锦涛视察由贺立平副教授主持的中大社工服务中心广州越秀区北京街项目点，对广东的社会工作机构、社会工作研究者和实际工作者产生了极大的激励作用。在全国、全省高度重视社会建设的大背景下，广州今年各街道全面推行政府购买服务，对社工机构也发挥了很大的催化作用。

### 三

社会工作虽然进入了春天，但还是早春，有点乍暖还寒的味道。

从广东的情况看，单就社工机构而言，突出的问题至少有三个：一是发展极度不平衡，广东的偏远山区、农村以及贫穷落后地区现在基本上没有社工机构和专业社工，就是珠江三角洲的某些经济相对落后地区，如广州的南沙区、肇庆的端州区等，也都只有几名专业社工。二是发展相当不规范，如政府购买服务与官员腐败、评估标准随意性等交织在一起，专业社工机构管理不善与非专业人士滥竽充数组建机构、市场化运作社工服务交织在一起。三是专业化、本土化、职业化冲突十分激烈，如专业社工特别是督导则愤愤不平："要我用肮脏的手段去获取一个做善事的权力，这是对我人格的侮辱，我的心在滴血"；部分政府官员或社区工作者对年轻的专业社工有这样的疑问："你刚从高校出来，婚都没结过，凭什么可以协调好婆媳关系？"还有人对高校科研院所办社工机构很抵触，扬言："要把高校科研院所赶出社工机构，彻底结束学生兵包打天下的社工服务局面"。

上述三大突出问题，成因错综复杂，有急功近利、经验主义、不从当下实际出发等认识的偏颇，也受到经济、政治、文化、社会发展水平等多种客观因素的制约。

### 四

早春二月之后是阳春三月，春天是谈恋爱的好季节。在初相识时，我们互不理解，互不信任，难免会有些磕磕碰碰。但相识越久，相知越深，随着阳春三月的到来，春意越浓厚，只要我们共同努力，我们彼此的爱意将会越来越浓，最终必定会走向火热的夏天，经历我们人生的蜜月。从广东的情况看，单就社工机构发展而言，我以为我们主要应从四个方面努力：

一是要大力推进社会工作的专业化。首先，不能允许不具备专业社工资质的人员随意开办社工机构，误国误民，因为购买服务的钱是国家的，或者是社会提供的，接受服务的是人民群众；其次，在现阶段要特别注意发挥好高校科研单位社工专业人才组建的民办社工机构的作用，坚决抵制不从实际出发排斥高校科研单位社工专业人才的现象；再次，要重点建设好珠江三角洲特别是广州、深圳、珠海等地的专业社会工作机构，为全省社会工作朝着科学的方向发展树立典范；最后，要注意引领专业社工机构逐步向粤东、粤西、粤北地区拓展。

二是要大力推进社会工作的本土化。首先，已有的专业社工机构要在科学理论和专业知识的指导下，紧密结合国情、省情，积极探索中国特色、广东特色的社会工作的模式；其次，专业社会工作者需要在第一线从事社工服务，但在专业社工奇缺的当下更需要重视自身的孵化器作用、引领作用，加大专业社会工作知识在社区工作者中培训和普及的力度；再次，在现阶段要大力提倡社区工作者通过自学、培训等各种方式获得专业化社工资质，要特别注意在专业社会工作者指导下充分发挥社区工作者的作用；最后，在因为经济发展水平难以吸引专业社工光顾的地区，尤其要注意发挥各类社会组织成员的"准社工"作用，当下广东迫切需要树立这方面的典型，引领全省努力解决社会工作发展不平衡问题。

三是要大力推进社会工作的规范化。首先，政府公务员要努力建设责任型政府、服务型政府、廉洁型政府，既要规范购买服务等方面的政策法规，力求考核评估的科学化，也要规范自身的行为，提高自身的社会工作水平，当好社工机构的支持者和服务者；其次，社区工作者需要对社工机构进行一定程度的监管，也需要接受科学理论指导，克服经验主义倾向，支持配合专业社工机构做好服务工作；再次，专业社工机构要保持自身的相对独立性，与违法违规现象作斗争，也要加强沟通和协调，积极参与、支持政府与社区组织的工作，努力与政府、社区组织良性互动，形成善治的格局；最后，无论是镇街政府部门、社区组织还是社会工作机构，在强化制度规范建设时首先要考虑的都应该是社区公民的合法权益，要使政府投入或社会支持的社会工作经费能够给社区居民带来最大的实惠，任何人都不能从中非法获取不正当利益。

四是要逐步推进社会工作的职业化。首先，现阶段高校科研院所办社工机构，是符合中国当下职业化人才奇缺的实际状况的，至少在三五年之内都还是无可非议的；其次，只有在经过"知识分子与工农运动相结合"的特定阶段完成知识播种、并且看到种子生根开花结果后，办社工机构的高校科研院所知识分子才算是完成了自身的使命，让他们立即撤退是形而上学的错误观点，对当前社会工作的发展有百害而无一利；再次，从社会分工的角度来看，从科学管理的角度来看，从国际社会的历史经验来看，从中国的长远发展来看，社会工作职业化都是有道理的和必需的；最后，为了实现社会工作职业化发展，现在高校科研院所办社工机构的专业人才，将来可以回归高校科研单位继续做知识分子，也可以与高校科研单位脱钩，长期在社工实务领域发展成为"职业革命家"，而今天的"学生兵"，将来必定会是中国社会工作实务领域的精英。

## 五

有春华必有秋实，经过夏天必然进入秋天，是自然界的客观规律。社会发展也有客观规律。我以为，在社会工作起步阶段出现一些问题是不足为奇的，但这些问题不可能像自然现象那样自行消失，解决这些问题需要我们针对问题和原因付出艰苦卓绝的努力，这是社会发展规律与自然规律的不同之处。只要我们不回避问题，重视问题，认真扎实地解决问题，社会工作必然会由春天走向夏天直至走向果实累累的秋天。总之，我今天想强烈表达的中心思想，就是如果我们愿意尽最大的努力，就应该对最美好的前途和未来充满信心。

最后必须补充说明的是，社会工作在秋天之后当然还会有冬天，但社会发展不同于自然现象的周而复始。下一个冬天是硕果累累秋天基础之上的新的冬天，它绝不是上一个冬天的自然重复，而是从更高境界上，相对于更新更高的要求而言的新的开始。我相信，在冬春夏秋的反复交替和螺旋式发展中，经过我们坚持不懈的努力，中国的社会工作一定会走出一条本土化、专业化、规范化、职业化的康庄大道，为社会建设开路，为科学发展开路，给力中国走向和谐社会、幸福社会的美好未来。

（本文作者系广东省社会工作学会会长、广东省社会科学院副院长、研究员）

# 残疾人事业与社会发展研讨会综述

黎明泽

为深入贯彻落实广东省第十一次党代会精神，推进残疾人事业与社会建设发展，加快建设幸福广东，广东省社会工作学会和广州市残疾人联合会、中共广州市委党校、广州市社会工作学会2012年5月22日在中共广州市委党校联合举办"残疾人事业与社会建设"理论研讨会。广东省残疾人联合会宋卓平理事长、张永安副理事长，广东省社会科学界联合会顾问、广东社会学学会范英会长，广东省社会工作学会会长、广东省社科院刘小敏副院长，中共广州市委党校王永平常务副校长，广州市残疾人联合会梁左宜理事长，广州市社会科学界联合会顾涧清主席，广州市社会工作学会常务副会长、广州大学公共管理学院谢建社副院长等领导和专家出席了会议并讲话。省、市残联系统的领导和工作人员，省市高校、中共广州市委党校及分校的领导和教研人员代表，会议论文作者，共约150人参加了会议。

在会上，专家围绕残疾人权益保障、残疾人管理与服务体系建设、残疾人事业与社会工作、残疾人文化发展与精神康复等问题展开了热烈的研讨。下面从三方面将主要观点综述如下：

## 一、加快残疾人事业发展十分重要和紧迫

与会领导和专家一致认为，广东省第十一次党代会提出了加快转型升级、建设幸福广东的目标，为广东加快残疾人事业发展指明了方向，提出了要求。残疾人是社会发展不可忽视的特殊群体，残

疾人事业是社会建设事业的重要组成部分。加快残疾人事业发展既是和谐社会建设的应有之义，也是建设幸福广东的内在要求。没有残疾人群体的幸福，就不可能有幸福广东目标的实现。

宋卓平理事长指出，残疾人事业之所以要加快发展，是由于相对于其他事业的发展，残疾人事业成为"短板"。只有加快发展，才能缩短差距，否则，差距越来越大，残疾人便很难平等共享改革开放的成果。广州走新型城市化发展道路、推进基本公共服务均等化，需要回应残疾人群体的诉求。只有如此，才能真正实现民生幸福。

范英研究员强调，残疾人事业是社会建设的重要领域，需要明确方向。在残疾人事业的进程中要高举人道主义的旗帜，这样才具有普遍的世界意义。此外，要以更大的视野去看待残疾人问题，而不能只停留在阶级性、国度性的眼光。同时，不能等待，要敢于去闯，要不断地组织宣传、尽力去争取。要想办法提出一些积极的建议，开创一些有助于推进残疾人事业发展的新举措。

刘小敏研究员提交了题为《协同善治：创新社会治理模式的睿智选择》的论文，并就残疾人事业与社会建设的关系作了即席发言。他认为：残疾人制度安排是社会政策的度量衡，残疾人权益保护是社会保障的安全阀；残疾人短板修复是社会结构的稳定器，残疾人事业发展是社会事业的晴雨表；残疾人自治组织是社会组织的生力军，残疾人作用发挥是社会治理的分水岭；残疾人爱心服务是社会服务的聚焦点，残疾人群体安定是社区建设的奠基石。

王永平研究员结合广州走新型城市化发展道路、实施"12338"战略部署的实际指出，民生幸福是最高追求。民生幸福必然包括残疾人的幸福，必须发展残疾人事业。研究和探讨残疾人事业和社会建设，是贯彻和落实市委市政府重大决策部署的重要内容，也是搞好民生幸福、实施新型城市化发展战略的有机组成部分。

梁左宜理事长认为残疾人事业与社会建设一样，需要理论的指导，不能长期停留在讲爱心的层面，广州要策马先行、敢为人先。

2006 年，广州对残疾人理论的研究就提出：一个国家、地区的残疾人事业发展，一是取决于当地惠及残疾人的法律法规政策的有无和多寡，另一个取决于残疾人服务机构的有无、多寡和专业程度；2008 年中残联就提出了"两个体系建设"的理念。当前我们应创造性地思考和提出之前没有的观点，并加以深入论证。

## 二、广东残疾人事业发展成就显著，但仍存在一些问题

会议一致认为，广东省残疾人事业近年来取得了显著成绩，工作成效位居全国前列，残疾人各方面的状况也得到明显提升。广州、深圳、珠海、佛山、中山、汕头 6 个城市成功创建全国无障碍建设城市，城市无障碍环境明显改善。而广州残疾人事业的跨越式发展也引人注目。尤其是 2010 年广州亚残运会的成功举办，彰显了残疾人事业的发展进步和社会主义的优越性，树立了良好的国际形象。广州的残疾人工作也得到上级领导的肯定。广东省委常委、秘书长徐少华同志批示：各地级以上市要学习广州经验，推进"两个体系"建设。2010年中国残联"两个体系"简报专门刊发了《广州市加快推进残疾人"两个体系"建设》的经验。但客观而言，残疾人发展状况与社会发展平均水平还存在较大差距，尚不能满足广大残疾人群体的需求。

顾涧清主席认为，当前残疾人事业发展有五个亟待解决的问题：一是优化对残疾人的制度安排；二是促进残疾人预防、康复、护理的政策和资源的整合；三是加快残疾人服务体系建设；四是营造有利于残疾人事业发展的社会氛围；五是为残疾人事业的发展提供理论支撑。同时，他建议广州不仅要敏于行，而且要善于思，在理论探索方面可以进行更多的尝试，不断总结广州在残疾人事业方面的探索实践，总结和提炼出广州的模式。

谢建社教授引用有关数据指出，广州残疾人有 52.12 万人，其中视力残疾有 60927 人、听力残疾有 112839 人、语言残疾有 10529 人、肢体残疾有 121074 人、智力残疾有 25592 人、精神残疾有 70675 人、

多重残疾有 119564 人。残疾人的生存与发展关系到整个社会的稳定与和谐。同时，他特别提出，广州市现有街道、居委会工疗站超过160 家（含 24 个镇级康园工疗站），4140 名残疾人入站进行工疗康复和辅助性就业。但这些工疗站普遍存在着资金匮乏、场地不达标、工作人员不稳定、学员文化程度偏低、服务效率不高等问题。

市残联吴杰机指出，经过 30 年的发展，广州残疾人事业从无到有，从弱到强，走过了不平凡的 30 年，在各级政府和残联的努力下，残疾人的生存状况得到明显改善。目前，广州的残疾人事业面临新的发展形势，"由老变残"成为一种新的需求主体。因此，更应强化残联组织在社会建设中的作用，承担起服务平台的建设者、行业标准制定者、专业人才培养者和资源提供者的角色。

### 三、切实采取有效措施推进残疾人事业发展

如何加快推进残疾人事业发展，成为与会领导和专家高度关注的焦点。大家从不同角度、不同层次对残疾人事业的发展出路进行了深入思考和广泛讨论，达成了共识：

#### （一）加强残疾人社会保障体系建设

王永平研究员认为，要采取积极的方式，让残疾人通过劳动实现自己的价值，切实保障残疾人的就业权和发展权。即便再扶持和帮助，残疾人都处于被援助的状态，不是一种积极的方式。对于有劳动能力的残疾人，要让他们有光发光、有力出力。要根据不同的残疾程度，开辟不同的残疾人就业岗位。通过保障残疾人就业，更好地促进残疾人回归社会。

市委党校霍秀媚教授提出，要加快完善残疾人社会保障制度。应当通过制度安排来落实残疾人社会保险的政府补贴，继续扩大社会保险尤其是基本医疗、基本养老保险的覆盖面，逐步将残疾人急需的康复医疗项目纳入社会保障支付范围。要大力发展残疾人福利，逐步将残疾人特殊的迫切需求纳入福利保障范围，提高残疾人福利水平。

市委党校崔凤国强调，要按"赋权"和"增能"两个思路促进残疾人就业。所谓"赋权"，就是要强化残疾人就业法规的强制性、切实推进按比例就业、适当提高工资补贴；所谓"增能"，则需扩展残疾人就业服务体系，突出社区在残疾人培训和就业中的重要地位，初步探索以家庭为单位的就业保障措施。

广州大学胡盈惠认为，残疾人的权利保障不止是一个享有康复和保证基本生活的问题，更是一个人权问题。要保障残疾人能与正常人一样平等地参与社会生活和发展，就必须树立正确的残疾人权利保障理念，建立"权利为本"的残疾人权利保障模式，完善残疾人权利保障的法律制度，加大微观层面的残疾人权利保障力度，保障其在政治、经济、社会、文化和公民权利上也享有同等待遇。

## （二）强化残疾人服务体系建设

市委党校霍秀媚教授提出，残疾人服务体系建设需要发挥政府的主导作用，要加强残疾人服务体系建设的总体规划，加快制定、完善残疾人服务机构建设、服务、技术和绩效考核标准，完善行业管理制度和评价机制，推进残疾人服务体系的规范化和专业化。以专业机构为骨干、社区为基础、家庭邻里为依托，有效整合各方资源，不断扩大残疾人社会服务的覆盖面，全面提高为残疾人服务的能力和水平，带动残疾人服务业加快发展。

市残疾人康复中心张嘉默主任建议，建立政府主导、社会参与、科学务实的保障措施，残联要会同卫生、教育、民政等部门加快推进各类残疾人康复医疗服务政策保障和康复医疗服务体系的建设，并将残疾人的基本康复医疗服务项目纳入到基本医疗保险报销范围，降低残疾人康复治疗与康复训练的成本。

有学者提出，残疾人服务体系的建设需要社会多方参与。广州粤穗社会工作事务所马焕英提出，社工介入残障工作，承担服务提供者、支持者和倡导者的角色，为残疾人提供专业化的过渡期康复、就业服务。通过这些努力，可增强残疾人的社会功能，让残疾人把损伤带来的能力丧失影响降到最低，更好地发挥潜能，使残疾人有机会重新参与社会生活。市委党校王桢桢副教授认为，以社区为依托的康复模式能充分调动多元化主体参与残疾人康复事业的积极性，有力整合多部门、多主体资源，为残疾人的康复和参与社会生活提供更多机会，应成为中国残疾人服务供给的主要发展方向。

**（三）积极创新残疾人社会管理服务模式**

王永平研究员在会上提出了"坚持社会化方向创新残疾人社会管理服务模式"的观点，引起了大家的注意。他强调，要以"社会化"为方向，转变社会治理模式，加快发展残疾人事业，实现社会事业社会办、社会事务社会担、社会成果社会享。"社会化"应明确如下几点：一是要坚持党的领导；二是要政府负责；三是要社会参与，动员和组织社会力量来参与残疾人事业，通过政府购买服务，推进残疾人事业发展；四是要创新扶助模式，不能再抱有"恩赐"的思想，而要突出扶助的责任，适当地引入竞争机制，推进扶持机制创新。他指出，当务之急是要以"工程化"和"项目化"为抓手，集中力量系统考虑，有路线图、有分工、有责任，把工程化分为不同的项目，将不同的项目分配给不同的单位去落实，将残疾人政策落到实处。

一些学者在加强残疾人组织和相关社会组织建设方面提出了不少有见地的建议。广州大学方英副教授、谢建社教授提出，对残联与残疾人社会组织的关系重新定位将为残联的社会管理创新提供契机。残联应将社会组织当作合作伙伴，鼓励社会力量创办残疾人社会服务组织，提供残疾人社会组织人才培养和资源共享的平台，丰富残疾人社会组织发展的社会资源，增强残疾人社会组织的社会公信力和影响力。他们还建议，残疾人联合会可以争取将一些残疾人社会组织以购买服务的形式进行管理，这些服务项目的购买可以为残疾人社会组织提供相对稳定的资金来源，支持组织向专业化的方向发展，逐步形成各具特色和优势的残疾人社会组织。

市委党校陈伟教授建议，着重孵化或发展以下几类残疾人社会组织：一是康复互助自助组织；二是特殊教育培训"种子组织"；三是促进就业和职介的"恳亲联谊组织"；四是残障妇幼老人特助组织；五是城乡社区文化组织。各种残疾人社会组织及民办服务机构由于服务对象和结构功能存在差异，更有利于体现特色服务和顺应不同的需求，更有助于将体制内外、顶层与基层、政府组织与 NGO 组织、经济组织与社会组织、枢纽组织与非枢纽组织、正式组织与非正式组织之间的力量衔接起来，努力形成功能互补、共治共享的格局。

不少学者主张，要积极探索通过政府购买服务为残疾人提供更好服务的有效途径。暨南大学杨英教授等研究发现，广东省在运用政府购买服务来解决残疾人服务的供需矛盾，推动残疾人事业发展上还处于理论探索阶段，对政府购买服务所需的社会环境和体制机制还存在较多的争议。同时，他们对国外的做法进行了总结和梳理，提出如下建议：一是系统制定政府购买残疾人服务的发展规划；二是分类推进政府购买服务；三是建立民间残疾人服务机构的"孵化器"；四是建立和完善政府购买残疾人服务的相关法规和机制。

还有学者指出，要以残疾人文化发展带动残疾人自强。市残疾人体育训练中心张红主任等认为，全面发展残疾人事业不仅需要坚实的物质基础，更需要精神文化建设作为思想指引及持续发展的动力，这是促进残疾人全面发展的必然要求。发展残疾人文化，可以帮助残疾人满足情感需求、实现自身价值，有利于残疾人树立良好的社会形象，也是残疾人事业可持续发展的重要推动力。市盲人协会陈阳主席建议，要建立中国残疾人文化的核心体系，提倡自强、自立的精神，并在社会上广为宣传。

（作者系广东省社会工作学会理事、中共广州市委党校党史党建教研部讲师、法学硕士）

# 后 记

　　广东省社会工作学会自 2007 年 10 月 16 日在广东省广州市东方宾馆成立以来，先后主办或承办了一系列学术研讨会。如 2007 年 10 月的"社会工作与企业社会责任论坛"，2007 年 12 月的"社会工作专题报告会"，2008 年 8 月的"第二届中国广州企业社会责任论坛"，2008 年 12 月的"和谐社会与社工模式理论研讨会"，2008 年 12 月的"企业社会责任、诚信高峰论坛"，2009 年 3 月的"首届广州专科医院发展论坛"，2009 年 12 月的"广东社会工作人才队伍建设模式探索学术研讨会"，2009 年 12 月的"社会工作与社区建设专题研讨会"，2011 年 1 月的"建设幸福广东学术研讨会"，2011 年 6 月的"社会工作范式创新研讨会"，2011 年 11 月的"社会工作与社会主义文化大发展、大繁荣研讨会"，2012 年 3 月的"广东社会工作发展现状与挑战主题研讨会"，2012 年 5 月的"残疾人事业与社会建设理论研讨会"等。以这些学术研讨会为载体，学会组织和引导同仁就社会工作和社会发展的热点难点问题开展研究，积累了一批有价值的研究成果。本书便是广东省社会工作学会首届理事会（2007.10-2012.10）之优秀研究成果选集。

　　由于学会近 5 年来积累的研究成果甚丰，编辑工作量甚大，限于篇幅及其他因素，本书选稿、统稿、审稿、定稿工作的基本原则是：（1）只有加入了学会的成员的论文方能入选，未加入学会者的论文包括向学会相关研讨会提交的论文概不入选；（2）除学会重大活动附记文献外，学会成员向非学会组织的研讨活动提交的论文概不入选，学会成员中曾多次向学会相关研讨会提交多篇论文者均只有 1 篇论文入选；（3）学会成员中只有向学会提交了电子版本正式论文文稿者方能入选，虽有发言但未提交正式论文文稿者概不入选，仅提交演讲提纲或演示文稿者也概不入选；（4）学会成员也并非凡提交电子版论文者均能入选，本书只能精选部分优秀成果收入，并对部分篇幅较长的优秀成果进行了压缩，另一方面只以页下注的形式保留了注释，参考文献作了删除处理；（5）对所选入的文章，编者主要参照正式出版刊物编辑的做法进行统一体例（包括统一层次标号、字号字体、注释规范等）及改正逻辑和文字错误等工作，无法对数据作假、内容抄袭等行为负责，文责由作者自负；（6）为阅读方便，正文文献大致按内容分专题编排，专题内论文排列以作者在学会所任职务为序；学会重大活动附记文献排列以发生时间为序。

本书由广东省社会工作学会会长、广东省社会科学院副院长刘小敏研究员任主编，广东省社会工作学会秘书长、广东省社会科学院社会学与人口学研究所所长助理左晓斯研究员和广东省社会工作学会理事、中共广州市委党校党史党建教研部黎明泽讲师任副主编。全书由左晓斯、黎明泽选稿统稿，刘小敏审稿定稿。广东省社会科学院 2010 级硕士研究生张桂金和 2011 级硕士研究生王荣欣、卢九妹、雷宸亚参加了校对工作。

本书作者引用了大量相关论著、论文和其他文献资料，在文稿写作过程中得到了作者所在单位领导及相关理论工作者、实践工作者的诸多热情帮助，在此谨代表作者向相关人士致以最诚挚的谢意。该书的及时出版得到了中国出版集团（广东）世界图书出版公司副总经理陈洁先生及责任编辑杨力军女士的鼎力支持，在此一并致以最诚挚的谢意。由于水平有限，再加上任务繁重，时间仓促，虽已竭尽全力，但该书编辑工作中的缺点错误仍然在所难免，诚望广大读者海涵和批评指正。如有遗漏或不当之处，也望相关作者海涵。

编　者
2012 年 9 月于广州